编|委|会

普通高等学校"十四五"规划旅游管理类精品教材
教育部旅游管理专业本科综合改革试点项目配套规划教材

总主编

马 勇　教育部高等学校旅游管理类专业教学指导委员会副主任
　　　　中国旅游协会教育分会副会长
　　　　中组部国家"万人计划"教学名师
　　　　湖北大学旅游发展研究院院长，教授、博士生导师

编 委（排名不分先后）

田 里　教育部高等学校旅游管理类专业教学指导委员会主任
　　　　云南大学工商管理与旅游管理学院原院长，教授、博士生导师
高 峻　教育部高等学校旅游管理类专业教学指导委员会副主任
　　　　上海师范大学环境与地理学院院长，教授、博士生导师
韩玉灵　全国旅游职业教育教学指导委员会秘书长
　　　　北京第二外国语学院旅游管理学院教授
罗兹柏　中国旅游未来研究会副会长，重庆旅游发展研究中心主任，教授
郑耀星　中国旅游协会理事，福建师范大学旅游学院教授、博士生导师
董观志　暨南大学旅游规划设计研究院副院长，教授、博士生导师
薛兵旺　武汉商学院旅游与酒店管理学院院长，教授
姜 红　上海商学院酒店管理学院院长，教授
舒伯阳　中南财经政法大学工商管理学院教授、博士生导师
朱运海　湖北文理学院资源环境与旅游学院副院长
罗伊玲　昆明学院旅游管理专业副教授
杨振之　四川大学中国休闲与旅游研究中心主任，四川大学旅游学院教授、博士生导师
黄安民　华侨大学城市建设与经济发展研究院常务副院长，教授
张胜男　首都师范大学资源环境与旅游学院教授
魏 卫　华南理工大学经济与贸易学院教授、博士生导师
毕斗斗　华南理工大学经济与贸易学院副教授
史万震　常熟理工学院商学院营销与旅游系副教授
黄光文　南昌大学旅游学院副教授
窦志萍　昆明学院旅游学院教授，《旅游研究》杂志主编
李 玺　澳门城市大学国际旅游与管理学院院长，教授、博士生导师
王春雷　上海对外经贸大学会展与旅游学院院长，教授
朱 伟　天津农学院人文学院副教授
邓爱民　中南财经政法大学旅游发展研究院院长，教授、博士生导师
程丛喜　武汉轻工大学旅游管理系主任，教授
周 霄　武汉轻工大学旅游研究中心主任，副教授
黄其新　江汉大学商学院副院长，副教授
何 彪　海南大学旅游学院副院长，副教授

普通高等学校"十四五"规划旅游管理类精品教材
教育部旅游管理专业本科综合改革试点项目配套规划教材

总主编 ◎ 马 勇

旅游研究方法（第二版）

Tourism Research Methods (Second Edition)

许春晓　胡　婷 ◎ 编著

华中科技大学出版社
http://www.hustp.com
中国·武汉

内 容 提 要

　　本教材包括理解旅游研究、确定研究问题、设计研究方案、获取研究数据、质性分析技术、数量分析技术、表达研究成果 7 个部分内容，涵盖了主要的研究方法，包含了一般研究过程所需要的基础知识和技能。从风格上，试图贴近大学生职业发展需要，与学生一道，沿着问题研究的路径，走完一个全程。本教材主要面向旅游管理专业本科高年级学生，但是，基础的内容也适合旅游管理类高职高专的高年级学生，从内容的系统性和难度来看，也十分适合做旅游管理硕士生和 MTA 的教材。

图书在版编目（CIP）数据

　　旅游研究方法/许春晓,胡婷编著. —2 版. —武汉:华中科技大学出版社,2022.8(2025.2 重印)
　　ISBN 978-7-5680-8284-6

　　Ⅰ. ①旅…　Ⅱ. ①许…　②胡…　Ⅲ. ①旅游-研究方法　Ⅳ. ①F59-3

中国版本图书馆 CIP 数据核字(2022)第 132749 号

旅游研究方法(第二版)　　　　　　　　　　　　　　　　　许春晓　胡　婷　编著
Lüyou Yanjiu Fangfa(Di-er Ban)

策划编辑：李家乐
责任编辑：李家乐
封面设计：原色设计
责任校对：刘　竣
责任监印：周治超
出版发行：华中科技大学出版社(中国·武汉)　　　电话：(027)81321913
　　　　　武汉市东湖新技术开发区华工科技园　　　邮编：430223
录　　排：华中科技大学惠友文印中心
印　　刷：武汉科源印刷设计有限公司
开　　本：787mm×1092mm　1/16
印　　张：15.5
字　　数：375 千字
版　　次：2025 年 2 月第 2 版第 4 次印刷
定　　价：49.90 元

伴随着我国社会和经济步入新发展阶段,我国的旅游业也进入转型升级与结构调整的重要时期。旅游业将在推动形成以国内经济大循环为主体、国内国际双循环相互促进的新发展格局中发挥出独特的作用。旅游业的大发展在客观上对我国高等旅游教育和人才培养提出了更高的要求,同时也希望高等旅游教育和人才培养能在促进我国旅游业高质量发展中发挥更大更好的作用。

《中国教育现代化2035》明确提出:推动高等教育内涵式发展,形成高水平人才培养体系。以"双一流"建设和"双万计划"的启动为标志,中国高等旅游教育发展进入新阶段。

这些新局面有力推动着我国高等旅游教育在"十四五"期间迈入发展新阶段,未来旅游业发展对各类中高级旅游人才的需求将十分旺盛。因此,出版一套把握时代新趋势、面向未来的高品质和高水准规划教材则成为我国高等旅游教育和人才培养的迫切需要。

基于此,在教育部高等学校旅游管理类专业教学指导委员会的大力支持和指导下,教育部直属的全国重点大学出版社——华中科技大学出版社——汇聚了一大批国内高水平旅游院校的国家教学名师、资深教授及中青年旅游学科带头人在成功组编出版了"普通高等院校旅游管理专业类'十三五'规划教材"的基础上,再次联合编撰出版"普通高等学校'十四五'规划旅游管理类精品教材"。本套教材从选题策划到成稿出版,从编写团队到出版团队,从主题选择到内容编排,均作出积极的创新和突破,具有以下特点:

一、基于新国标率先出版并不断沉淀和改版

教育部2018年颁布《普通高等学校本科专业类教学质量国家标准》后,华中科技大学出版社特邀教育部高等学校旅游管理类专业教学指导委员会副主任、国家"万人计划"教学名师马勇教授担任总主编,同时邀请了全国近百所开设旅游管理类本科专业的高校知名教授、博导、学科带头人和一线骨干专业教师,以及旅游行业专家、海外专业师资联合编撰了"普通高等院校旅游管理专业类'十三五'规划教材"。该套教材紧扣新国标要点,融合数字科技新技术,配套立体化教学资源,于新国标颁布后在全国率先出版,被全国数百所高等学校选用后获得良好反响。编委会在出版后积极收集院校的一线教学反馈,紧扣行业新变化,吸纳新知识点,不断地对教材内容及配套教育资源进行更新升级。"普通高等学校'十四五'规划旅游管理类精品教材"正是在此基础上沉淀和提升编撰而成。《旅游接待业(第二版)》《旅游消费者行为(第二版)》《旅游目的地管理(第二版)》等核心课程优质规划教材陆续推出,以期为全国高等院校旅游专业创建国家级一流本科专业和国家级一流"金课"助力。

二、对标国家级一流本科课程进行高水平建设

本套教材积极研判"双万计划"对旅游管理类专业课程的建设要求,对标国家级一流本科课程的高水平建设,进行内容优化与编撰,以期促进广大旅游院校的教学高质量建设与特色化发展。其中《旅游规划与开发》《酒店管理概论》《酒店督导管理》等教材已成为教育部授予的首批国家级一流本科"金课"配套教材。《节事活动策划与管理》等教材获得国家级和省级教学类奖项。

三、全面配套教学资源,打造立体化互动教材

华中科技大学出版社为本套教材建设了内容全面的线上教材课程资源服务平台:在横向资源配套上,提供全系列教学计划书、教学课件、习题库、案例库、参考答案、教学视频等配套教学资源;在纵向资源开发上,构建了覆盖课程开发、习题管理、学生评论、班级管理等集开发、使用、管理、评价于一体的教学生态链,打造了线上线下、课堂课外的新形态立体化互动教材。

在旅游教育发展的新时代,主编出版一套高质量规划教材是一项重要的教学出版工程,更是一份重要的责任。本套教材在组织策划及编写出版过程中,得到了全国广大院校旅游管理类专家教授、企业精英,以及华中科技大学出版社的大力支持,在此一并致谢!衷心希望本套教材能够为全国高等院校的旅游学界、业界和对旅游知识充满渴望的社会大众带来真正的精神和知识营养,为我国旅游教育教材建设贡献力量。也希望并诚挚邀请更多高等院校旅游管理专业的学者加入我们的编者和读者队伍,为我们共同的事业——我国高等旅游教育高质量发展——而奋斗!

总主编

2021 年 7 月

《旅游研究方法》的第一版从初次发行到数次重印,我们编写团队一直怀着一颗忐忑的心,通过各种途径收集使用本教材的师生的评价,直接和间接的意见,肯定和批评的声音,对我们来讲,都十分珍贵,也是修订本教材的重要依据。出版社的发行信息显示了使用教材的既有各类本科院校的本科生,也有部分大学的硕士生,还有一些研究能力培训的学员。正因为本教材市场发育良好,市面上出现了多个盗版,这也是我们在此要谴责的。

本次修订的宗旨,仍然如同我们编写的初心。

第一,面向本科,兼顾其他。坚持面向本科教学需要,服务本科生细究问题的习惯和能力的养成,打牢旅游职场精英发现问题、解决问题的研究能力基础。同时兼顾研究型、教学型、应用型大学本科生培养目标的区别,也充分考虑没有系统学习过研究方法的硕士生,特别是 MTA、旅游职业教育等专业硕士研究生,本教材尽量表现出一些弹性。

第二,追求严密,力保精准。依然遵循发现问题、研究设计、获取数据、处理数据、形成最后成果的时序逻辑,安排章节。我们所做的工作,更多的是修正一切表达不够精准的语句,同时依据学术界相关研究方法改良的进程,补入已经成熟的内容,对部分变动较明显的,重新写作。

第三,适应发展,谨慎求"潮"。社会在发展,不只是研究方法的改进,更主要是教学的模式也随之创新。为了适应研究方法教学的需要,我们一方面对数据获取方法做了较多补充,特别是网络数据的收集方法,做了专门补充,适应大数据分析的潮流。同时,也在形式上,顺应本套教材的整体风格变化,加入了二维码,建设线上的音频、视频、文字资料等资源库,适应线上线下融合的教学潮流。

华中科技大学出版社的领导和编辑老师,一直鼓励我们团队教学研究工作,为《旅游研究方法》(第二版)的顺利出版提供各种资源和帮助,在此特致谢意。希望本教材能得到大家的进一步关注,期待认可和指正。

许春晓

2022 年春于岳麓山下中和楼

一直以来,很多人都误解"研究",误解研究方法,更误解旅游管理专业,认为"研究"是纯粹的学术,"研究"的起点应该在研究生阶段,更认为旅游管理是简单得不需要"研究"的专业,把操作技能当成了专业特色。

在旅游管理专业的大学本科生中开设研究方法课程,是一项十分必要的工作。旅游业的大发展,就是遍布在不同岗位上的旅游工作者创造性地发现问题、解决问题、揭示规律而推动的;旅游业的进一步发展,还需要旅游工作者在各自岗位上继续创新,做出贡献。从这个意义上讲,具有研究能力的旅游工作者,是旅游业发展的中坚力量,是价值非凡的关键少数。

研究方法不是学者的专有能力,而是成功职业生涯的重要技能。大学本科是职业能力培养的关键阶段,多数有成就的旅游职场精英,就是在大学本科期间养成细究问题的习惯和能力的。同时,也有不少成功的职场精英,认定发现问题、解决问题的研究能力,是成功的基石。提倡学习旅游研究方法,不是把"研究"当成阳春白雪,而将其作为追根溯源的工作态度与工作方案。大学必须培养本科生初步的研究能力,为学生成长奠定基础。

《旅游研究方法》试图与学生一道,沿着研究的路径,走完一个全程。从发现问题开始,到研究设计、获取数据、处理数据,形成最后成果。当然,我们所写作的 7 个部分内容,涉及面宽广。从多年的教学经验来看,各校的情况略有不同,不是所有内容都适合在所有学校中讲授。数量分析方法中,结构方程模型可以不讲。质性研究方法难度较大,可以根据情况选择部分内容试讲。当然,对于没有系统学习过研究方法的硕士生,特别是 MTA 研究生,也可以选用这本教材。

华中科技大学出版社的领导和编辑老师,在当前旅游教育界对研究方法还不被高度赏识的情况下,承担经济风险,约我出版《旅游研究方法》教材,使写作团队十分感动。一年来,我们也反复讨论修改,希望能得到大家的认可和指正。

许春晓

2017 年秋于岳麓山下

Contents

目　录

第一章 →

理解旅游研究

学习引导

我们中的绝大多数人，从接触学校教育开始，就会听到不少科学家的研究故事，渐渐地，我们开始将研究与科学家密切联系，对"研究"一词有了崇敬感。但是究竟研究工作距离我们有多远？研究对我们未来的职业生涯有什么作用？研究究竟有多少类型？研究工作是如何完成的？通过本章的学习，让我们去寻找答案。

学习重点

通过本章学习，重点掌握以下知识要点：

1. 研究的内涵；
2. 研究的作用；
3. 研究的特征；
4. 研究的类型；
5. 研究的过程。

我们已经进入了一个知识经济时代，各行各业都缺乏人才。旅游业的发展，也进入了品质旅游时代。在新发展阶段里，旅游活动的普遍化发展，旅游需求的不断升温升级，引领各行各业加快了与旅游业跨界融合发展的步伐。各种高质量新优势、新短板相继出现，各种新机会、新挑战应运而生，研究新问题、解决新难题的能力，成为当代人才的重要标志，大学旅游专业作为培养旅游人才的主要阵地，传授旅游研究方法理所当然。

第一节　旅游研究的内涵

事实上，"研究"是一个我们每个人都耳熟能详的词汇，甚至我们还是在父母怀抱里的孩提时代，就会听到父母给我们讲科学家的故事，研究是我们朦胧记忆里不平常的崇高的工作。在遇到难题时，我们的内心深处，存在对"研究"一词的敬畏感。

一、研究的多层次含义

1. 从词意考察研究的内涵

"研究"一词普遍用来定义一种特定的工作，常被用来描述关于一个特殊主题的资讯收集、整理和分析。

事实上，研究是一个具有丰富内涵的词组，拆开词来看，"研"主要指细细地捣磨的动作，在中国古代的炼丹术和中医药制药中，就以研法获得粉末状的药品的。古代研法强调两个方面：第一是研磨前的净身静心的要求，特别是中国古代炼丹使用的研法，又称作"沐浴"；第二是研磨时间应该持久。《丹房须知》中提到了研磨，丹诀曰：卯酉为沐浴，诸家皆以钵研三千遍；此法至微至妙，非至人不能造也。中医对"研"这个动作有力度和研的方法的要求。"究"是指推求穷尽、追根求底。英文的"research"就是由"re"＋"search"组成，也就是反反复复寻找的意思。在英文中的研究是主动寻求根本性原因与更高可靠性依据，从而提高事业或功利的可靠性和稳健性而做的工作。

综合理解，一般意义上定义研究，是确定研究工作的基本过程，这样，研究就是利用有计划与有系统的资料收集、分析和解释的方法，获得解决问题的过程。从属性上来描述研究，它是主动和系统方式的过程，是为了发现、解释或校正事实、事件、行为或理论，或把这些事实、法则或理论进行实际应用。研究是应用科学的方法探求问题答案的一种过程，因为有计划和有系统地收集、分析与解释资料的方法，正是科学所强调的方法。研究是人们对事物真相、性质、规律等进行的无穷无尽的积极探索，由不知变为知，由知少变为知多。研究简单地说，就是一个认真提出问题，并以系统的方法寻找问题答案的过程。

2. 研究的属性

研究作为一种特殊的工作形态，具有特殊的属性，在以下三个方面表现得比较明显。

1）研究是探索未知的创新

研究是一种表现着钻研、探索的创新性质的专门工作，是为了解决未知的问题而进行的工作。在古代，研究就被描述为按照自己的兴趣，深入钻研一个方面的知识的学术状态，"研究"一词也经常出现在描述文人们的探索性活动的文章中。古代用研究一词来描述一种工作状态，比较突出个人对问题的细致关注和细心思考，也用在描述深刻领会圣贤著作精髓的钻研性学习活动方面。在现代社会，培养一种兴趣，专注一个领域，深入钻研和探索，也是研究的最标准表现，特别

突出地表现在学者们的学术创新工作中。更广泛地考察，无论什么职业类型，都将面临新问题，都存在需要钻研、探索的工作，都需要研究。

总体上，探索规律，追问缘由，是研究的一种基本属性。

2）研究是商讨问题的形式

研究是一种商讨问题的形式，是一种集中智慧的工作方式。古代文人就喜欢相邀一同研究学问，交流心得，相互启发。古今中外，在面对一种新情况，面临一个新问题时，存在一个志同道合的团队，有几位兴趣相投的朋友，研究就是一种商量和讨论的形式。这种商讨问题的研究形式多种多样，普遍存在于我们的生产和生活的方方面面，俗语中就有"三个臭皮匠赛过诸葛亮"的说法。朋友之间可以就共同感兴趣的问题研究商讨，家庭人员可以为一个共同的决定而研究商量，单位上出现了一些特殊的情况，可以找相关人员一块研究讨论，团体之中出现了利益矛盾，可以采用各种商讨方式实现协同。

总体上，通过商讨相互启发，集中智慧，解决问题，是研究的又一种基本属性。

3）研究是追根刨底的表现

研究工作突出表现在"究"字上，就是追根刨底，仔细询问，在某种意义上，还带有秘密地细致询问的意思。在古代，人们为了清楚已经发生的事情的原委，在细致询问时，总用"研究"一词，研究往往被用来描述为在一个私密的环境下，对询问对象展开的专门问题的细致询问。现代社会发展速度加快，不断产生需要正本清源的问题，需要人们秉着研究的心态来探求原因。社会问题研究的深度访谈研究方法，就是追根刨底的有效方法，也特别需要尊重被访谈者的个人隐私，以匿名的形式向相关人员和单位报告研究内容。

总体上，追根刨底，摸清事物发展的来龙去脉，是研究的一种基本属性。

知识关联

明唐顺之《与洪方洲郎中书》："近来讲学，多是游谈，至于为己工夫入细处，则其说颇长……何日得与兄一研究之？"

知识关联

南朝梁陶弘景《冥通记》卷一："师既惋慨此事，追恨不早研究。巫令人委曲科检诸箧蕴，庶睹遗记，而永无一札。"

二、旅游研究的范畴

直到现在，仍然有一些学者认为旅游研究不存在，认为旅游没有独特的研究方法，这是从学科方法论的角度来评判的。事实上，除了成熟的传统学科，很多新兴研究领域都是综合使用成熟学科的思想方法的，哲学层面的方法论，也不是属于哪一个学科的，只是十分适合用来研究一类问题。旅游研究应该围绕旅游领域，以旅游发展出现的新问题为对象，以问题为导向，合理使用经典方法，系统探索。

1. 旅游研究的具体含义

1）旅游研究围绕旅游领域而展开

当前旅游领域的研究，是一个十分宽广的范畴。从学术界对旅游概念的理解来看，越来

越倾向于"大旅游"的概念了，开始在空间上突破异国他乡的异地性，在时间上突破1天以上的时间性，在属性上突破不含工作的消遣性。从行业领域来看，应该包含了旅游、酒店、会展三大行业领域。

值得指出的是，旅游业具有十分突出的延展性，具备明显的平台属性，很容易与各类相关产业交融产生跨界融合，延伸出研学、露营、骑行、徒步等新领域，这是旅游研究最需关注的研究课题。

旅游融合以多种形态发生，突出表现在"旅游＋"和"＋旅游"两种类型上，简单地理解这两种类型，就是在旅游业发展基础好的地区，充分发挥旅游业对相关产业的带动作用，主动融合，以旅游业主导地方经济发展，形成旅游业为龙头的产业体系，就是"旅游＋"的表现。而在相关产业发展基础好、势头好、优势明显的情况下，旅游业积极配合发展，附加在相关优势产业发展的平台上，积极发挥旅游优势，促使相关产业发展更加顺畅，旅游业发展成为相关产业发展的润滑剂，就是"＋旅游"的表现。无论旅游以什么角色融合发展，都极大地拓宽了旅游研究的领域。

2）旅游研究解决旅游发展中的新问题

旅游在当今"三代"叠加的新时代中，移动互联网技术主导，大众旅游时代各阶层、各行业、各年龄阶段的旅游者，充分展现出消费的个性化与普遍化，形成日益增长的新旅游消费需求，刺激各种旅游新供给出现，使得旅游要素由经典的"食、住、行、游、购、娱"供给要素，向着更多的供给形态发展，"学、养"等要素相继出现。从消费者的角度来看，共享旅游经济开始出现苗头；从投资者的角度来看，现代制造业直接以产品作为旅游设备参与旅游开发的投资方式出现，例如，上市公司湖南桃花江游艇制造有限公司和太阳鸟游艇股份有限公司，直接投放设备开发水上旅游项目，旅游业的融合发展出现了全新的方式。

知识关联

"三代"叠加的时代，即我们正处于移动互联网时代、大众旅游时代和众创时代。

从2015年开始，全域旅游成为新的战略理念，旅游业的发展由职能部门管理到政府协同管理，由景区景点开发迈向目的地全面发展，由日间时段旅游业主导到各类需求的全时段的全面服务，由面向旅游者提供服务到主客共享的公共服务体系，由旅游业率先发展到跨界融合实现业态整合，促进全体居民全面积极参与到旅游发展的各种活动中来。尽管这样的理念与现实有十分明显的距离，但是表现了旅游业发展的一个全新方向，将孵化出大量新机会和新问题。

2. 旅游研究的属性

旅游研究具有一般研究的全部属性，由于研究对象的特殊性，而产生了自身特有的属性。这种特殊性突出表现在旅游研究的综合性、复杂性、创意性。

1）旅游研究是综合性探索

旅游是一种综合性的活动，包含着技术与文化，自然环境与资源的综合利用，文化资源的保护与传承，这种复合型的问题，不仅仅是管理学、经济学的关注对象，也是社会学、人类学的关注对象，也涉及了地质地貌、水文天文、气象气候、植物动物等自然学科，关系到城乡

发展、文化传承与革新等,需要多方面专家从多个学科努力探索。

2)旅游研究是复杂性探索

旅游是一种复合型的复杂现象,包含着自然规律、社会规律、经济规律、文化规律,每一种规律的运行都遵循自身的逻辑,还可能出现规律背反现象,这就使得旅游问题的探索带有更加突出的复杂性。在旅游景区的承载量管理的实施中,常常表现出十分明显的复杂性特征。出于对旅游景区生态环境的保护和旅游利用的持续性考虑,甚至更主要是为了旅游者感受上的舒适性,旅游景区需要限制旅游者的进入量。这里至少表现着生态规律和经济规律的背反现象,生态平衡需要限制旅游者人数,经营绩效则需要"旺丁旺财",需要客流保障绩效。从管理的角度来看,承载量管理涉及政府环境管理的生态效益、旅游经营者的经济效益、旅游者的满意水平、当地居民的发展机会等多个目标的矛盾。

知识关联

在康德的哲学概念中,二律背反指对同一个对象或问题所形成的两种理论或学说虽然各自成立但却相互矛盾的现象,又译作二律背驰、相互冲突或自相矛盾。

3)旅游研究是创意性探索

旅游研究更多是面向未来、面向新技术革命带来的刺激,是一种积极心态的应对方案,是以创新为标识的探索。旅游研究的创意包含对旅游领域新问题的敏锐性,及时准确地描述新问题的状态与规律,这是学理探究的创意表现。旅游研究的创意更多地表现为新供给的创造,及时发现潜在的需要,以时尚的方式呈现,这是新的旅游产品和业态的创意表现。

从学者的角度来看,一个不断更新发展的研究领域,存在不断出现的新挑战,存在不断创新的大可能。意味着是孕育大学者的时代,是创造新理论的时代,旅游发展时事造就学术大师,呼唤学者努力。

同时,旅游问题带有现实性,需要面对消费者的选择,面对同行和不同行业的竞争。从旅游角度思考研究问题,更看重对未知的想象,更需要大胆的创意。旅游问题是旅游者的全面满足,是满足人们对美好的向往,这就需要探索未知的美好,发现潜在的需要,以合适的形式展示和体现。这是发明创造,是主观的浪漫的创意。2013年,韶山市人民政府委托湖南师范大学旅游学院许春晓教授编制《韶山市旅游发展总体规划》时,就面临了韶山旅游者过夜率太低的问题,当时不少专家认为通过大型山水实景演出《中国出了个毛泽东》可以解决旅游者过夜率低的问题,但是节目推出以后,问题并未得到解决。课题组首先探究了旅游者不过夜的原因,接着寻找过夜的理由,发现清晨的旅游项目是旅游者必须过夜的原因,为此策划一个足够有吸引力的清晨项目,就需要创意来完成了。

第二节 研究的作用

研究作为一种特殊的工作,具有自身特有的属性,有自己应有的作用。

一、研究的作用

研究具有一些特点和独特的作用。

1. 客观了解事物

研究的一个重要任务是明确事物和现象"是什么"，就是通过细致观察、整体认识、准确描述来实现。

1）细致观察

科学研究的一个重要的作用就是客观了解研究对象以及各种旅游事物和现象。研究对于事物和现象的观察行为，与一般性的观察行为比较，最大的区别就在于细致观察，由表及里地认识事物和现象。

仔细观察不只是一种态度和作风的表现，更涉及观察者的知识修养和兴趣爱好。一般情况是，有兴趣的事物和现象才会引起注意，从而细致观察；有相应的知识修养，才能很好地完成细致观察。

2）整体认识

研究对于事物和现象的了解，应该是整体上的，要避免一管窥宝，整体认知包含两个方面，第一个方面是对于事物和现象内部的整体认知，特别是成分与结构的认知。事物和现象内部结构的认知，是基于认知目的来剖析的，例如，品牌标志根据表现形式可以分为图形标志、文字标志、组合标志（文字与图形的组合体）三种。第二个方面是外部联系的认知，全面认知事物或现象之间的外部的、表面的、偶然的、非本质的联系，显然，认知的广度会更宽泛一些，特别是对于旅游事物和现象的形成机理的考察，就需要判断外部联系的属性，同时了解那些外部的、表面的、偶然的、非本质的联系因素是怎样干涉形成机理的。

3）准确描述

准确描述所观察到的事物和现象，是研究成果表达的一个基本要求。准确描述贯穿研究成果表达的始终。

准确的描述，表现在对问题本质把握的准确性上。把握好事物或者现象的本质，肯定是基于正确的认知和严密的思考之上，更需要认知方法和思辨技能的较好修养。具备良好的认知方法修养，可以深入认知旅游事物和现象的内部结构和外部联系；具备良好的思辨技能，可以准确把握旅游事物和现象的内部结构和外部联系。

准确的描述，表现在对文字的精准把握上，做到客观求实，全面传递信息。文字修养十分重要，词不达意，就会歪曲表达。过分使用华丽辞藻，加入明显的个人情感，描述的事物和现象也会出现偏离。

准确的描述，总体上是个人综合素质的全面表现。准确描述的最终目标是不偏不倚，中正精准。

2. 追寻原因

研究需要追根究底。从理论研究的角度看，事物和现象发生、发展演变规律的揭示，是追根究底的成果；从应用研究的角度看，针对工作中的局限、挑战等，寻求解决之道，需要标本兼治，追寻原因。

1）现象成因

事物在发生、发展、变化过程中所表现的内在联系性和客观形式,带有一定的静态色彩和相对稳定的属性,很多惯常现象的前因后果是人们熟知的。但是,科学技术发展推动时代进步,事物的内在联系性和客观表现就会出现更新甚至突变,新现象无解问题凸显。无论是旅游科学的学术探究,还是旅游产业的实际运行,都需要对应该关注的新事物和新现象,追寻原因。

2）发展机理

机理是指事物变化的理由、规则与道理。旅游业发展机理是一个很宽泛的命题,是指为提升旅游业水平,旅游业发展系统结构中各要素的内在工作方式以及诸要素在一定环境条件下相互联系、相互作用的运行规则和原理。在旅游业的每个领域中,在旅游事业和旅游企业的管理范畴中,各种发展机理错综复杂地交织着,构成复杂的体系,需要不懈探求,才能真正把握。

3. 集中智慧

研究需要"将怎样"追根究底。研究突出解答难题和解决新问题,得到结果,验证假设,编制规范,形成对策,都是复杂问题的综合方案。

1）积累知识解决问题

旅游学科的综合性特别明显,而且随着人们生活观念的变化,旅游发展理念会发生相应变化。特别是在全面开启第二个百年奋斗目标的新征程中,在全面落实新发展理念、建构新发展格局、实现高质量发展的新时代里,旅游业发展的知识体系将推进到一个涉及面更加宽广的境界,对于具体研究者,可以在工作中不断面向问题丰富知识积累,形成良好的知识结构。

2）吸取知识解决问题

以研究者的姿态面对问题,特别是面对新问题,常常会出现已有知识不能完全胜任解决问题的任务,在干中学,在解决问题的过程中丰富知识,就是研究性学习现象。常见的是通过两种方式来实现,第一种是通过查阅相关文献,来获得相关知识,丰富自己的知识结构,这种情况几乎是当代移动网络技术环境下最常见的方式了。第二种是求教专家,对于专业性比较强的问题,比较复杂的问题,比较前沿的问题,可以请教同行专家。当然,还有一种情况就是在实践中发现了新问题,不是已有理论和方法可以很好解决的,这就需要研究者以学术探究的情怀,去发现知识,创新知识。

3）汇集知识解决问题

旅游业发展面临着许多特有的综合性问题,可以集体研讨,整合力量,团队攻关,解决问题。我国酒店业经营状况有一个奇怪的现象:中国酒店的豪华程度并不逊色于国外先进酒店水平,但是无论从经济效益、市场占有率、口碑效应还是从综合实力等方面都远远落后于国外酒店集团。这种问题综合性强,不同学者可以从不同的知识背景归纳多方面原因,采用有效的方式集中各方智慧,实现知识的累积互补,利于问题的全面分析,最终解决问题。

二、旅游研究对于大学生的意义

旅游研究具备一般研究工作的全部作用,只是在每项作用中表现出旅游发展各项工作的特点而已。旅游研究的作用，也可以换一个视角，从旅游专业高等教育的角度，从一个大学生培养的角度，从大学教育的角度考察旅游研究的重要作用。

1. 培养初步研究能力是大学的基础使命

1）研究性学习的需要

大学教育的最大特点，是学生的自主学习，是反思性的批判性的学习，是一种研究性学习。研究性学习不只是一种学习知识的好方法，更是培养学习能力的好途径。当前，社会上对大学教育存在许多非议，一个十分重要的方面，就是人们不满意当前大学培养方式所存在的局限，不满意大学生创新能力、解决实际问题的知识应用能力。彻底改变应试教育在高等教育中的延续，改变标准化考试滥用所导致的问题，张扬研究性学习方法是重要途径。

2）综合能力培养的需要

大学的学习目标，是培养综合能力。综合能力培养需要综合性手段，不是具体知识的简单累加。正如研究基本内涵所表现的属性，提升学生研究能力是培养综合能力的最佳途径。

当前，许多人都对研究仍然存有一定的误解，将研究看成一种纯粹理论工作者的学术创新性工作，在高抬了研究工作的基本属性的同时，也弱化了研究工作的范畴及其价值的普遍意义。将研究工作简单等同于写论文甚至等同于理解书本知识的活动，将研究与实践活动对立起来，将脱离实际的"论文"与研究画上等号，更是对研究的极大误解。脱离实际的"论文"是问题论文，真正的基础研究源于实践而高于实践，虽然基础研究并不以服务实践为目的，但是基础研究是研究的一部分。

大学教育与基础教育的一个应有的区别在于，大学是围绕一定的学科专业范畴培养学生研究工作能力的教育阶段，是开始面向社会生产实践培养综合能力的教育阶段，往往表现为课堂知识与社会发展和生产实践的高度结合。大学教育是知识积累的教育过程，更是知识应用的教育过程，是学理思辨能力与问题解决能力同步发展的过程。

3）毕业论文写作的需要

毕业论文制度是保障本科生综合能力培养的重要途径，也是我国大学教育中的重要特色。中国大学的所有本科生培养方案中，对毕业论文（设计）有明确的要求，倾向于培养本科大学生完成一个完整研究的过程，力图实现本科学生初步研究能力的培养目标。

我国所有的大学本科旅游管理专业的教育过程中，毕业论文写作是学分很高的必修课程，是毕业班学生非常重要的学习任务。教学实践中发现，没有系统开设旅游研究方法课程时，学生面对选题、综述、研究设计、研究方案、研究规范等，十分陌生，带有明显的畏难情绪。担任毕业论文写作的指导老师，不得不针对每一位本科学生分别重复讲授这些知识，一步一步地帮助学生完成毕业论文，达到培养目标。指导老师普遍感到指导本科生毕业论文的压力很大，工作量很大，效果不理想。系统开设旅游研究方法课程后，情况大为改观。

微课：
向往研究
能力的形成

知识关联

所谓综合能力，指观察能力、实践能力、思维能力、整合能力和交流能力。

4）生活实践的需要

现代社会知识更新频率显著加快，每天都有无数的新概念、新名词出现。旅游行业不断开拓新市场，开发新产品，拓展新业务。在生活中如何快速掌握新知识，适应市场变化，需要研究的方法和能力。

2. 具备初步的学术能力是大学的精英理想

大学应该培养精英，本来是一个理所当然的目标。当前社会对大学的指责过多，理解不够。对大学生给予的机会不多，提出的非议太多。大学生在大学学习中的追求不够，承受压力过大，只有进一步强化精英理想，才能改变现状。

1）掌握收集和分析信息的能力

信息时代最大的问题不是相关信息太少，而是冗余信息太多，信息真假难辨，甚至以讹传讹。研究问题来源于社会实践，如何收集社会实践所产生的有价值信息并利用其实施分析是研究人员的必备基础能力。

2）了解科学研究的学术范式

学术范式是一个学术的基本规范的表现，体现着学术的高尚品质与科学色彩。

作为旅游管理专业（含酒店管理和会展经济与管理）的学生，应该初步了解旅游管理学的范式，把握已经达成共识的基本定律、理论、方法与其在专业领域的应用，以及相关的应用软件和仪器设备的利用，以规范化模式完成科学研究工作。几乎所有大学都十分注重这方面知识的培养，在毕业论文的指导规范和格式要求上，表现得十分明显。

知识关联

学术范式是一种对本体论、认识论和方法论的基本承诺，是科学家集团所共同接受的一组假说、理论、准则和方法的总和，这些在心理上形成科学家的共同信念。

遵循学术规范从事研究工作，可以保证结论的科学性。即便是应用研究，结果的真实可靠，与研究方案的科学严密联系在一起。

3）把握研究成果的正确表达

作为科学研究，创新是第一要素，科学、准确地表达创新性研究成果，是一项十分重要的能力。作为一个大学生，应该初步了解学术研究的表达要求，初步学习和体验一下学术研究工作的滋味。

研究成果的创新表达形式，一般有论文和研究报告两种。以论文形式表现的成果，一般又有学位论文和学术期刊论文两种，学位论文的表达要求，不同学校不同学科略有区别，总体上是渐渐趋同的趋势。不同的学术刊物对论文的表达要求也略有分别，大体结构基本上是一致的。一个共同的特点是，论文反映研究的全过程的成果，从问题提出的背景、研究设计、调查获得的研究材料、具体研究情况、结论与讨论，要准确、简洁地报告自己的新发现。以研究报告形式表达的研究成果，也有学术课题研究报告和应用问题研究报告两种，学术课题研究报告，与学位论文十分类似，尤其是省级以上的哲学社会科学基金课题的结题报告表现得十分明显。应用问题研究报告，则突出问题导向，开门见山地提出问题、介绍调查研究方案、得到问题出现的缘由和机理、提出解决问题的策略，总体上是发现问题、分析问题和解决问题的路径。学会论文和研究报告写作的基本技巧，是一个合格的大学生的基本素养。

3．具备初步的应用能力是职业的重要基础

1）研究是深入把握事物发展规律的技能

大学教育的重要目标仍然是培养高素质的劳动者。大学生理应具备专业的发现问题、分析问题、解决问题的能力。

对本科和专科大学生来讲，重点是具备一定的应用研究技能，便于在工作中科学解决问题。应用研究最大的特点，就是在掌握已有理论的基础上，准确识别问题，使用合适的方法解决问题。掌握自己学习的学科专业或者是一个专门领域内的主要定理定律，遵循事物发展规律来系统识别问题，预估事物发展的趋势，形成准确的应对方案。

2）研究是解决难题的手段

所谓难题，在某种意义上就是新问题、复杂问题。对于旅游管理而言，就是旅游管理活动中的非惯常问题。解决难题，需要研究的手段。

在职场上，具备解决难题的初步能力，是大学生独特价值的表现。职场上的惯常工作，可以通过经验来处理，经验丰富的员工，在发展环境稳定的情况下，或者是在多数状态下，是解决惯常问题的能手，从基层做起积累经验，对于处理惯常问题十分有效。职场上的难题，往往是全新的复杂的问题，需要用研究的方法去探究，才能追根溯源，寻求准确的解决方案。

决策是管理的关键。企业的董事长、总经理，各类单位的主要领导是决策者，大学生要立志做集体决策的辅助者和参与者。大学期间，掌握好研究能力，能站在决策者需要的高度来思考问题和解决问题，才能更好地成为集体决策的辅助者和参与者。

3）研究是创新、创业的基础

创新、创业，最需要的就是眼光。这种眼光，是对发展新机遇的敏感性和捕捉能力。敏感是发现，捕捉是正确方案和果断行动的结合。创新、创业十分依赖研究能力和执行力的有机结合，旅游创客应该具备研究能力，才能保障成功。

地方旅游业的发展，迫切需要引领旅游团队的领军人物，也需要各类旅游创客人才，以满足游客个性化定制的需求，这要靠社会各界的共同支持，更要靠各高校的相关专业特别是旅游管理专业培养研究能力，培养旅游创客积极参与，投身旅游创客行动。

知识活页 大学生究竟应该在意所学专业还是方法和能力？

第三节 研究的特征

无论是旅游问题的研究,还是其他各类问题的研究,都应该具备明显的共性。从本科生旅游研究的特殊性来看,更值得指出以下一些特征。

一、问题导向

任何研究都是针对问题的,研究是为了解决问题。研究者面临的问题,至少可以分为两类,一类是学术性问题,也就是表现为一个关键性的问题假设,问题假设必定是抽象的,可以包含一系列具体事物和现象的内在联系性。另一类是工作中的问题,也就是我们常常表述的各种不如意、不到位的局限,也可能是环境变化后各种关系主体的关系发生变化所出现的各种挑战,是工作顺利进展达成目的的一些障碍。

研究问题的普遍性和新颖性,是问题价值的两个重要表现。作为一个研究问题提出来攻关,应该具有举一反三的作用,使得解决问题的方法可以在一定范围内推广和应用,这就是研究本身的意义和价值。同时,作为研究问题提出来讨论,应该是从未遇到过的难题,不是仅凭经验就有把握解决的,这种新颖性或许还带有复杂性,也使得解决问题的方法成为经验,可以在以后的工作实践中重复使用。

二、目标明确

当研究成为一项任务,从管理的角度来看,应该具有十分清晰的目标。

具体的研究任务都是为了解决问题,解决问题是目标,但是进一步来看,这个目标有以下几种情况。第一种情况是工作实际中的局限和缺点,问题来自工作实际,目标是分析各种限制性因素并理清各种关系,形成弱化和消除各种不利因素影响的策略。第二种情况是单位发展的机会,问题来自管理层的敏锐感知,目标是分析自己的优势、劣势,在认清机会的同时了解威胁,确定抓住机遇的行动方案。第三种情况是研究中的疑问,问题来自研究工作中的抽象思考,是问题假设,目标是总结规律,这是学术层面的工作了。

三、方案合理

一般来讲,研究方案是针对研究问题,确定了研究目标之后,所设计的工作方案。

研究方案的核心是研究思路,表现为解决问题的具体路径。第一步是厘清问题的结构和相关因素,第二步是明确各类问题、各种因素的关系,第三步是整合成问题的总体模型,第四步是确定研究素材的类型和处理方案,第五步是形成研究结果。

解决问题的方案,基本步骤是类似的,具体方案是多样的,需要具体问题具体对待,一把钥匙开一把锁。单就选定研究素材,就可以是一手数据和二手数据,可以是文字材料也可以是统计数据、抽样数据、估算数据、判断数据,还可以是声音、图像等;处理方法也可以是数量计算、模型分析、定性分析,还可以借助各种分析软件来完成分析和数据计算。

四、逻辑严密

遵循严密的逻辑来思考，是研究工作的基石。

不可以随意设想结果，特别是在应用研究中，不能按照主要领导的意图来做研究结论，将学习到的专业知识用来为领导的设想做不符合规律的牵强论证。不可以做不合逻辑的推理。典型的逻辑错误有同语反复、循环定义、偷换概念、转移论题、自相矛盾、以偏概全、循环论证、因果倒置等。有意识地做诡辩式的论证，是学术道德问题；无意识地出现逻辑错误，是学术水平问题。

五、数据可靠

研究的科学性依赖数据的可靠性。研究数据是一个比较宽泛的概念，大体等同于素材、资料的含义，可以以数字、文字、声音、图像等形式呈现，是研究工作的材料。

基础数据的真实可靠，是关系到研究者科学态度的问题，是研究伦理问题。编造数据是最严重的造假，特别是根据自己的理解修改访谈记录，都是数据造假行为。不严格的抽样数据是不可靠的，不能采用非概率抽样的数据来做统计分析。不能重复出现的试验数据，是不可靠的，大量的学术造假被发现，就是重复的试验得不到相同的结果。

六、结论正确

研究的要求，是方法科学，结论正确。逻辑上，科学的方法得到的结论是正确的。对于一些结论的证伪，是突破了一些前提假设。

理论研究的结论正确，可以推动学术进步。多数理论研究所追求的是已有理论方法的改进，慢慢推动理论方法的丰富和完善。全新理论方法的创新，是科学的巨大进步，出现的频率较低。

应用研究的结论正确，可以指导实际工作顺利进行。

第四节　研究的类型

所有的类型都是出于一个明确的目的，依据一定的标准，通过缜密的方法得到的。类型划分，有复杂的分类也有简单的分类。简单的分类依据分类标准实施类型划分，立即可以得到结果。复杂的分类就需要科学方法专门研究了，这也是分类学的范畴。无论是简单的还是复杂的分类，都要有类型的明显的区分性，类型之间界限一定要十分清楚，任何一类的归属一定要唯一，这样才能形成严密的分类体系。

知识关联

逻辑就是思维的规律，规则。逻辑是人的一种抽象思维，是人通过概念、判断、推理、论证来理解和区分客观世界的思维过程。

一、按照研究的组织形式分类

研究活动是需要组织的,一个人的孤军奋战,在研究工作中比较少见了。

1. 个人研究

典型的个人研究,往往由个人兴趣决定,由个人兴趣发现了新问题,循序渐进地独立完成研究的全过程。个人可以完成的,往往是一个相对简单的问题,个人的时间和精力足以支持问题研究的完成。个人研究可以涉及理论研究和应用研究,得到的研究成果可能是研究报告和论文,也可以出版著作。学位论文十分接近个人研究形式,但是其中可以包含导师的指导意见,相关同学的讨论成果。

大学生要弘扬独立思考的精神,勇于探索,敢于个人研究。初入职业生涯,很难很快在同事中形成专业权威形象,组织同事研究相关问题。研究工作的第一步,往往是从自己熟悉的理论应用开始,从较小的问题开始,打开局面。这就需要在大学学习阶段,打下良好的基础。

2. 团队研究

团队研究是当今研究工作的主要组织形式。无论是各级哲学社会科学基金还是各级自然科学基金项目,均以团队为组织形式申报。政府和公司的专门咨询课题,一般采用公开招标,由不同公司组织团队通过竞标来具体承接。本科生申报的各级各类创新创业项目,参加各级各类专业竞赛项目,都是以团队为组织形式。团队研究一般是针对一项专门研究工作,组织知识结构互补、各有特长的研究者,协同合作的非正式组织形式。团队研究一般只有一个负责人,就是课题主持人,主持人负责研究项目的组织实施,同时也负责学术的水准。团队的规模一般不宜过大,可以是3—5人,也可以是10人左右。

3. 集成研究

问题研究特别复杂,一旦涉及多个学科的前沿,则需要联合多个单位的多个团队共同攻关。从当前的情况来看,多数重大旅游问题,无论是理论主体型还是应用主体型的问题,几乎都是复合型的问题,需要在多个学科领域内攻关,需要多学科团队协作。即便是县域旅游发展总体规划的编制,从问题需要来讲,就要求有旅游管理学、旅游经济学、旅游社会学、旅游地理学、城市规划学等方面的学者参与,如果试图深入研究,便应该组成相应的学科团队,集成研究才能达成研究目标。

二、按照研究工作的性质分类

联合国教科文组织制定的科技统计的国际标准中,将"研究与试验发展(R&D)"划分为理论研究、应用研究和试验发展三种类型。联合国的标准不仅限于自然科学,也包括人文社会科学。

微课:
**本科毕业论文是
什么类型的研究**

1. 理论研究

理论研究作为一种研究类型,完全属于具有精深的学术素养的学者所从事的工作,一般由专门的研究机构和特定学科专业的高水平学者来完成。理论探索主要是为了获得现象和可观察事实的基本原理等新知识,而进行的实验性或理论性探索工作,不以任何专门或具体的应用和使用为目的。

从目的来看,理论研究以认识现象、发现和开拓新的知识领域为目的,即通过实验分析或理论性研究对事物的特性、结构和各种关系进行分析,加深对客观事物的认识,解释现象的本质,揭示物质运动的规律,或者提出和验证各种设想、理论或定律。没有任何特定的应用或使用目的,在进行研究时对其成果看不出、说不清有什么用处,或虽肯定会有用途但并不确定达到应用目的的技术途径和方法。

2. 应用研究

应用研究作为一种研究类型,是各位有一定专业素养的大学生可以立志从事的工作,可以是专职的也可以是兼职的职业性质。各企事业单位设置的研究机构多数是应用研究性质的。应用研究是为获取新知识而进行的创造性的研究,主要是为了达到具体的目的或目标。

应用研究又可以分为应用理论研究和应用对策研究,应用理论研究是目标很具体、清晰的创造性研究,主要是模式、机理、机制、关系的探究。应用对策研究是直接针对问题的,是问题导向型的研究,主要内容是问题和对策。应用对策研究能力是政府各部门、各企事业单位的各个工作岗位广泛急需的,特别管用的,是大学生需要立志掌握的。

大学科研机构对应用研究的态度有所不同,大学特别看重知识创新,所以对应用理论研究十分看重,各大学的硕士研究生的学位论文,多数也是应用理论类型的学位论文。应用对策研究是政府、企事业的研究机构特别看重的,根据主要负责人的治理理念,提供决策支持,是现实意义突出的研究工作。各大学的研究生专业学位论文,则特别强调应用对策研究的分量。

3. 试验发展

试验发展作为一类研究工作,主要是工科的研究所必需的,是与应用研究完全对应的,也是十分适合大学生的研究工作。试验发展是任何为了生产新的材料、产品和装置,建立新的工艺系统和服务,以及对已生产和建立的上述各项进行实质性的改进,利用从研究和(或)实际经验所获得的现有知识系统的工作。

试验发展在旅游领域内,也较多存在。对于酒店客房服务、餐饮服务等服务流程的再造,是需要试验发展研究的;游乐型景区内的大型游乐设备、景区大型观光玻璃桥等一类产品,都是需要试验发展研究的。

三、按照研究方法分类

研究方法是任何研究都离不开的,具体研究方法数量很多,分类方法不完全一样。从大的方面,基本上可以分成质性(定性)研究和量化(定量)研究两种类型。

1. 质性研究

质性研究,即定性研究,是一种在社会科学及教育学领域常使用的研究方法,通常是相对量化研究而言的。研究者参与到自然情境之中,而非人工控制的实验环境,充分地收集资料,对社会现象进行整体性的探究,采用归纳而非演绎的思路来分析资料和形成结论(理论、对策),通过与研究对象的实际互动来理解他们的行为。质性研究注重人与人之间的理解、交互影响、生活经历和现场情景,在自然状态中获得整体理解的研究态度和方式。

经典的质性研究以描述的方式为主要手段,注重归纳研究,突出从事实和现象中抽象出质的内容和根本的问题,具有独特的研究风格和特色。但是,广泛意义上的质性研究,仍然包含思辨的研究,有不少经典的质性研究方法,如扎根理论,是归纳与推理结合进行的。

2. 量化研究

量化研究,即定量研究,是指确定事物某方面量的规定性的科学研究,就是将问题与现象用数量来表示,进而去分析、考验、解释,从而获得意义的研究方法和过程。量化研究的特征十分明显,追求以数字化符号为基础去测量事物和现象,再以数理逻辑运算得到研究结论。量化研究通过对研究对象的特征按某种标准做量的比较来测定对象特征数值,或求出某些因素间的量的变化规律。

量化研究的目的是对事物及其运动的量的属性做出回答,对研究事物和现象做出量的规定,确定事物和现象的发展变化的量的关系,量化事物的属性是基础,确定数理关系和运算结果是手段。量化研究与科学实验研究密切相关,科学的量化是伴随着实验法产生的。

第五节　研究的过程

由于研究的范畴宽广,每一种具体研究工作都带有一定的个性特征,研究工作的具体过程,具有特殊性,但是也有一定的共性。总结各种类型的研究,基本上都遵循着以下一些步骤,即发现问题、确定问题、研究设计、获得数据、分析数据、得到结论、讨论结论、发现新问题。

一、发现问题

世界充满了等待解决的问题。大学生一旦有了比较系统的专业知识的积累,就易于形成敏锐的观察力,发现一些问题。很多大学生在实习过程中,都会发现实习单位管理方面的问题,在实习汇报会上进行阐述。这就反映了大学生具备研究的最基本能力。

发现问题,就是以一种探求的意识在观察情景并提出疑问,发现问题是研究的真正开始。但是,一般情况下所发现的问题往往被搁置。

二、确定问题

发现的问题,一般就只是一个疑问,有时就是一种怀疑。有了发现,问题是否是一个值得研究的事物或者现象,需要对问题做研究意义的确定。大学生在实习中发现的问题,一般是简单的问题,只是一种一般差错,凭经验可以立即解决,就不需要实施研究了。但是,也有一些问题具有比较复杂的因果关系,于是,这种问题便被提出来成为毕业论文的选题。

确定问题,就是对发现的问题进行细心的思考,初步判定问题的研究价值,通过查阅文献资料或者请教专家,可以请教工作单位经验丰富的前辈,将问题认真、正式地提出并阐述,形成研究的目标,确定问题是涉及理论创新还是涉及应用对策。进一步收集与问题有关的各种资料,确认问题的新颖程度和应用价值,学术问题则可以发现理论价值。

三、研究设计

在问题被确定为研究问题后,便有了明确的研究目标,就该着手全面整理已有资料,预估可能的结论。特别是仔细地思考问题涉及的所有事实和现象,通过全面回顾已有的研究成果,确定解决问题的理论依据。

随着研究问题的渐渐清晰，某些猜想、假设或方向性的问题开始出现和形成，所形成的问题又提出了对更多资料的需求。进一步借鉴已有的研究成果，丰富研究问题的内容，确定各种关系的性质。如果是逻辑关系明确的问题，可以形成问题解决的工作步骤和各种研究资料（数据）的来源。

四、获得数据

围绕问题，确定研究数据的类型和范围。作为研究素材的数据，是关联研究问题的全部信息的表现形式。要注意充分挖掘数据，全面认识数据的现代色彩，除了充分利用传统的文字、数字之外，根据研究的需要，充分利用声音、图像等素材作为研究数据。

根据数据的类型和范围，确定数据获得的具体方法。在科技发达特别是网络技术充分发展的当代，研究数据获得的范围在不断扩展，除了过去研究中常用的研究资料收集的访谈、问卷等工具获得数据外，应该特别关注网络数据的抓取技术。

五、分析数据

分析数据过程，就是根据研究设计和已经获得的基础数据，使用合适的分析工具处理数据，整理各种数据，进入程序化的处理并对此做出剖析和阐释。

在量化研究的过程中，应该充分利用各种统计分析软件，计算相关数值，验证假设得到结果。在质性研究的过程中，应该依据各种质性研究的流程，处理文字材料等，得到研究结果。质性研究也有一些分析软件，可以根据研究的实际需要选用。

分析数据的过程，是一个十分严密的过程。特别需要注意的是，千万防止以质性研究的名义，以随意议论的手段得到结果，这样就不是研究工作。

六、得到结论

经过严密的分析，依次得到研究结果。研究的过程中，分析一步一步进行，开始有所发现，形成研究的中间结果，再由中间结果推演到结论。

结论是研究的核心假设的最终回答，研究结论应该十分简洁地表达。当然，应用对策研究的最终结论，是针对问题解决而形成的系列对策，也有应用对策研究成果中，就对策实施中需要注意的问题做出预估的。

七、讨论结论

第一，确定学术贡献，将研究结论与当前学术界已有的类似研究结果一一对照，发现异同，确定新发现和学术贡献。

第二，总结研究成果，由问题所推演的假设，哪些是通过数据分析获得验证和支持的，哪些是数据分析没有得到验证的，确定问题在研究中解决的情况，是全部得到解决、部分得到解决还是完全没有得到解决。

第三，反思研究过程，仔细回顾整个研究过程，寻找研究中存在的瑕疵，客观介绍这种瑕疵可能导致的问题，尤其是对研究结论的价值的影响，明确指出可能存在的局限。

八、发现新问题

针对研究结果的讨论，特别是总结和反思，揭示进一步研究的方向和研究中心发现的问题,又一次开始新一轮研究、循环。

习近平总书记在 2016 年 5 月召开的全国科技创新大会上,要求科技工作者"要把论文写在祖国的大地上,把科技成果应用在实现现代化的伟大事业中"。作为新时代的大学生,应该把握好研究方法,立志为旅游发展而研究,用旅游研究素养支持自己,在实现现代化的伟大事业中做出自己应有的贡献。

本章小结

(1)从不同视角阐释旅游研究,同时结合旅游管理的各专业领域的发展趋势,把握研究能力在新时期旅游人才培养中的意义。

(2)从旅游管理专业大学生的培养目标和职业生涯发展的需要介绍旅游研究的作用,强调研究能力是综合能力的突出表现,对职场发展意义巨大。

(3)从问题导向、目标明确、方案合理、逻辑严密、数据可靠、结论正确 6 个方面把握旅游研究的特征。

(4)从多个视角介绍了旅游研究的类型,建议大学生重点把握应用研究的基本技能,尤其是把握应用对策研究的技能。

(5)旅游研究的过程基本上都按照发现问题、确定问题、研究设计、获得数据、分析数据、得到结论、讨论结论、发现新问题的步骤完成。

17

核心关键词

研究   research
综合能力   comprehensive abilities

思考与练习

1. 试述旅游研究的内涵。

2. 结合自己的职业意向,谈谈旅游研究的作用。

3. 结合自己的学习与实践,谈谈旅游研究的特征。

4. 结合实例,谈谈应用研究的价值。

5. 查阅资料,结合自己的实际感受,比较一下各种类型的研究工作在过程上的细微差别。

案例分析　　　李同学的苦恼

第二章 →

确定研究问题

学习引导

作为研究者,发现问题的能力是最重要的基本功,很多做学问的人常说,找到好的题目就是成功的一半,这个题目就是研究的关键问题。无论从事什么工作,都要培养发现问题的能力,问题对于学者,是形成理论贡献的源泉,对于决策者是改革创新的开始,对于管理者是绩效提升方案的胚胎,对于技术工人是工艺大师的初始状态。但是问题究竟怎么发现?如何从发现的现象中提出值得研究的问题?研究问题究竟有多少类型?怎么确定自己发现的问题的价值?通过本章的学习,让我们一同讨论。

学习重点

通过本章学习,重点掌握以下知识要点:

1. 旅游问题的内涵;
2. 旅游问题的发现;
3. 具体现象的提炼;
4. 研究问题的类型;
5. 问题价值的明确。

旅游业发展日新月异,不断出现新情况和新问题,需要我们及时发现并研究解决,不断对我们的研究能力和精力提出挑战。旅游业的发展所形成的问题,涉及方方面面,特别是旅游企业和事业单位所出现的问题,都是现实问题。从实践层面来看,发现并解决这些问题有助于产业、企业和个人的发展。从理论层面来看,最前沿的问题,就是旅游实践活动中最新出现的问题,普遍存在的问题和社会关注的问题,蕴含大量理论创新的空间。

第一节 旅游问题的内涵

研究作为一种工作的种类,都是为了解决问题。对于研究问题的理解,会因为每个人所处的工作环境和个人的偏好,存在巨大差异。从管理学大师们的学术贡献,可以看出这一点,尽管研究目的几乎都是提升效率,但是,探索的问题与大师的岗位、经历、学科背景直接关联。泰勒作为科学管理的奠基人,十分关注工作标准、计件工资等问题;法约尔作为高级管理者,则注重管理职能的研究。

一、旅游问题的多方面含义

1. 问题的词意内涵

问题是一个具有广泛内涵的词组,细致看来,问题在不同的情形下,有不同的内涵。

1)要求回答或解释的题目

这个含义突出表现在各种问答活动中,特别常见于各种交流、教育、学习和讨论中,作为需要回答的问题,这里仅仅限于问者询问的内容,并不涉及问题在当下是有解还是无解。作为要求回答的问题,不限于问答活动的性质,可以是以学生身份请求回答的求学式的提问,也可以是以师长身份要求回答的考试式的提问,还可以是平等交流式的提问。

2)需要研究讨论并加以解决的矛盾、疑难

这是一种不同于一般的问题,不是所有遇到这类问题的人们,可以凭借自己的一般经验就能解决的,是需要通过研究才能得到解决的问题。既然需要研究讨论,那就是复杂、疑难的问题,需要集中多人的智慧,或者通过个人花费大量精力细致地追根溯源,才能清楚原委,顺畅解决。

3)事物和现象的关键或重点

在多个事物和现象中,值得特别提出来强调的;在事物和现象的多个方面中,需要特别指出的,都可以用问题来表达和指代。往往会与重要的、关键的、特别要指出的、尤其要关注的等连用,表达强调。

4)事故或意外

这是工作和生活中的非正常情况,主要表达一种结果偏离了预期的状态。这种状态下的问题,就是在人们生产、生活活动过程中突然发生的、违反人意志的、迫使活动暂时或永久停止,可能造成人员伤害、财产损失或环境污染的意外事件。

2. 旅游问题的内涵

旅游问题包含了上述"问题"的全部内涵,当然是一个内涵丰富的综合性概念,但不是所有的"问题"内涵都与研究存在必然的内在联系,在这里应该更突出作为研究对象的旅游问题的内涵,从这个意义上讲,旅游问题是特殊问题,是一类研究问题。

1)旅游问题有两类性质

作为带有研究性质的旅游问题,具有学术色彩和工作色彩两类性质。

从学术色彩来看,旅游问题包含纯粹理论问题和应用理论问题。纯粹理论问题来源于学问本身,往往是专门为学科建设服务的,根本不带有指导实践的目的。应用理论问题来源于社会实践,是对具体事物和现象的高度概括的工作,基本上通过归纳的思维形式完成,具有指导社会实践的目的。

从工作色彩来看,旅游问题包含经验总结与差距。在旅游工作实践中,成功经验的总结,是一项重要的综合性探究活动。在管理绩效的改进活动中,问题就是现实与已确立的目标之间必须阐明和解决的差距;与其相对应的旅游问题是,现实与将要确立的目标之间需采取行动的差距。从这个角度可以明确看出问题的三个要素,即现实、目标与差距,构成了这样的公式:问题=差距=现实-目标。

2)旅游问题有研究价值

作为具有研究对象的旅游问题,一定具有研究价值。从研究价值的表现来看,特别强调具有普遍意义、实践意义。带有学术色彩的旅游应用问题,是应用理论研究课题,具有十分明显的普遍意义,提供一类旅游问题的方案。纯粹工作实践问题,是应用对策研究,常常是一事一议,针对具体问题提供解决方案。

对于工作色彩明显的具体旅游问题来讲,研究目的主要是获得可行的解决方案。例如,管理绩效问题,要正确判断问题,理性评估所确定的目标的妥当程度,反思现实评估的确切程度,寻求差距弥补办法,总体上就是获得解决问题的方法。从研究的角度来看,这种问题会不会再度出现?解决的方案是不是可以如法炮制?这就是向着应用理论层面提升研究的思考,从某种意义上来讲,生动的社会实践,是理论创新的活水源头。

大量旅游问题来源于实践,旅游问题的研究成果,也是服务于实践的。应用理论的成果可以作为应用对策研究的依据,指导应用对策研究的科学实施,保证具体问题解决方案的精准到位。

3)旅游问题有挑战属性

作为一个有研究价值的旅游问题,必然不是耳熟能详的现象和事物,是新出现的或者是新创造的。一般来讲,随着社会发展和科学技术进步,旅游消费和旅游生产都会出现新的表现,形成新的发展趋势。在发展与进步的总体背景下出现的旅游问题,具有挑战性,需要我们大力研究。

具有挑战性的问题,一般具有复杂性和难度。不是每一个旅游问题都可以在任何时候得到解决,由于人们认知水平、理论研究基础、分析技术手段的限制,一些具有挑战性的问题,很有可能成为不能解决的难题。

工作中问题的解决,关键在于解决差距,往往在工作实施的过程中,不断对照标准发现问题(差距),不断分析问题寻求解决方案。其中具有挑战性的问题,具有研究价值。

4)旅游问题有隐蔽属性

不是所有的旅游问题都能被顺利发现,恰恰是有挑战性的难题,往往同时具有隐蔽性。这种隐蔽性主要表现为,结果表现出来了,但原因隐蔽性突出,即便是问题发生的部分原因可以分析出来,但是很难透彻了解问题发生的全部原因。

要力图透过隐蔽的表面,用敏锐、专业的目光,完整洞察旅游问题。从管理的角度来讲,必须善于发现问题,发现不了问题是最大的问题,只有不断地发现问题、解决问题、缩短现实与目标的差距,并不断实现新的目标,管理绩效才可能有效提升。再通过不断的固化与标准

21

化,不断循环提升,实现持续的业绩改进。

5）旅游问题有多样属性

旅游管理问题十分复杂,所要研究的问题的表现形式,也是多种多样的。尤其是从研究的角度考察,旅游问题在研究领域的广度分布上,在专业程度的深度要求上,都显得十分突出。旅游问题的纵横关涉的特征,在新技术广泛引入,旅游消费行为日益个性化的双向作用下,在社会和谐和企业绩效双重驱动力的协同互动要求中,复杂程度不断提升。

快速发展的旅游业,对大学生研究能力的期待和要求,空前提升。

二、旅游问题的范畴

旅游问题具有十分广泛的范畴,这与旅游涉及面宽广,融合功能强大有着密切的关系。对问题做范畴的考虑,主要是明确旅游管理专业最善于解决哪一类问题,哪些问题是旅游管理专业领域必须依靠自己的力量来解决的。从行业领域来看,应该包含旅游、酒店、会展三大领域;若一旦考虑旅游的跨界融合,外延层面的问题就更多了。

1. 旅游领域内部问题

专业才能精深,旅游专业的人才,应该以解决旅游、酒店、会展三大领域内的问题为己任,这是大旅游管理的专业领域,是大家的"责任田"。

对于每一个同学,大学期间要打下良好的专业基础,对整个大旅游管理专业（旅游、酒店、会展）有系统的把握。在这样的基础上,最好还能形成对某一个具体方向的兴趣,形成专业基础和专攻方向。专业才有发言权,才能渐渐建立专业权威。

2. 旅游发展相关问题

广博才能厚实,任何问题都不是单纯的,特别是在发展全域旅游的时代里,旅游融合发展普遍深入,问题的综合性色彩就日益明显了。

由于旅游发展现实问题总带有跨界色彩,我们遇到的经常是旅游发展的相关问题,问题经常把研究领域扩展到相关领域。从当前情况看,旅游通过融合渗透到了社会的方方面面,大学的课程也开始与地理学、生态学、人类学、心理学等学科结合,旅游开发等课程,直接介绍休闲农业、矿山公园等项目建设问题,我们必须站在自己的专业阵地上,解决各种复杂问题。

第二节 旅游问题的发现

发现,是对新事物、新现象的敏锐感知和印象,它不仅仅只是一个一般意义上的"看到",关键的是在"听到""看到""闻到"等感知之后,一种敏锐的注意,一种与自身工作的多维联系。发现旅游问题,是旅游专业人才的第一素质。

一、发现的属性

在事业的成功上,发现具有不可替代的意义,很难想象,一个从未有发现的工作者,怎样去实现创新的理想,怎样迈向成功的阶梯。从这个意义上来看,发现的属性,不是发现活动本身,而是发现者具有什么样的素质。

1. 发现是一种专业的素质

发现是迈向成功的第一步,只有发现了问题,才能面向问题确定目标,形成解决问题的方案,最后成功解决问题,达成目标。

发现不只是在学术的领域,而是存在于我们工作与生活的方方面面。苹果从树上落下,砸出了牛顿的"万有引力定律"成果。事实上,牛顿被砸之前,苹果一直往树下落,但是只有牛顿把问题揭示出来,并解决了。

每个人一辈子都有一定的发现,但是,发现的能力在不同人之间存在很大的差距。从一定意义上讲,专业素养好的人士,对研究问题更敏感。

2. 发现是一种专注的美德

从感知到发现,必须记忆、识别和思考,才能发现,甚至要通过联想,达到一定程度才成为内容丰富又高度抽象的概念。

有心人才能发现。学者们和具有创新精神的工作者,有成就的各行各业的专家,都是有心人,有心便会发现,问题就在他们的身边,在生活世界中。不是有心人,任何有价值的问题都进入不了视野,没有感觉。

3. 发现是一种专业的修养

发现是需要专业知识素养作为本底来支撑的。特定的事物和现象出现,没有相关专业素养的人会熟视无睹,充耳不闻。具有专业素养的人,会有专业敏锐性,能快速感知问题。

发现需要综合的专业素养,旅游研究问题的出现,并不以纯粹的旅游内部问题的形式和内容来表现,常常带有边缘色彩和综合色彩。

二、旅游问题的发现途径

作为一种工作的形式和态度,研究是精细工作的代表,旅游是一种古老的活动,伴随人类活动的出现和生活方式的发展变化而不断变化,随着技术的进步,旅游活动的范围和形式发生了巨大变化,需要不断面对新问题,用不断更新的眼光来发现问题。

1. 在工作实践中发现

1)对工作任务充满好奇有利于发现

在职场中,需要找到自己感兴趣的工作。按照泰勒的科学管理理论,做自己最喜欢、最擅长的工作是成为"一流员工"的基础。作为"一流员工",对自己的工作任务应该是充满好奇的,好奇使人更加专注和敏锐,易于发现工作实践中的问题。特别是当员工想在岗位上成才,做出一番特有的贡献时,便更具有发现问题的可能性。

2)对发展环境充满关注有利于发现

任何事物和现象的发展,都在一定的环境中表现规律,环境变化了,发展状态会发生突变。旅游业的发展与环境密切相关,关注环境变化,就能及时识别发展机遇和发展挑战,准确制定应对方案。

知识关联

环境是一个相对于中心项的概念,当发展作为中心项,与之相关的各种因素构成环境因素。主要有政治、社会、文化、经济、自然等因素。

关注发展环境,需要丰富的知识储备。一般来讲,发展环境是由外部的众多因素构成,从知识面的要求来看,包含了几乎所有学科的知识。从宏观方面,大致了解环境变化及其趋势,密切关注与旅游发展密切相关的环境因素,判断各种环境因素的变化对旅游发展可能产生的各种影响,是旅游业相关单位共同关注的不变的课题。

2. 在旅游体验中发现

1）体验性的生活感悟

旅游就是一种生活方式,是一种高尚的生活方式,也是一项轻松的消费方式。生活世界里,浸透着旅游学术的真谛,密布着旅游经营的商机。

在旅游生活中感悟到的问题,往往充满了真实感。旅游景区体验过了,对各种设施配置的合理性就有了一定感悟;到一个酒店体验过了,对服务品质的水准就有了一定感受;参加过一次大型活动,对组织水平就有了直接的认知。

感悟到的旅游生活问题,经过归纳整理,就可能成为旅游研究问题。

2）兴趣性的活动发现

旅游活动的要素丰富,活动内容多样,有传统六要素,又有"新六要素"。按照自己的兴趣,专门体验特定的旅游活动,会有更深入的发现。

除了在现实的旅游场所中参加各种活动,会萌生新想法、新认知,在虚拟社区里,喜爱分享旅游经验、分享情绪的群员之间的交流与分享活动,常常彼此启发,对旅游发展形成新看法,甚至导致新业态的产生。

3. 在各种学习中发现

1）通过聆听而发现

聆听是发现问题的重要途径,语言交流是获得信息的重要方式,面对面的语言交流更能激发对问题的新思考,更易于发现研究问题。在信息时代,网络交流也是有效的交流方式。其中,以论坛、讨论组、评论、留言等带有交流性质的互动也是"聆听"的主要途径。

聆听有多种途径,如课程、会议、议论等,在大量场合中,都可能以语言形式表现出多种承载旅游研究问题的信息。特别是某一主题的专门会议,各种侧面的探究,多种思想的交锋,往往可以触发自己对工作和生活中积累的信息快速加工,形成研究问题。

2）通过阅读而发现

文字所承载的信息,特别是专业信息,往往是经过专门加工了的,通过阅读获得的信息,应该更加精妙。网络新闻、主题、视频、直播等单向传播方式完善了信息时代的"阅读"形式。

图书馆和书店,是阅读的好去处。图书馆最大的特点是藏书丰富,可以查阅不同时期的各类中外专业书籍和期刊,是系统阅读的理想场所。各大书店则是销售最新图书的场所,经常去书店浏览一下自己感兴趣的最新书籍,也许在浏览非专业书籍的过程中,受到跨界的启发。买回经典著作细读,积累理论知识,反思工作和生活的经验,常常也可以获得研究问题。

当今社会,网络信息获得已经十分方便,通过浏览阅读来发现问题,已经成为特别重要的途径。当然,遇到感兴趣的工作和生活问题,在网上做专门查阅,往往能得到意想不到的良好收获。

第三节 具体事象的提炼

最初发现的问题,特别是来源于生活世界和工作实践中的问题,往往是一种具体事实和现象,具体事实和现象需要提炼。

一、具体事象的表现

最先发现承载问题的事象,是鲜活的,十分具体的。但是,成为旅游研究问题的载体,这些鲜活的事象具有一些共同属性。

1. 新奇的属性

旅游事象引起了你的注意,是因为事象出乎意外。事象的表现不是惯常的状态,而是以全新的面貌呈现了出来。当动物园把动物关在笼子里,观看者在开阔的场所里自由观看成为一种惯常,野生动物园反其道而行,让动物在广阔的自然界,按照动物的习性生活,将观赏的旅游者限制在具有保护措施的游览车中,新奇感和体验性就在比较中凸显了出来。

新奇引发注意力,引发探究的兴趣,便成为研究问题。

2. 现实的属性

作为研究对象的旅游问题,在事象的表现上具有生动活泼的现实性。研究问题最初表现的形态是发生过的客观事实和现象,源于生产生活的客观实践,不以人们的主观意识的需要而变化。旅游事象的现实表现上是具体的,是一个个现实存在的鲜活的事物和现象。对于旅游景区中表现的问题,是一个具体的景区,当然,也可能是一家具体的酒店,一次具体的大型活动、会议、展览。

客观现实的旅游事象作为研究问题提出,总是出于积极的目的。生产生活中积极的事象,可以从总结经验的角度来研究;消极的事象,总是从预防、消除、缓减的角度来思考。

3. 表象的属性

作为研究对象的旅游问题,一开始只是感性认识。被我们作为旅游问题的事象曾经发生并被我们观察到,但是这些事象并不是经常在我们面前重复出现。在我们将其作为研究问题关注以后,即使事物和现象不在面前时,头脑中也会出现关于事物和现象的形象。这些被当成研究问题来关注的事象,已经被加工成为一种知识表征,这种表征具有鲜明的形象性。

旅游事象的表象,是主观的感性的认识,这种认识是提炼研究问题的重要基础。

知识关联

表象是客观对象不在主体面前呈现时,在观念中所保持的客观对象的形象和客体形象在观念中复现的过程,人们在头脑中出现的关于事物的形象。

25

二、具体事象的提炼过程

具体的旅游事象，是承载研究问题的载体。从具体的事象中抽象出问题，是提出问题的基本任务。具体事象被发现以后，只有通过系统分析整理，才能上升为有研究价值的旅游问题。

1. 关注

我们在生活和工作中，每天都会遇到大量的生动活泼的事物和现象。但是，任何事象被关注，都有两个方面的原因：其一是事象本身就有吸引注意力的属性，值得关注；其二是关注者有足够的兴趣，具有足够的敏锐目光，具有足够的发现心境。

以敏锐的目光关注有价值的事物和现象，就十分重要，也是问题的开始。

2. 识别

用专业的眼光，识别具体事象，依托专业修养，寻求各种资料的支持，并以此作为研究问题的依据。事实上，识别具体事象是否是一个研究问题，主要是从判断研究价值来实现的。

识别具体问题，可以凭借经验完成。凭借经验，最容易判断的就是惯常性问题，如果依据以往经验没有办法解决，至少是没有把握完美解决的问题，就是需要研究的非惯常性问题，具有研究价值。

识别具体问题，需要在关注的基础上，开始细致了解事象的各种表现，查找各种资料来辅助识别活动，才能准确地判断。

3. 剖析

任何研究问题，都是经过剖析以后，才了解其内部结构的。

剖析需要十分熟悉研究问题的已有概念并准确把握，确定研究问题涉及的核心概念的内涵和外延，剖析研究问题的内涵和外延，需要一定的理论基础和实践基础。

研究问题涉及的事物和现象的内涵不是表面上的东西，而是内在的，隐藏在事物深处的东西，需要探索、挖掘才可以看到，内涵是思辨得到的结论。剖析事物和现象的外延则要明确边界，确定范围。具体剖析工作中，要揭示事物和现象包含什么样的细节，关系到什么因素等。

4. 梳理

作为研究对象的事物和现象，经过剖析发现范围和内部结构，需要进一步梳理相关的条理。按照旅游问题发生发展的具体经过，梳理各种事物和现象之间的关系，进一步细致地梳理事物和现象内部因素的各种关系。在具体工作中，主要表现为这样一些问题：因为什么问题的出现，导致了什么样的结果？又因为什么原因，发展到了一种什么样的状况？

5. 确定

梳理出具体问题的各种具体表现，理清了事实逻辑，就应该对照已有理论来判断，现有理论是不是可以完美解决问题？如果找不到成熟理论来解释，一头雾水，则是旅游理论问题；如果事实逻辑十分清晰，只是没有抽象表述的逻辑，则是应用理论问题；如果事实逻辑可以由成熟理论完美解释，则是应用对策问题。

微课：
一种新现
象的分析

三、作为研究问题的表达

旅游问题作为研究问题被确定了，就可以将其作为一个正式的问题表达出来。

1. 用标题表达关键问题

一项研究成果的标题，反映的是这项研究工作所揭示的关键问题。发现了一些问题，把问题当成一个课题来确定，标题就是明确问题的最主要途径。

标题应该精确。一是反映问题的落脚点，以"对策"结尾的标题，肯定是应用对策研究，意味着可以依据事实逻辑和已有的理论基础，采用合适的方法从事研究，得到结论；以"机理、机制"结尾的，就是应用理论研究，已有一般理论支持的基础，需要完善补充细节内容，需要使用规范的研究方案来完成。二是反映问题的宽度，作为研究问题的标题可以小到只有一个核心议题，就像一篇文章的标题一样集中；标题也可以很宽广，大到一个复杂系统问题的研究，大标题下的具体研究问题可能涉及多个学科的知识，这样的课题往往就是重大课题，常常需要根据问题的覆盖面，确定一定数量的子课题，子课题一般就应该是目标十分明确的具体问题，当然也有大型集成性课题，如国家社科基金重大项目、国家自然科学重大项目基本上都是集成性课题，这种课题的子课题都是系统问题，包含系列具体问题的攻关。

当标题确定后，问题的最基本属性就确定了，研究的目标也就基本确定了。

2. 用假设表达细节问题

事实上，无论是基于什么事实或现象提炼的问题，当作为一个研究问题确定时，都是以假设的形式存在的。无论是在文章或者研究报告中，专门用一些篇幅列出全部假设，还是没有在其中用文字写出来，其实，所有的研究都是有假设的。从研究的角度来看，文章或者研究报告的标题，就是问题假设。所以，不少研究者喜欢说研究是由假设引导的。多数情况下，具体研究中，还需要对研究所涉及的一系列关系做出假设。

提出假设是需要依据的，一般情况下，需要已有的研究证明这样的情况成立。最明显的是，一些应用理论问题，以回归方程、结构方程模型等经典实证研究方法实施研究时，一般就十分明确地在研究设计中，专门介绍假设提出的依据。

3. 用模型表达整体问题

在研究中，经常借助模型、模式来表达一个带有各种关系的比较复杂的问题。

经验模型的研究，是针对实践探索工作已经完成，获得了成功的结果，以总结经验模式为目的的研究问题。这类研究工作，通过事实逻辑的总结，借助理论成果的支持，形成经验模式，作为指导实践的应用借鉴。经验模型是理论研究的素材，有理论内涵的经验模型可以经过理论研究，上升为理论模型，形成更广泛的实践指导价值。

对于理论模型的研究，往往是完善类型的研究。对于理论探索已经完成，一些假设已经在不同的研究中得到了验证，可以汇集已有的研究成果，支持假设的提出，根据假设之间的逻辑关系，构筑总体的概念模型。特别要注意相关学科领域学者的探索成果，对照事物和现象所包含的特殊逻辑关系，提出新的假设来发展和改良概念模型。

第四节　研究问题的类型

研究问题是探索求解的对象，无论是旅游研究还是其他领域的研究，问题的类型划分都是可以依据研究的目的来划分。以下重点介绍三种分类。

一、按照研究性质分类

旅游问题作为一个具有研究价值的事物和现象，问题的属性是丰满全面的，可以满足所有研究活动的深入展开。从性质上来看，具有理论、应用、技术三类问题。

1. 理论问题

旅游理论当然是旅游学科建设方面高度抽象的研究方面，问题不一定直接来源于实践，更不服务生产实践。长期以来，不少大学旅游管理专业的教育工作中，强调旅游学科的实践性，注重培养学生的操作技能，否定理论建设，这是旅游高等教育发展初级阶段出现的普遍现象。事实上，旅游理论界需要坚持学科建设，最近十多年来也有不少进步，旅游学术研究的国际化程度不断提升，理论化水平快速提高，高等旅游教育的理念也渐渐变化。

理论问题是谋求解释，不能用描述的手段实现理论研究。当然，理论具有层次性，一般可以分为三个层次：第一个层次是宏大理论，是高度复杂、非常抽象和系统的理论；第二个层次是中层理论，是一个有关概念和其相关概念之间的因果联系的论据，它用来解释为什么某种后果会在特定条件下产生，包括概念、所提出的关系、机制或原则和边界条件；第三个层次是微观理论，是一种"工作假设"，它是普通人在日常生活中建立起来的常识。微观理论只集中于有限的概念，是有限情境下的少数现象。很显然，在问题分类中，理论问题包含了应用理论研究的问题。

2. 应用问题

应用问题来源于生产实践，从研究的角度来认识应用问题，第一是现实性，旅游应用问题当然出现在生产生活中，是旅游发展客观实践的难题，研究工作是针对现实状况的。第二是特殊性，旅游应用问题是一定状态下表现出来的难题，往往是一个特定旅游企业、特定的地方政府旅游业发展中的特定问题，是可以在理论指导下圆满解决的问题。第三是重要性，被提出来作为旅游应用问题进行研究，是因为这个问题重要，关系到生产生活的正常运行，关系到旅游发展的顺畅，关系到旅游社会效益、经济效益和生态效益的实现。

职业生涯中遇到最多的，就是应用问题。

3. 技术问题

技术问题来源于生产实践，技术普遍存在于各种生产实践活动中，旅游业的技术问题的研究，意义重大。在生产实践中，管理技术、工程技术、服务技术普遍存在于各行各业中。从这个意义上讲，旅游学科具有鲜明的实践性，是有道理的。

旅游业中的技术问题，首先是管理技术，由于旅游涉及面很宽广，多种利益相关者关系交叉，问题复杂，管理难度大，经常提出管理技术改进方面的问题。其次是工程技术，旅游景区、旅游酒店、会展与大型活动需要动用大量设备，需要营造氛围，形成理想效果，经常提出工程技术方面的研究问题。最后是服务技术,最难满足的是旅游者不断变化的个性化需求,旅游经营过程中,经常由于旅游者的需求变化而必须改进服务技术。

二、按照新颖程度分类

应该关注旅游研究问题的创新性,从新颖程度上区分,一般可以分为全新、变异、常规三种类型的研究问题。

1. 全新问题

所谓全新问题,一般是见所未见闻所未闻的新问题。全新的问题,不以个人的主观意识为转移,不是某个专业权威、领导个人没有经历的就是全新的问题,应该是大家都没有遇到过的问题。

全新问题有两种可能,第一种是作为研究问题隐含着新机理,这种事物和现象在生产生活中最先遇到时,发现不按照常理发展变化,遵循着一种人们不熟知的规则运动,这就需要在研究中揭示这种机理,研究成果就是新理论的发现。第二种是作为研究问题所包含的机理是旅游学科未深入研究的,在旅游发展中也不常常出现,对于特定单位和特定的工作人员,完全没有处理这类问题的经历,通过先进理论和方法的引入可以解决问题,研究成果是理论创新性应用的成果。

2. 变异问题

对于旅游业来讲,发展环境的变化,导致各类问题发生变异,其中不少表现着突变色彩,这类由于各种影响因素发生变化的研究问题,就是变异问题。

三种情况变化对旅游业发展产生巨大影响,导致不少旅游发展机理出现不同程度的变化。第一种是发展环境变化导致旅游发展机理变化,在旅游业发展过程中,特别突出的是发展政策环境不断优化,大量旅游业的发展动力强化和新生,使不少旅游业的发展阻力快速消失,旅游业发展的动力模型就发生了巨大变化。第二种是技术进步导致旅游发展机理变化,近年来的移动互联技术的发展,物联网技术的发展,智慧旅游的实现,整个旅游业的运行方式和盈利模式都会发生翻天覆地的变化。第三种是消费行为变化导致旅游业发展机理变化,旅游活动的个性化趋势、散客化趋势,都极大地改变着旅游业态,催生旅游业的新格局。

3. 常规问题

在生产生活中见过,在实际工作中接触过,甚至因为种种关系处理过的问题,是常规问题。常规性问题也应该区别对待,一般性常规问题不应该是需要研究的问题,按照过去的经验就可以处理妥当。复杂性常规问题,特别是关系重大的复杂性常规问题,需要多方面的专业知识和多方面专业人员的协同,应该作为生产实践中的研究问题,汇集多方力量和智慧协同处理,保障成功。

三、按照旅游管理主体分类

从内容的涉及面来讲,旅游带有综合性色彩。从管理的属性来看,旅游具有事业属性和企业属性的“两重属性”色彩。从管理主体来看,旅游管理的类型丰富。

1. 行政管理问题

旅游活动需要行政管理,行政管理是运用国家权力对社会事务的一种管理活动,也可以泛指一切企业、事业单位的行政事务管理工作。行政管理系统是一类组织系统，是社会系统的一个重要分系统。旅游行政管理是行政管理在旅游活动中的归口管理，主要是对旅游发展规划的管理、旅游发展的社会监管、旅游企业规范运营的市场监管，随着全域旅游发展理念的提出，旅游行政管理的对象日益广泛，管理体制上就提出了"1＋3＋N"的模式，就是一个旅游发展委员会，加上旅游警察、旅游工商、旅游法庭3个机构，进一步创新，增设旅游巡回仲裁庭、旅游纠纷人民调解委员会等。

2. 公共服务问题

公共服务主要包括加强城乡公共设施建设，发展教育、科技、文化、卫生、体育等公共事业，为社会公众参与社会经济、政治、文化活动等提供保障。公共服务以合作为基础，强调政府的服务性，强调公民的权利。旅游公共服务问题涉及面比较广，一般认为大体包括旅游信息咨询服务、便捷旅游公共交通服务、游客权益维护服务、旅游安全保障服务等。《中国旅游公共服务"十二五"专项规划》明确了旅游咨询中心示范工程、旅游气象服务示范工程、旅游保险示范工程、旅游集散中心示范工程、旅游观光巴士示范工程、公共休闲设施与服务示范工程、旅游行业"刷卡无障碍"示范工程、旅游标准化试点工程八大工程。"十三五"旅游规划则强调，以"厕所革命"为突破口，全面提升旅游公共服务能力。

3. 企业管理问题

企业管理，是对企业的生产经营活动进行计划、组织、指挥、协调和控制等一系列职能的总称。旅游企业管理问题十分复杂，包括旅游景区（主题游乐园）、旅行社、旅游饭店和餐馆、会展运营商等旅游企业发展过程的全部工作内容，目前突出的问题包含组织精简化、管理规则化、目的驱动化、沟通开放化、数据云端化目标的实现。

第五节　问题价值的确定

当一个研究问题正式提出后，一个至关重要的工作就是确定问题的价值。一般说来，问题的价值有大小之别，也有性质之分。不同价值的确定方法，也不尽相同。一个研究问题被正式提出来，就应该首先明确其价值的属性，然后再判断价值的大小。只有这样，才能确定应该投入多少人力和物力、时间和费用来研究攻关。

一、研究问题的价值属性及其确定

一个真正的研究问题，是应该具备研究价值的，一般来讲，可以从三个方面来考量。第一是理论方法层面的价值，第二是实践应用层面的价值，第三是技术转化层面的价值。

1. 理论价值的属性及其确定

当发现的问题涉及理论方法，就是真正的学术研究问题，这种问题具有理论价值，理论价值大的问题，应该在学科建设上起到巨大的作用。理论研究是循序渐进的，全新的理论体系的建立，也是很多理论创新成果累积突破的结果。一般意义上，研究问题的理论价值可以从四个方面来考察。

第一是深化，指研究者在已有的理论的基础上增加一些新的成分，使原来的理论更加全面、具体、精确、严谨,从而增强理论的解释力和预测力。在深化基础上创新的理论成果,并没有背离原有理论的基本原理,与原有理论所阐述的问题是相似的,支持理论成立的实证性数据或观察也是相似的整合,总体上是深化和完善。

第二是繁衍,研究者从其他领域中借鉴某个或某些思想,将其应用到旅游领域的现象中。这种工作在旅游研究中表现突出,旅游理论大量繁衍了经济学、管理学、地理学、生态学等学科的成熟理论,描述这样的理论研究成果,还有移植、嫁接等说法。

第三是竞争,针对某个已经完全建立起来的理论,依据事实和现象提出质疑,做出与原来的理论针锋相对的解释。这种研究应该用令人信服的证据揭露原来理论的重大缺陷,从而提出另外的解释,甚至替代原来的理论。这类理论成果有两种境界,有些只是在某些方面对已有理论提出挑战,这是一种改良理论的境界;有些则可能采用完全不同的视角或者假定,与原有理论截然不同,这就是重建理论的境界。

第四是整合,这种研究是在两个或两个以上已经建立起来的理论的基础上,创造一个新的理论模型。对理论进行整合时,可以采用前面提到的深化、繁衍或者竞争的方法,采用不同的方法实现的整合,价值有区别。

2. 应用价值的属性及其确定

在生产实践中发现的具体问题,往往是应用价值明显的问题。应用价值明显的问题,不一定没有理论价值,如果在理论上没有突破,在方法上也只是应用,在生产实践中有一定的特殊性,则肯定是应用研究,生产实践中需要有这个成果来支持,则应用价值存在。从研究问题的应用价值的属性考虑,有三种类型。

第一,具有普遍指导意义的应用价值。具有普遍指导意义的研究问题,研究的结果应该是归纳到了一般层面,形成了规律、规则和理论模型,这样才能在实践中,指导类似问题的解决。

第二,具有一定推广意义的应用价值。可以推广的研究成果,也具有一定的普遍意义,研究成果应该是成功的经验、解决普通问题的有效方法,一定的推广价值表明,问题的成果具有推广范围的限制。

第三,具有明显针对意义的应用价值。所谓针对意义,一般是专门针对一个具体问题提出对策的研究,这种研究问题,在生产中常见,也是数量最多的实际问题。这种问题的研究,就是寻求问题的解决方案,是一把钥匙开一把锁的工作。

3. 转化价值的属性及其确定

转化价值,是生产实践中,明显需要的理论、方法、技术方案等成果,应用到生产实践中,可以产生实际效益的,就是转化价值明显的。

第一,直接利用。研究问题是直接针对某一个具体生产问题的,尤其是应用对策研究成果,技术革新研究成果,一般可以直接利用为生产技术服务。

第二,间接利用。各种应用理论问题,研究目的就是从具体事物和现象中,提炼规律,这样的研究问题所形成的成果,需要知识转化,才能利用起来为旅游发展实践服务。经验模式归纳类成果,一类问题解决方案的设计成果,也需要一定的知识转化,才能服务于旅游业发展实践。

二、研究问题的价值大小及其确定方法

研究问题价值也存在一个预估或者判断的问题。对研究问题的价值的判断,与对研究

31

成果价值的判断,具有异曲同工之妙。问题价值的判断,是对价值的预估,如果研究方案切实可行,研究成果是可以预期的。从这个意义上看,研究问题的价值预估是一个意义突出的工作。在各种科学研究课题申报工作中,在各种学位论文的开题报告中,在政府部门和企事业单位确定咨询项目时,特别需要准确预估研究问题的价值。

1. 理论价值大小及其确定方法

学术问题是追求理论价值的,理论价值的大小一般从成果的创新程度和问题的重要程度两个方面来衡量,创新程度主要是判断成果是全新、改良、移植还是重复工作。理论价值的评价,可以借鉴科技成果鉴定的标准。

第一是领先水平。领先水平一般会表现出独创的、填补空白的特点,在研究中预期会形成这样的成果,研究问题就具有领先的属性。在理论方法和技术上领先,就是价值层面的最高层次。在科技成果水平鉴定时,一般将领先水平分为国际领先、国内领先、省内领先三个层次,对于国际、国内、省内领先的评价,除了研究成果的独创之外,还应该是国际、国内或者全省关注的理论方法和技术问题,是重大问题。

第二是先进水平。先进水平同样表现出创新性,但是对已有理论方法和技术的重大改进和完善,都是先进水平的表现。对研究问题预判为重大改进和完善,就可以预估为先进属性。在科技成果水平鉴定时,同样将先进水平分为国际先进、国内先进、省内先进三个层次,对于国际、国内、省内领先的评价,也应该是国际、国内或者全省关注的理论方法和技术问题,是重大问题。

理论创新程度的学术评估,主要是通过广泛的综述和科技查新来实现的。对于旅游问题学术价值的认定,最常用的方法是全面回顾相关研究成果,梳理学术成就,对照旅游业发展的现实需要,找出理论方法方面的局限,对照具体研究问题的研究目的,通过细致比对来确定创新程度。

2. 应用价值大小及其确定方法

应用问题是追求应用价值的,考量旅游研究问题的应用价值的大小,当然要从旅游业发展的综合效益来预估,一般说来,主要从社会、文化、经济、生态四个方面来考量。

第一是社会价值的考量。研究问题的解决可能对社会发展产生效益的大小,可以从多个方面来评估。最突出的是幸福感的产生,目前已有各方面的专家论证旅游业是一种幸福产业,可以极大地提升广大人民的幸福指数。其次是当代旅游业强调主客共享的发展理念,鼓励旅游业发展中的社区参与及其社区发展的作用,通过旅游公共服务设施建设促进社会服务公平化的进程。同时,全域旅游观强调区域综合协调发展,促进社会和谐发展,促进就业增收。社会价值主要从上述方面预估,这种预估基本上是定性描述的。

第二是文化价值的考量。旅游与文化具有天然的关联,许多旅游发展问题涉及文化。旅游问题研究的文化价值主要有这样一些方面:旅游发展可以实现文化创新,特别是现代科技文化的创新,对地方文化实现挖掘、整合和提升;旅游发展可以促进优秀文化传承,优秀传统文化具有独特魅力,本身就是旅游资源,传承优秀文化是旅游发展的需要,也是旅游发展的功能;旅游发展可以促进文物保护事业的发展,文物具有明显的文化价值,也是文化旅游资源的重要类型,保护文物可以增强旅游吸引力。预估旅游问题研究的文化价值,可以根据具体情况从以上这些方面据实描述。

第三是经济价值的考量。所研究的旅游问题如果是关注产业发展的,就可以考量经济价值。科技成果考察经济价值的方法,就是看成果应用后,产生的直接经济效益和间接经济效益的多少,对成果产生经济效益的考察,是用财务数据来说明的,是十分客观的。对旅游问题研究价值预估,一般只能根据经验表明成果对经济发展若干方面的具体贡献。

第四是生态价值的考量。在强调生态文明的当代,研究旅游发展问题,要考虑生态影响。从某种意义上讲,旅游业是绿色产业,旅游业发展对生态环境常常表现出友好关系。对具体旅游问题研究的生态价值的思考,除了环境影响的估计外,更重要的是节能减排、低碳技术在问题解决过程中的充分利用,对生态保护事业的促进作用。

3. 转化价值大小及其确定方法

所有研究问题,都要关注在生产实践中的具体利用水平,但是,预估研究成果的转化价值,主要是考虑成果转化的可行性。

第一是转化可能性评估。政府部门和企事业单位的咨询课题,十分关心转化的可能性。客观上,并不是所有研究成果都可以顺利地转化为生产力,一般来讲,纯理论成果转化的可能性小,即便是应用理论成果,也需要通过对具体问题的进一步具体分析,做出具体对策才能解决实际问题。事实上,应用对策研究成果,也要考虑是战略层面的还是战术层面的,战略层面的应用对策成果,也主要是在理念层面,直接转化难度大,战术层面的对策,往往可以直接解决具体问题。旅游领域中最常见的旅游规划成果,就需要评估研究内容转化为旅游生产力的可能性,即便是十分接地气的规划成果,原则上,总体规划职能解决决策支持中的理念问题,旅游项目的具体设计就可能转化为建设项目,成为生产设施和产品。技术性成果的转化,关系到设备支持的可能性,操作技能支持的可能性,全面评估才能确定转化的可能。

第二是转化成本预估。旅游问题研究如果有应用色彩,将转化为生产力作为重要的目的,就应该考虑转化的成本。一般需要考虑时间、精力、资金三种成本,预估成果转化的时间成本,需要考虑相关理论方法和技术让解决问题的工作人员掌握的时间,特别要注意解决问题的急迫情况与解决方案实施需要时间的对比状况。成果转化的精力成本,需要考虑内外协调工作的复杂程度,相关协调工作的难度,对转化的工作涉及面要有充分的考虑。成果转化的资金成本,需要全面估计人力、物力的需要,特别是解决问题的设施、设备更新的基本要求,在资金上的表现。

知识活页　　　**市场驱动旅游目的地共生**

本章小结

（1）全面理解旅游问题，同时结合旅游问题的属性，确定旅游问题就是旅游研究的对象，具有学术问题和工作问题两种基本情况。

（2）发现旅游问题需要具备多种基本素质，旅游问题发现的途径多元，可以在工作实践中、在旅游体验中、在各种学习中发现旅游问题。

（3）从具体事象提炼为旅游问题，一般会经历关注、识别、剖析、梳理、确定五个阶段，需要用标题表达关键问题、用假设表达细节问题、用模型表达整体问题。

（4）作为研究对象的旅游问题，具有多种类型，从研究性质看，有理论、应用、技术三类。从新颖程度看，有全新、变异、常规三类。从旅游管理主体看，有行政管理、公共服务、企业管理三类。

（5）确定为研究课题的旅游问题，要明确理论价值、应用价值、转化价值，还要从具体表现上描述价值大小。

核心关键词

研究问题　　　　　research questions
研究价值　　　　　research value

思考与练习

1. 理解旅游问题的内涵，结合已有知识，谈谈自己熟悉的旅游研究工作。

2. 理解发现旅游问题的途径，结合自己的经历，联系发现旅游问题所依赖的基本素质。

3. 结合实例，谈谈从旅游事象提炼为旅游问题的阶段性。

4. 谈谈作为研究对象的旅游问题的类型，区别各自的范畴。

5. 查阅资料，理解旅游问题作为研究课题确定时，预判理论价值、应用价值和转化价值的表达方式。

案例分析　　　跨境旅游合作难以逾越的障碍究竟何在？

第三章 →

设计研究方案

学习引导

确定了研究问题，应该做好研究设计。对于有经验的研究者来讲，做好研究设计后，成功就是可以期待的，研究设计是研究工作的关键。无论是力图解决什么问题，都要从合理研究方案开始着手正式的研究工作。对于理论问题和应用问题，研究的方案不一样；如果是理论问题，完善性的问题和创新性的问题又不一样。如何按照最一般的基本要求来解决问题，把握最基本的解决问题的思维方式，是我们所要掌握的。但是问题究竟怎么发现？如何从发现的现象中提出值得研究的问题？研究问题究竟有多少类型？怎么确定自己发现的问题的价值？通过本章的学习，让我们一同讨论。

学习重点

通过本章学习，重点掌握以下知识要点：

1. 研究的思维模式；

2. 变量与数据的类型；

3. 量表的编制；

4. 前提假设的意义；

5. 研究假设的陈述。

以科学的态度从事旅游问题的研究，就应该使用科学的方法，得到正确的结果。当旅游问题已经作为研究对象确定下来，就该使用科学的思维模式，确定问题包含的各种具体因素及其关系，引入研究范式，使用抽象概念确定，调查研究工具，得出结论。

第一节　研究的思维模式

研究最重要的条件是思维能力。对旅游问题实施研究，必须清楚解决问题的目的，形成解决问题的方案。所有这些都是依靠思维形式，遵循思维的基本规律来实现的。作为培养研究能力的课程，都试图构建旅游研究的思维模式，合理吸收旅游界对旅游发展客观事象的认识和实践的经验，形成一系列基本概念所规定和制约的、模式化的思维套路，形成人们看待旅游事象的观点、参考结构和信念的内在程式，强化旅游研究工作的科学性和严密性。由于对旅游研究工作的理解不一样，关于思维模式的阐述，自然也就存在巨大差异。尤其是经典的学院派，对旅游研究的思维模式要求很高，将旅游研究工作等同于旅游学术研究工作，常常被旅游实业界和旅游管理部门排斥。

知识关联

思维形式是人们进行思维活动时对特定对象进行反映的基本方式，即概念、判断、推理。

一、研究的思维方式

1. 演绎逻辑

演绎逻辑（deductive logic）是哲学方法论问题，是研究工作常用的思维方式。演绎推理是一个必然的、得出结论的思维进程。演绎推理包含以下 5 个形式的推理，第一，从一般到个别的推理，从一般规律出发，运用逻辑证明或数学运算，得出特殊事实应遵循的规律，可以实现从一般到特殊的推演。第二，从一般到一般的推理，在旅游问题的推演中，将万有引力定律推演到旅游目的地与旅游客源地之间的吸引力的测算。第三，从个别到个别的推理，例如，从湖南望城区是雷锋的故乡推及抚顺不是雷锋的故乡。第四，从个别和一般到个别的推理，比如从"旅游目的地的居民没有离开常住地"和"旅

知识关联

思维的基本规律是指思维形式自身的各个组成部分的相互关系的规律，即用概念组成判断，用判断组成推理的规律。

37

游者是离开自己常住地前往异国他乡从事非职业活动的人"推出"旅游目的地的居民不是旅游者"。第五，从个别和一般到一般的推理，比如从"你立志成为旅游学者，现在你已经成功获得保送攻读研究生的资格"和"有志者事竟成"推出"有志者事竟成"正确。

1）演绎逻辑需要真理般的前提

这些前提所陈述或者假定的"真相"，是不证自明和广为人知的。从这些前提到得到结论，整个推理和逻辑的进行过程，必须是真实的。

2）演绎推理有严格的形式

演绎推理是严格的逻辑推理，有三段式论、假言推理、选言推理、关系推理等形式。

第一，三段式论。一般表现为大前提（已知的一般原理）、小前提（所研究的特殊情况）、

结论(根据一般原理,对特殊情况做出判断)的三段论模式,从两个反映客观世界对象的联系和关系的判断中得出新的判断的推理形式。演绎推理的基本要求是:一是大、小前提的判断必须是真实的;二是推理过程必须符合正确的逻辑形式和规则。演绎推理的正确与否首先取决于大前提的正确与否,如果大前提错了,结论自然不会正确。

第二,假言推理。假言推理是以假言判断为前提的推理,分为充分条件假言推理和必要条件假言推理两种。充分条件假言推理的基本原则是:小前提肯定大前提的前件,结论就肯定大前提的后件;小前提否定大前提的后件,结论就否定大前提的前件。例如,"末位为0的整数能够被5整除",如果一个整数的末位是0,那么这个数能被5整除;这个数不能被5整除,这个数的末位不可能是0。必要条件假言推理的基本原则是:小前提肯定大前提的后件,结论就要肯定大前提的前件;小前提否定大前提的前件,结论就要否定大前提的后件。例如,"只有肥料足,菜才长得好",这块地的菜长得好,所以,这块地肥料足;这块地肥料不足,所以,这块地的菜长得不好。

第三,选言推理。选言推理是以选言判断为前提的推理,分为相容的选言推理和不相容的选言推理两种。相容的选言推理的基本原则是:大前提是一个相容的选言判断,小前提否定了其中一个(或一部分)选言支,结论就要肯定剩下的一个选言支。不相容的选言推理的基本原则是:大前提是个不相容的选言判断,小前提肯定其中的一个选言支,结论则否定其他选言支;小前提否定除其中一个以外的选言支,结论则肯定剩下的那个选言支。

第四,关系推理。关系推理是前提中至少有一个是关系命题的推理,常见的有对称性关系推理、反对称性关系推理、传递性关系推理,例如,$a=b$,所以 $b=a$;$a>b$,所以 $b<a$;$a>b$,$b>c$,所以 $a>c$。

3) 演绎逻辑具有收敛性

演绎逻辑是一种收敛的思维方法,结论包含于前提之中,不能告诉人类新知识,却能告诉人类"隐"知识(即隐含于前提中的知识)。最大的优势是具有条理清晰、令人信服的论证作用,有助于科学的理论化和系统化。

2. 归纳推理

根据前提所考察对象范围的不同,归纳推理(inductive reasoning)在传统上,可以分为完全归纳推理和不完全归纳推理。完全归纳推理考察了某类事物的全部对象,不完全归纳推理则仅仅考察了某类事物的部分对象。根据前提是否揭示对象与其属性间的因果联系,把不完全归纳推理分为简单枚举归纳推理和科学归纳推理。简单枚举归纳推理是在一类事物中,根据已观察到的部分对象都具有某种属性,并且没有遇到任何反例,从而推出该类事物都具有该种属性的结论;科学

归纳推理是根据某类事物中部分对象与某种属性间因果联系的分析,推出该类事物具有该种属性的推理。

现代归纳逻辑则主要是概率推理和统计推理的应用。概率推理是一种使用具有概率性质信息进行推理的推理形式。运用概率推理,可以获知某事件发生的可能性有多大,或者说某事件发生的机会有多大。在这个意义上,可以说概率推理即关于机会的推断。推断统计是研究如何利用样本数据来推断总体特征的统计方法,包含两个内容:①参数估计,即利用样本信息推断总体特征;②假设检验,即利用样本信息判断对总体的假设是否成立。

特别需要注意的是,归纳推理的前提是其结论的必要条件;归纳推理的前提是真实的,但结论却未必真实,而可能为假。有些事情的发生带有偶然性。

可以用归纳强度来说明归纳推理中前提对结论的支持度。支持度小于50%的,则称该推理是归纳弱的;支持度小于100%但大于50%的,则称该推理是归纳强的。归纳推理中只有完全归纳推理前提对结论的支持度达到100%,支持度达到100%的是必然性支持。

归纳推理的思维进程是从个别到一般。不完全归纳推理的结论超出了前提所断定的知识范围。

3. 科学方法

科学方法(scientific method)是文艺复兴时期产生的,是探讨形成知识的方法。科学方法发展到现代,已经形成了庞大的方法体系。科学方法的应用常常既包含演绎的逻辑,也包含归纳推理。在研究中,对假设的设定,来源于理论,使用演绎逻辑提出;也可能来源于对具体事象的观察,这是使用归纳推理提出的。进一步的研究,可以在前提真实的情况下,发现观察的信息中会有、应有的情况,也就是推理的结论。当然,研究中也常常用到归纳推理,经常通过作为样本的材料,归纳概括,阐明更大的总体的特征。

传统的科学方法是借助洞察力来了解未知的事物和现象。一般是这样一个程序:第一,识别问题并确定要探索的目标;第二,提出假设,说明各种假设与解决问题的关联;第三,收集各种与假设有关的资料;第四,分析和综合这些资料,看是否支持假设和有助于所研究的问题的解决。当然,并不是所有的研究方法都是遵守这样的逻辑次序来实施的,我们后面要谈到的许多质性研究方法,就是先收集大量的资料,形成一个或者多个假设。

客观来讲,科学方法是一个十分宽泛的概念,常常包含了演绎逻辑和归纳逻辑。科学方法是一个庞大的知识体系,不同类型的问题,应使用不同的方法去解决。

4. 审慎思维

在研究问题确定以后,研究人员应该了解所研究的问题的一些理论构思与自己感兴趣的课题是否一致,对所有的研究发现做出细致的、怀疑性的思考,利用各种资料和已有研究成果仔细核对,突出对已有研究成果的假设合理性、逻辑严密性、方法科学性、过程完整性、结论正确性的反复判断,保证研究的审慎思维(critical thinking)。

一般来说,审慎思维就是要对各种信息和论点的准确性,以及研究价值做出评估。审慎思维一般包含以下形式:第一,言辞推理,对口头和书面语言中的劝说技巧做出解释和评价;第二,讨论分析,谨慎识别支持结论的理由和不支持结论的理由;第三,决策,对多次选择加以鉴别和判断,并找出最优的选择。

确定研究问题必须审慎分析,讨论资料、研究结果以及它们之间的潜在关系,要认真分析一些常见的问题：测量结果所采用的方法是否合适？信息和结果是否是从大量的人、事物或者事件中提炼出来的？有没有可能忽略了问题的其他解释或者结论？在一种情况下得到的结论是否有足够理由认为它适合其他情况？这些审慎的分析贯穿研究的始终，在学术研究中更是如此，甚至到研究已经获得了结果后，我们还要反思整个研究过程，会不会存在局限。

二、研究思路的主要模式

旅游问题的研究思路，可以根据问题的特殊性，按研究目的遵循各种方法确定。根据现有研究成果归纳，大致有 5 种模式。

1. 对策寻求模式

职业生涯中遇到最多的研究工作就是面向问题，寻求对策。政府部门、企事业单位中，讨论最多的也是面向问题，谈工作中的痛点、难点，面向对策总喜欢谈重点、亮点、卖点等。

为克服工作中的痛点，也就是缺陷、局限和不足，需要有针对性的对策。对策寻求的思维，就是一种痛点与克服办法联系的思维模式。这种思维模式在解决复杂问题时，需要梳理各种构成痛点的障碍因素，各种障碍因素之间存在逻辑关系，在解决问题时，需要突出重点，分出轻重缓急，解决问题的举措才能突出成效。

对策寻求模式，主要是对应分析，透析痛点的成因，寻找对应举措。当然，还有综合分析思维的应用。

2. 规范遵循模式

当各种环境因素发生变化，特别是政策环境、经济环境、技术环境发生变化时，企事业主要决策者的战略理念会发生大的变化，一些重大问题的处理方案也应该相应变化，在这种情况下，需要遵循新的指导思想、新的决策原则，形成解决问题的具体方案。

规范遵循模式，学术界对这样的研究模式有学术称谓，叫作规范研究。简单来说，就是按照已经确定的政策、方针、标准等规范确定合理的工作方案，主要解决企事业单位中的宏观战略问题和工作中的关键问题。旅游规划编制，就是以规范研究思维模式进行的，确定了规划范围、规划时间尺度，明确规划依据、指导思想、基本原则，在此基础上设立目标体系，按照各专业的相关知识和经验，策划达成目标的主要工作内容和工作方式，按照工作内容的先后逻辑关系，根据轻重缓急做出分时段的工作安排。

3. 事象提炼模式

当前是一个弘扬创新精神的时代，各种新事物、新现象不断出现，新事物、新现象以一种新的运行规律发生发展，需要从事实和现象本身的深入探究来提炼经验、规律，问题的综合性色彩就日益明显了。

实现事象的提炼，是一种理论色彩很明显的研究思维方式，学术界常常使用扎根理论、现象学、案例研究这些方法来实现一种全新事象的理论提炼。在旅游管理学科体系中，现成的成熟理论少，移植相关理论很难全面精准地解决实践问题，具有巨大的理论创新空间。旅游管理领域特别需要事象提炼的思维模式，形成理论创新。

4. 假设验证模式

学术界的理论成果中，数量最多的是应用理论成果，基本上是各种因素之间的关系讨论,各类事物和现象的发展机理和规律的揭示。这些问题,最先是在工作和生活中发现,但是发现不等于普遍存在,因为任何科学的结论,是可以重复出现的,只有普遍的,才会不断重复出现。

以假设来引导的研究,在学术研究中叫作实证研究。假设来源于现实事象的启发,形成于已有研究的支持,依据逻辑来组织结构,通过现实事象验证。当前旅游管理类专业的大学生的毕业论文,多是采用这个模式,旅游管理类专业的硕士研究生甚至是博士研究生的学位论文,也主要采取了这种模式。

5. 概念思辨模式

思辨(analyse mentally)是研究中不可缺少的思维方式,特别是在学科基础理论研究中,更多通过思辨来实现概念关系的辨析。面对实践创新发展突出,旅游新现象不断出现,旅游学界应该特别需要思辨研究,才能凝聚理论共识,促进学科发展。客观上,旅游理论问题的思辨成果较少,以至于一些基础概念的内涵和外延不清晰,导致学术研究出现偏差。例如,旅游规划界常用的市场定位概念,就是典型的误用了定位概念的结果,不少旅游规划中的市场定位工作,就是确定目标市场的内容。还有旅游中常用的新业态概念,也是错误扩展商业业态概念的结果。

概念思辨模式,更强调反思、怀疑和批评,更强调逻辑的严密性。概念思辨模式主要用于旅游理论研究,但是并非仅仅用在纯理论研究的范畴中。在各种复杂问题的分析中,思辨总是一个基础思维方式,被普遍应用。

知识关联

思辨是哲学术语,指运用逻辑推导而进行纯理论、纯概念的思考。通过抽象的思考、推理、论证得出结论。

第二节　变量与数据

引入变量,主要的目的是让概念变得可以测量,通过观测得到概念的数量值,利于进一步确定各种概念之间的数理逻辑,得到像数学公式一样的逻辑关系严密的表达形式,以此来揭示各种事物和现象之间的关系,指导具体实践。

一、变量

1. 内涵

变量(variable),因观测所得数据是变化的而得名,是反映研究对象特征的量,体现为具体形态上的变动性,其属性在幅度和强度上的变化程度可以加以度量,如性别、年龄、旅游满意度、出游意愿。变量必须满足两个条件:一是"变"——变异性,不变的是常量而非变量;二是"量"——可测量性,变量的"变"体现在特征属性的观测数值的变化,可观测、可度量是前提条件。

变量是在特定情境下的概念。在大众旅游者的研究中,性别有男女之分,是变量;但是在女性旅游者的研究中，性别只能是女性，是常量，并不是变量。

2. 类型

从不同的角度划分，变量可以划分为不同的类型。基于变量的作用，可分为自变量、因变量、中介变量、调节变量、无关变量；基于取值特征，可以分为离散型变量、连续型变量；基于测量尺度，可分为定类变量、定序变量、定距变量、定比变量。

1）基于作用的分类

（1）自变量（independent variable），又称前因变量、刺激变量、输入变量或实验处理，是一种假定的原因变量，由研究者主动操纵。

（2）因变量（dependent variable），又称结果变量、反应变量、输出变量或实验结果，被假定为自变量作用下产生的结果。自变量与因变量表现了明确的影响与被影响的关系，同时自变量与因变量是一组相对概念，存在于特定的情境下，同一个变量在某种分析中作为因变量，而在其他分析中可能作为自变量。

（3）中介变量（mediating variable），揭示自变量与因变量之间的关系，描述怎么或为什么产生了效应，即在已知某些关系的基础上，探索产生这个关系的原理与内部作用机制。图3-1所示为中介变量图示。

如图3-1所示，变量 X 影响变量 Y，且变量 X 会通过变量 M 对变量 Y 产生影响，则 X 为自变量，Y 为因变量，M 为中介变量；当影响系数 $c=0$，$a \cdot b \neq 0$ 时，变量 M 在变量 X 与变量 Y 之间起到完全中介的作用，当影响系数 $c \cdot a \cdot b \neq 0$ 时，变量 M 在变量 X 与变量 Y 之间起到部分中介的作用。

美国心理学家埃利斯创建的情绪 ABC 理论认为，激发事件 A（activating event）只是引发情绪和行为后果 C（consequence）的间接原因，引起 C 的直接原因则是个体对激发事件 A 的认知和评价而产生的信念 B（belief），所以在这一过程中自变量是 A，因变量是 C，中介变量是 B，且完全中介。图3-2所示为 ABC 理论图示。

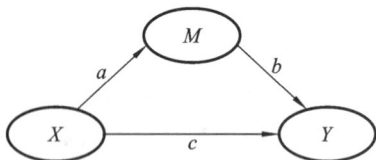

图3-1　中介变量图示

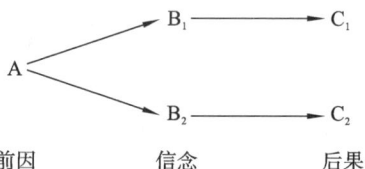

前因　　　　信念　　　　后果

结论：事物的本身并不影响人，人们只受对事物看法的影响。

图3-2　ABC 理论图示

（4）调节变量（moderating variable），揭示自变量对因变量产生作用的具体条件，研究一组关系在不同条件下的变化及其背后的原因。调节变量是定性（如性别、种族、阶层等）或定量（如年龄、文化程度、出游频次等）变量，既可以是对方向的影响，又可以是对关系强度的影响。

图3-3为调节变量图示，变量 X 影响变量 Y，且在不同的变量 Z 条件下，变量 X 与变量 Y 的关系是不一样的，则 X 为自变量，Y 为因变量，Z 为调节变量。例如，旅游体验服务感知影响游客忠诚，但是对男性与女性游客的影响可能存在差异，在这个过程中性别扮演调节变量的角色。

（5）无关变量（irrelevant variable），又称控制变量，对因变量有影响，但与研究目的无关，研究时往往假设无关变量是一定的，不会影响研究结果。例如，出游频次的影响因素很多，但是在受教育水平与出游频次关系的研究中，研究者会控制除受教育水平之外的其他影响因素处在一个相对稳定的水平，不会干扰研究结果，那么这些因素就均属于该研究的无关变量。

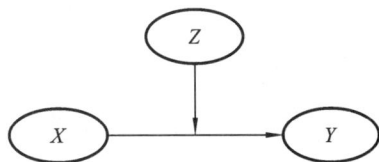

图 3-3　调节变量图示

2）基于取值特征的分类

（1）离散型变量（discrete variable），取值为离散型的自然数，能按一定次序列出，其值域为一个或若干个有限或无限区间，如性别变量。

（2）连续型变量（continuous variable），取值可以是连续的，任意两个可能取值之间可能还有其他取值，如身高、体重、血压、收入等变量。

需要指出的是，由于分析的需要，离散型变量经常作为连续型变量处理。而连续型变量也可以作为离散型变量处理，如可将"血压"变量分为"低""中""高"三组变为离散型变量。

3）基于测量尺度的分类

（1）定类变量（nominal variable），又称名义变量，描述观测对象类型属性的差异，测量精确度最低，不同的取值代表不同的类别，无优劣高低之分，如"性别""职业"等。

（2）定序变量（ordinal variable），又称有序变量、顺序变量，描述观测对象在某一属性方面的逻辑排序，取值可以比较高低先后，但是不能计算出差距。如"学历"的取值是：1——小学及以下，2——初中，3——高中、中专、技校，4——大学专科，5——大学本科，6——研究生及以上，由小到大的取值代表学历由低到高，但是差距不能具体量化。

（3）定距变量（interval variable），又称间隔变量，可以使用任意原点的变量，实现"连续"取值，取值可以比较大小，用加减法计算出差距，测量不同个体某一属性上的实际距离。如赋值游客满意度为 1、2、3、4、5，其中 1 代表"很不满意"，依次类推，数值越大表明游客的旅游体验满意程度越高。倘若游客 A 和游客 B 在某一旅游目的地的旅游体验满意度分别为 3 和 4，则说明对某旅游目的地游客 B 比游客 A 更满意，且高 1 个单位。

（4）定比变量（ration variable），又称比率变量，可以"连续"取值的有零点的变量，建立在真实的基础上，反映不同个体的某一属性水平的实际比例，测量精确度最高。例如，若"月收入水平"的取值为 1——1000 元及以下、2——1001 至 3000 元、3——3001 至 5000 元、4——5001 元及以上，则属于定序变量，但若取值精确到具体的数额，就是定比变量，所以一个变量在不同分析中可当作不同尺度的变量。

较高尺度的变量包含了较低尺度变量的性质，定序变量包含了定类变量的所有特征，定距变量同时包含了定序变量和定类变量的特征，所以分析数据时可以把较高尺度变量作为较低尺度变量处理。如定距变量可当作定类变量或定序变量看待，而定序变量可作为定类变量分析。

一般地，定类变量和定序变量用于描述定性数据，属于定性变量；而定距变量和定比变量用于描述定量数据，属于定量变量。定类变量必须是离散变量，而定距变量和定序变量可以是离散变量或连续变量；连续变量必须是定序变量或定距变量。如"性别"是离散变量又是定类变量，"年龄"可当作定距变量、连续变量，也可以作为定类变量、离散变量。

二、数据

1. 含义

数据是事实的体现，是对情况的记录，不仅局限于数值型数据，还包括非数值型数据，如声音、文字、各种特殊符号、图像、标志等。有学者认为，数据来自实验，知识是经过分析、提炼与综合所产生的有用信息。数据与知识是不一样的，数据不会是绝对真实的，现实生活中存在着大量的虚假数据。研究是试图通过数据来发现潜在事实的过程，数据的质量直接决定了研究结果的科学性，因此数据的类型与特点是研究首先要清晰明了的。

2. 类型

基于不同的依据，数据的分类结果也不一样，以下介绍几组研究中常见的数据类型。

1）观测数据与实验数据

基于收集方式，数据可以分为观测数据（observation data）和实验数据（experimental data）。观测数据是在没有对事物人为控制的条件下，通过调查或观测而收集到的数据，有关社会经济现象的统计数据几乎都是观测数据，如 GDP（国内生产总值）、房价等。通过在实验中控制实验对象以及其所处的实验环境收集到的数据，称为实验数据，如对一种新药疗效的试验、对一种新的农作物品种的试验等，自然科学领域的数据大多数都是实验数据。目前社会科学领域也流行实验研究，设置实验组与参照组分别获得数据，有问卷调查也有高端仪器的脑波检测等，通过比较分析来判定关键变量的效果。

2）一手数据与二手数据

根据收集过程，数据包括一手数据（primary data）与二手数据（secondary data）。一手数据，又称原始数据，一般通过访谈、询问、问卷、测定等方式直接获得。二手数据是相对一手数据而言的，是指并非为正在进行的研究而是为其他目的已经收集的数据资料。一手数据与二手数据是一组相对意义下的概念，一手数据是针对特定的研究问题直接收集的，具有较强的针对性、可信性，但是收集成本相对较高，二手数据是间接收集而来的，具有高效率、低成本等优点，但是相关性、时效性、可靠性相对较低。

统计中不分一手、二手数据，但是当两种数据之间存在统计原理上的相关性，往往使用一手数据来检验二手数据的可信度。在统计分析中，我们假定数据是可信的，不然分析就缺乏一个可操作的起点。另外，一手数据、二手数据不会影响分析的过程与方法，但是要注意二手数据的版权问题。

3）定性数据与定量数据

基于数据的形态，可以将数据分为定性数据（nominal data）与定量数据（quantitative data）。在旅游研究中定性数据与定量数据的本质区别在于数据化或非数据化，例如，每到法定节假日很多景区会报道旅游情况，有时会用人山人海、水泄不通等来形容旅游景区的人流量巨大，随着智慧景区的建设，很多时候景区会以具体的旅游人次统计数据来表示，前者属于定性数据，后者属于定量数据。

一般来说，对旅游活动或现象的观察是定性的，如旅游资源的特色、游客的体验满意不是天生的数据化或定量的，但有的时候将其转化成数字形式比较有用。定量数据能直观明确地反映事物的属性水平,更便于资料的整合与对比,常用于统计分析,但是定量数据蕴含的意义单一,潜在损失了意义的丰富性,任何明确的定量测量都比相关的定性描述要肤浅。例如,某景区想要了解景区的目标群体主要集中在哪个年龄层。用定量的方法解决这个问题很容易,景区只需开展调研,统计一下景区一段时间内到访游客的年龄分布,然后看主要集中在哪个年龄层次即可。但是年龄不仅代表生理年龄,还有心理年龄的意思,不仅体现在看起来年轻还是年老,还有生活经验、世故程度等方面的差异。具体的年龄数字不会蕴含这些意义,如果通过访谈全方位了解游客的心理成熟程度,可以更真实地为景区的目标市场定位提供依据。

4）连续数据与离散数据

按数值是否连续可分为连续数据(continuous data)与离散数据(discrete data)。在一定区间内可以任意取值的数据叫连续数据,其数值是连续不断的,相邻两个数值可作无限分割,即可取无限个数值。例如,生产零件的规格尺寸,人体测量的身高、体重、胸围等为连续数据,其数值通过测量或计量的方法获得。离散数据对应前文离散变量的取值,在旅游研究领域主要体现为有限的自然数或整数单位计数获得的数值,如性别、旅游企业个数、景区数量等。

在旅游领域的实际研究中,为便利调研与分析,连续变量的测量打分限于自然数,如旅游体验的满意感知测量数据:1——非常不满意、2——不满意、3——一般、4——满意、5——非常满意,调研对象根据自身情况从 1 到 5 来打分,看似是离散数据,但是在数据分析时,我们往往将其作为连续数据处理,因为在[1,5]区间内任一数值均有实际意义。性别是离散变量,对应的数据是离散数据,变量取值 1 或 2 才具有实际意义,除此之外的取值没有实际的指代意义。

5）定类数据、定距数据与定序数据

根据测量尺度,变量可以分为定类变量、定距变量、定序变量,它们的取值分别对应为定类数据(nominal data)、定序数据(ordinal data)、定距数据(interval data)。

定类数据对应定类变量,由自然数构成,数值代表类型,不能进行加减乘除四则运算,如性别(男、女)、户籍类型(城镇、农村)等。定类数据具有枚举性,由被研究变量每一组出现的次数及其总计数所组成,常用来统计频数、比率或百分比等。定类数据的数学关系是"等价关系",无高低大小之分,同一组内各单位是等价的,若更换各不同组的符号并不会改变数据原有的基本信息。

定序数据对应定序变量,由自然数构成,数值的大小表示观测对象的某种顺序关系,如学历(小学及以下、初中、高中或中专、专科、本科、硕士、博士)等。定序数据的数学关系是"大于(＞)"和"小于(＜)"关系,同一组内各单位是等价的,相邻组之间的单位是不等价的,它们存在"大于"或"小于"的关系,常用来统计频数、比率或百分比、中位数、众数等。

定距数据对应定距变量,由真实的数值构成,具有公共的、不变的测定单位,可以进行加减乘除运算。定距数据的基本特点是两个相同间隔的数值的差异相等,如年龄的 60 岁与 50 岁之差等于 40 岁与 30 岁之差。对于定距数据,不仅可以规定"等价关系""大于关系"和"小于关系",而且可以规定任意两个相同间隔的比值或差值。如果将每个数值分别乘以一个正的常数再加上一个常数,即进行正线性变换,并不影响定距数据原有的基本信息。因此,常用的统计量如均值、标准差、相关系数等都可直接用于定距数据。

6）截面数据、时间序列数据与面板数据

基于时空跨度将数据分为截面数据（cross section data）、时间序列数据（time series data）、面板数据（panel data）。

截面数据是在同一时间，不同统计对象相同统计指标组成的数据列，按照统计对象排列，如全国 31 个省（区、市）（除港、澳、台地区）2021 年的旅游收入构成一组截面数据。因此，截面数据强调的是同一时间截面上的数据，并不要求统计对象及其范围相同。截面数据常用于不同对象在某一指标水平上的横向对比，强调的是某一时刻点，具有较弱的时效性，适用于截面研究。

时间序列数据是在不同时间点上收集到的数据，反映了某一事物、现象等随时间的变化状态或程度，如 2005—2021 年湖南省的旅游收入构成一组时间序列数据，分别反映了湖南省旅游产业近 17 年的发展情况。时间序列数据强调对同一事物或现象的跨时段的追踪式观察，主要用于历时研究。

面板数据是截面数据与时间序列数据综合起来的一种数据类型，不同对象跨时间的观察值集合，具有时间序列和截面两个维度，如 2005—2021 年全国 31 个省（区、市）（除港、澳、台地区）的旅游收入构成一组面板数据，从横截面上看，是 31 个省（区、市）在某一个时刻构成的旅游收入截面观测值，从纵剖面上看，是某一个省（区、市）2005—2021 年的旅游收入观测值构成的时间序列数据。假设面板数据 Y_{mn}（$m=1,2,\cdots,M;n=1,2,\cdots,N$），其中 m 代表观察对象（如全国 31 个省（区、市）（除港、澳、台地区）），n 代表时刻点（如 2005 年、2006 年……2021 年），当 n 一定时，Y_{mn} 是截面上 M 个观测值，当 m 一定时，Y_{mn} 是纵剖面上的一个时间序列。基于观测对象的尺度，面板数据可以分为微观面板数据（micro panel data）、宏观面板数据（macro panel data）；前者以微观个体为调查单元，观测个体数量较大，时间跨度偏短；后者的调查单元尺度较大，观测时间跨度偏长。

相对于截面数据与时间序列数据，面板数据具有更多的信息。使用时间序列进行数据分析，容易发生多重共线性问题，不能发现单元间的差异，但面板数据能更好地反映观测对象之间存在的异质性，避免多重共线性问题。与截面数据不同，面板数据能反映事物随时间的变化，可以将个体在某个时点的经历和行为与另一个时点的其他经历和行为联系起来，面板数据适用于估计短期关系、生命周期模型、代际模型以及失业、贫困等经济状态的持续性问题的研究。微观面板数据主要来自跟踪式的问卷、访谈调查，以一手数据为主，难以避免存在非随机样本缺失的情况，例如，受教育程度较低的个体以及年龄较大或较小的个体是最容易被遗漏的；同时连续调查很难保障，被调查者在样本内的时间越长，继续参与调查的倾向就越小，所以微观面板数据一般时间跨度小，主要依赖个体数趋于无穷进行渐近统计分析。宏观面板数据主要来自统计数据或历史资料，以二手数据为主，旅游卫星账户还未广泛普及，国内尚未形成科学完善的旅游统计机制，容易发生多源数据共存的现象，目前旅游领域的面板模型研究多基于上市旅游企业的财务报表数据、国家、地区的统计数据展开。

第三节　变量的测量

最初发现的问题,特别是来源于生活世界和工作实践中的问题,往往是一种具体现象。具体现象提炼为概念,概念量化为变量,现实问题上升为逻辑严密的科学问题,科学问题的解答就离不开变量的测量。

一、测量

测量,是指按照某种法则给物体和事件分派一定的数字和符号的过程和方法,包括三个必不可少的条件:测量客体、数字或符号、分配数字或符号的法则。例如,我们测量张家界旅游者的体验满意程度,用1—5依次代表满意程度。这次测量的客体是张家界旅游者,"1—5"为测量数字或符号,"旅游者非常不满意指派1,非常满意就指派5"则是测量法则。

根据内容,测量可以分为社会科学测量和自然科学测量。相比自然科学测量,对社会现象的测量其标准化和精确化程度均较低,社会测量不完全是数量化的,也可以是类别化的。旅游现象属于社会科学范畴,本书不阐述自然科学测量的相关内容。社会科学测量包括定类测量、定序测量、定距测量、定比测量四种类型,分别对应第二节介绍的定类变量、定序变量、定距变量、定比变量。

1. 定类测量

定类测量,也称类别测量或分类测量,是对测量对象的性质或类型的测量,是测量层次中最低的一种。定类测量结果只能分类,标以各种类别名称。例如,性别测量时,用"1"代表女性、"2"代表男性。这些数字都是人们赋予某类事物的识别标志,它们丝毫不反映这些事物本身的数量状况,不能作加、减、乘、除等数学运算。定类测量的数量化程度最低,其测量结果只能用数学符号"="或"≠"来表示,只能作频率分布、在总体中所占比例等有限的数量统计。

2. 定序测量

定序测量,也称顺序测量或等级测量,它是对测量对象的等级或顺序的测量。定序测量的数量化程度比定类测量高一个层次,它已具有了数量差别的含义,其测量结果可用数字符号"<"或">"来表示,可进行频率分布、比例关系等集中数量统计,但还不能进行加减运算,不能测量出不同等级、顺序社会现象在数量上的具体差距。例如,文化程度的测量"1——初中及以下,2——高中或中专,3——大专,4——本科,5——硕士,6——博士"。

3. 定距测量

定距测量,也称区间测量,是对测量对象之间的数量差别或间隔距离的测量。测量人的智商、幸福感、满意度等,可用某种基本单位表示数量差别或间隔,就属于定距测量。定距测量不仅能反映社会现象的类别和顺序,而且能反映社会现象的数量差别和间隔距离,每一个间隔是相等的。需要注意的是,定距测量的值虽然可以为零,但这个零却不具备数学中我们所熟悉的零的含义,只是人们主观认定和选取的一个特定的数字而已。定距测量的数据结果可以作加减运算,但是不能作乘除及高级运算。

4. 定比测量

定比测量,也称比例测量、等比测量。定比测量的数量化程度最高,除了具有上述三种尺度的全部性质外,还有一个共同基准——有实际意义的零点(绝对零点)。所以其测量结果不仅能进行加减运算,而且能进行乘除运算,并可做各种统计分析。例如身高、出生率、旅行支出等测量均属于定比测量。是否具有绝对零点,是定比测量和定距测量的唯一区别。

定类、定序、定距、定比四个测量层次的数学特性是累进叠加的,高层次的尺度具有低层次尺度的功能,因而高层次的变量可以作为低层次变量来处理,反之则不然。

二、常见的测量量表

量表包括单维度量表、多维度量表。单维度量表有李克特量表、哥特曼量表、瑟斯顿量表等,其中李克特量表一直是流传较广且具有影响力的一种量表。多维度量表中以语义差异量表和社会距离量表较为常见。下面介绍几种常见的测量量表。

1. 鲍氏社会距离量表

鲍氏社会距离量表,又称鲍格达斯社会距离量表,是由美国社会心理学家鲍格达斯于1925年创建的,主要用于定量测量人际关系亲疏态度、对进入某一社会关系的接受意愿(社会距离)。鲍氏社会距离量表是衡量人们对某个事物态度的工具,亦是一种研究偏见行为成分的重要工具。量表的开发根据是"人对某一群体的偏见越深,就越不愿与该群体的成员交往",最初主要用于测量人们对种族群体的态度,现在延伸到了人们对职业、社会阶层、宗教群体等事物的态度测量。

假如讨论旅游地本土居民与外来客的交往意愿,研究者可询问居民如下问题:

① 你愿意将外来客赶出你的家乡吗? 意愿强度 1→5
② 你愿意让外来客来你的家乡游览参观吗? 意愿强度 1→5
③ 你愿意让外来客定居在你的家乡吗? 意愿强度 1→5
④ 你愿意与外来客一起共事吗? 意愿强度 1→5
⑤ 你愿意与外来客成为朋友吗? 意愿强度 1→5
⑥ 你愿意与外来客成为邻居吗? 意愿强度 1→5
⑦ 你愿意外来客成为你的家人吗? 意愿强度 1→5

上述项目在强度上有明显的差别,逐步加强了受测者对外来客的亲近程度。如果受测者愿意接受某种强度的项目,那么他/她就应该愿意接受该项目之前的所有项目。例如,一个愿意与外来客成为朋友的居民,肯定愿意外来客来自己的家乡游览、定居,甚至与自己共事。同样的道理,如果受测者不能接受某种强度的项目,那么他/她肯定不能接受该项目之后的所有项目。例如,一个反感外来客来自己家乡定居的居民肯定不能接受与外来客成为同事、好友、邻居,更不能接受外来客成为自己的家人。这就是社会距离量表各个项目之间强度的逻辑结构。

受测者对各个项目做出接受意愿的选择,受测者的态度为其接受意愿最高的项目,同时接受意愿的高低也反映了受测者的态度结构,即受测者对某个对象所持的态度的距离分布。鲍氏社会距离量表不论是在测量一般社会距离(接受或拒斥外来群体的倾向性)的个体差异方面,还是在测量群体偏好程度方面,都有极高的信度,即既可以比较不同受测者对某一群体的社会距离大小,也可以比较同一受测者对不同群体的社会距离大小。

鲍氏社会距离量表能够在不丢失原始信息的同时汇总多个不连续的回答。就旅游地本土居民与外来客的交往意愿调查例子而言,通过了解受访旅游地本土居民能够接受多少与外来客交往的项目,就能了解哪些社会关系是可以被接受的,因此一个单一数据能够准确概括 6 至 7 个项目且不丢失任何相关信息。

鲍氏社会距离量表主要着眼于社会多数团体间的社会距离,受测者扮演被接近、被进入的被动角色。Motoko Lee、Stephen Sapp 和 Melvin Ray(1996)创建了"反鲍氏社会距离量表",主要关注少数团体观念中的社会距离,以主动进入、接近的群体作为受测者。

假如讨论外来客与本地居民的社会距离,研究者可询问如下问题:

① 你愿意成为这里的居民吗? 愿意/不愿意

② 他们愿意与你成为同事吗? 愿意/不愿意

③ 他们愿意与你成为朋友吗? 愿意/不愿意

④ 他们愿意与你成为邻居吗? 愿意/不愿意

⑤ 他们愿意与你成为家人吗? 介意/不介意

2. 语义差异量表

1957 年美国心理学家查尔斯·埃杰顿·奥斯古德(Charles Egerton Osgood)、萨奇(Suci)、泰尼邦(Tannenbaum)以形容词的正反意义为基础设计出一系列双向形容词量表,受测者根据对观念、事物或人的感觉在量表上选定相应的形容词,根据他们所选形容词来反映他们的态度。这种态度测量技术就是语义差异量表,又叫语义分化量表。

在社会学、心理学研究中,语义差异量表被广泛用于文化比较、个人及群体间差异比较以及人们对周围环境或事物的态度、看法的研究等,在市场研究方面也意义明显,主要用于比较不同品牌的形象,以帮助制定广告战略、促销战略和新产品开发计划。语义差异量表包含了一系列反映研究对象的不同属性的相反的形容词,受测者通过指出在连续序列中的定位来反映对每个属性的印象,然后根据受测者的回答进行打分,可以把个人的定性判断转换为可以定量分析。语义差异量表能够度量不同属性在受测者心目中的差别,通过累加各种特性所收集的分数也可以得出被测对象整体形象的偏好等级。

标准的语义差异量表的设计过程大致是,首先要确定被测对象相关的一系列属性,对于每个属性,选择一对意义相对的形容词,分别放在量表的两端,中间划分为 5 个、7 个甚至 9 个连续的等级;然后受测者被要求根据他们对被测对象的看法评价每个属性,在合适的等级位置上做标记;最后连接这些标记,画出受测者的态度曲线。语义差异量表的设计难点在于一组形容词的确定,一是尽可能涵盖事物的所有特性,二是相互独立不重复,三是符合测量对象的实际,四是正反对应出现,这就在一定程度上限制了语义差异量表的使用范围。

假如利用语义差异量表调查受测者对于某旅游演艺节目的感受:

(1) 愉悦的——不悦的 7—6—5—4—3—2—1

(2) 简单的——复杂的 7—6—5—4—3—2—1

(3) 不和谐的——和谐的 7—6—5—4—3—2—1

(4) 传统的——现代的 7—6—5—4—3—2—1

(5) ⋯⋯

语义差异量表要求形容或评价被测对象的词组要全面且相互独立,在两极化词组的左右排列上也有一定的讲究,两极化词组是任意分布的,要避免正面意义的词组位于同一侧,散乱分布可以避免晕轮效应。

3. 李克特量表

李克特量表(Likert scale)是目前调查研究中使用最广泛的量表,由美国社会心理学家李克特于1932年在原有的总加量表基础上改进而成。李克特量表由一组与测量问题有关的陈述语和记有等级分数的答案组成,以总分作为评价,主要用于测量态度等主观指标的强弱程度。每一陈述有非常同意、同意、既不同意也不反对、不同意、坚决反对五种回答,分别记为5、4、3、2、1。许多学者主张使用7个或9个等级,等级划分越多,从理论上说个体差异会表现得更加明显。但是有实证研究结果表明,5等级、7等级和9等级选项的数据,在简单的资料转换后,其平均数、变异数、偏态和峰度都很相似。所以基于操作简单、成本经济等优势,李克特五分量表使用频率更高。

李克特量表的设计包括五个步骤:①收集大量与测量的概念相关的陈述语句;②根据测量的概念将测量项目划分为正向、反向两类,保证正向测量项目与反向测量项目都有一定的数量;③测量项目的预先测试;④计算受测者个人态度总得分(所有测量项目得分的代数和),划分高分组和低分组;⑤辨别区分能力强的测量项目构成一个李克特量表。采用项目分析方法筛选出辨别力较强的项目,分别计算每个项目在高分组和低分组中的平均得分,选择那些在高分组平均得分较高并且在低分组平均得分较低的项目。

李克特量表的测量操作简单,受测者只需在一个给定的"回答范围"内挑选一个答案,代表自己对该项陈述的认同程度,最后依据总分判断其态度的强弱。李克特量表有一个假设前提,即认为每一个测量项目在测定态度时均起同等作用,在表现态度的程度差别时,其能力是相同的,且所有选项的答案执行同一套统一的标准,避免了受测者自身认知因素的干扰,具有较好的稳定性。

但是相同的态度得分者具有十分不同的态度形态,李克特量表可大致区分个体间谁的态度好、谁的差,但无法进一步描述他们的态度结构差异。另外,李克特量表的设计工作量较大,测试项目的设计及其辨别力检验比较麻烦。李克特量表会受干扰因素影响而导致结果失真,比如受测者回避勾选极端的选项而造成"趋中倾向的偏差",受测者对陈述的习惯性认同带来的"惯性偏差",或试着揣摩并迎合自己或组织希望的结果形成的"社会赞许偏差"。

假如利用李克特量表调查酒店员工对于建言行为的态度:

请根据表3-1中的描述与您的实际情况,在相应的数字后面上打"√"。

其中,1——坚决反对,2——不同意,3——既不同意也不反对,4——同意,5——非常同意。

表3-1　酒店员工对于建言行为的态度

题号	内容	评价				
1	当单位内的工作出现问题时,要敢于指出,不怕得罪人	1	2	3	4	5
2	对可能会造成单位损失的问题,要实话实说,即使别人有不同意见	1	2	3	4	5
3	要敢于调整单位中那些过时的、有碍效率的规章制度	1	2	3	4	5

题号	内容	评价				
4	要积极向单位领导反映工作中出现的不协调问题	1	2	3	4	5
5	要敢于对单位中影响效率的现象发表意见,不怕使人难堪	1	2	3	4	5
6	要及时劝阻单位内其他员工影响工作效率的不良行为	1	2	3	4	5
7	要积极地提出会使单位受益的新方案	1	2	3	4	5
8	要积极提建议来改善单位的工作程序	1	2	3	4	5
9	要主动提出帮助单位达成目标的合理化建议	1	2	3	4	5
10	要提出可以改善单位运作的建设性意见	1	2	3	4	5
11	要主动思考单位中可能出现的问题并提出自己的建议	1	2	3	4	5

（量表来源：Liang J,Farh J L. Promotive and Prohibitive Voice Behavior in Organizations：A Two-Wave Longitudinal Examination. ）

4. 哥特曼量表

哥特曼量表（Guttman scale）是由哥特曼·路易斯（Guttman Louis）提出,由一组与测量问题有关的陈述语或问句及其"是""否"答案组成,主要用于测量态度等主观指标强弱程度。类似鲍氏量表,哥特曼量表是单维量表,由一组排列成阶梯的问题所构成,量表自身结构中存在着某种由强变弱或由弱变强的逻辑基础,即"只有达到第一个问题测定的态度强度后,才有可能在第二个问题上表现出更强的态度"。

哥特曼量表的编制大致分为：①围绕测量概念编制一组单维陈述,即具有某种趋强结构；②小样本范围内进行量表预测；③根据预测结果,按"最赞成—最不赞成"将测试项目排序,剔除区分力弱的项目；④按照再现系数≥0.9（再现系数＝1－误差系数/回答总数）准则进行项目再筛选,保留的项目形成最终的量表。

哥特曼量表强调一致性,测出的态度在实质内容上保持一致,避免了李克特量表中总分相同而内容不一致的矛盾。哥特曼量表具有稳定的逻辑结构,根据回答者得分高低做出态度强弱评价时,顾及了其在具体问题上存在的差异,克服了李克特量表只看总分不顾具体项目上的差异这一缺陷。哥特曼量表操作简单,结果聚焦,只有是否同意或不同意两个态度相反的答案,肯定答案得1分,否定答案得0分,直接根据受测者所同意的陈述的数目及他的量表分数,来决定他对这一概念或事物的赞成程度。哥特曼量表为每个测试项目在理论上赋予了不一样的态度强度,根据受测者实际打分进行测试项目排序,基于理论排序与实测排序结果计算反常比率、一致性系数,从而对量表本身做出评价。

哥特曼量表是设计在测量项目的单维性前提假设下的,但是单维的领域往往难以找到,一组特定的陈述可能在特定时期的某一群体中表现出单维模式,在其他时期或者其他群体不一定存在,普适性不强。

5. 瑟氏量表

瑟氏量表（Thurstone scale）,又称瑟斯顿态度量表、沙斯通量表,是路易斯·瑟斯顿（L. L. Thurstone）与蔡夫（E. J. Chave）根据比较判断法则所创的。瑟氏量表是根据"裁判"对变量的指标所给出的权重来建构,是一种复合测量技术。

瑟氏量表的编制步骤：①明确待测变量，广泛收集，构建测量指标项目集；②选择10至15名裁判，对每一个项目的关系强度进行评判赋值；③根据裁判评分，剔除没有得到共识的项目；④将得到共识的项目按得分依次排序，就各级关系强度选择一个或多个代表项目，从而形成待测变量的瑟氏量表。图3-4所示为瑟氏量表的编制流程。

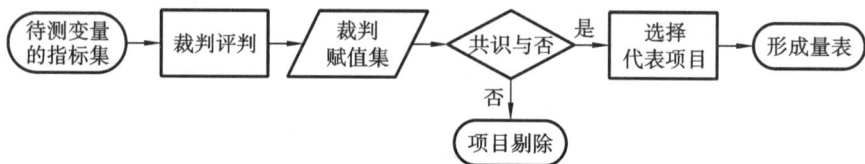

图3-4　瑟氏量表的编制流程

瑟氏量表的项目对应相应的关系强度分值，分数最高的项目称之为困难项目，分数最低的则为简单项目，分值的确定则是依据"裁判"组的赋值。在测量中，每一位受测者对应一个分值，该分值对应受测者能够接受的最难项目，分数高的受测者，相对于分数低的受测者更能接受项目，在待测变量属性方面特征更为明显。

瑟氏量表的逻辑基础与鲍氏社会距离量表、哥特曼量表类似，如果受测者能接受某一分值的项目，就一定能接受该分值以下的项目；如果受测者不能接受某一分值的项目，就一定不能接受该分值以上的项目。在量表形式上，与李克特量表相似，都要求受测者对一组与测量主题有关陈述语句发表自己的看法，区别在于，瑟氏量表只要求受测者选出他所同意的陈述语句，而李克特量表要求受测者对每一个与态度有关的陈述语句表明他同意或不同意的程度；另外，瑟氏量表中测量项目按有利和不利的程度都有一个确定的权重，而李克特量表所有测量项目权重相同。

在如今的研究中，瑟氏量表的使用频率并不高，存在明显的局限：①过分依靠"裁判"对变量的认知与经验，量表项目的级别确定是量表测量的核心内容，主观色彩浓厚容易造成严重偏差；②操作成本较高，"裁判"一般由10至15位专家学者构成，裁判赋值需要花费大量时间、精力、人力成本。

三、量表的编制过程

任何存在的事物都是可以被测量的，但是测量难度有很大区别。亚伯拉罕·卡普兰（Abraham Kaplan，1964）提出科学测量的三类事物：第一类是可直接观察的事物，如物体的大小、形状、颜色、气味等；第二类是需要细致的、复杂的非直接观察的事物，如通过问卷调查或询问抽样个体的家庭收入水平、文化程度等；第三类是建构的事物，既不能直接观察获得，也不能直接测量量化，而是一组测量数据经过运算处理得到，如常见的智商测试，依据受测者对评估题目的回答来判断受测者的智力水平。

变量作为事物属性的高度精练表达，是研究的基本要素，变量的测量是重要的研究内容。从测量的角度来看，变量至少可分为两种：一种是具有客观性且能精确测量的变量，如年龄、学历、身高、体重、收入等；另一种是具有主观性且无法精确测量的变量，如满意度、幸福感、态度、行为意愿等。前者可以通过简单、直接的观察、询问或其他二手数据进行测量，后者的测量则相对复杂些，往往需要编制测量量表，通过研究主体主观作答来实现。

从广义上讲,任何可以使事物数量化的值和量的渐进系列都可称为量表,包括性别、年龄、职业等人口学特征测量题项;从狭义上讲,量表则是利用一系列可直接观测的测试项目来间接测量主观构建的事物的工具。本书主要介绍狭义的量表的编制过程。

在实际研究中,量表的来源主要有四个,一是源创新——自主编制,二是再创作——量表修订,三是情境创新——成熟量表引入新的情境,四是直接引用——成熟量表的应用,这就对应四条量表编制的路径。

1. 源创新型

源创新型的量表编制是最复杂的,意味着没有前期基础,编制一个全新变量的测量量表。当一个概念可以用数值来量度时,这个数值就称之为变量,并非所有概念都可量化。例如,这个菜很好吃、睡得不香、不喜欢这个电影、他是一个好人,这些都属于无法量化的概念;这个程序很有效、这个医院为病人提供高质量的服务、这项工作很浪费时间,则属于可以量化的概念。提出研究问题最重要的环节是概念的变量化,测量是在问题提出之后,其起点是变量。

微课:
本科生毕业论文
中的量表选用问题

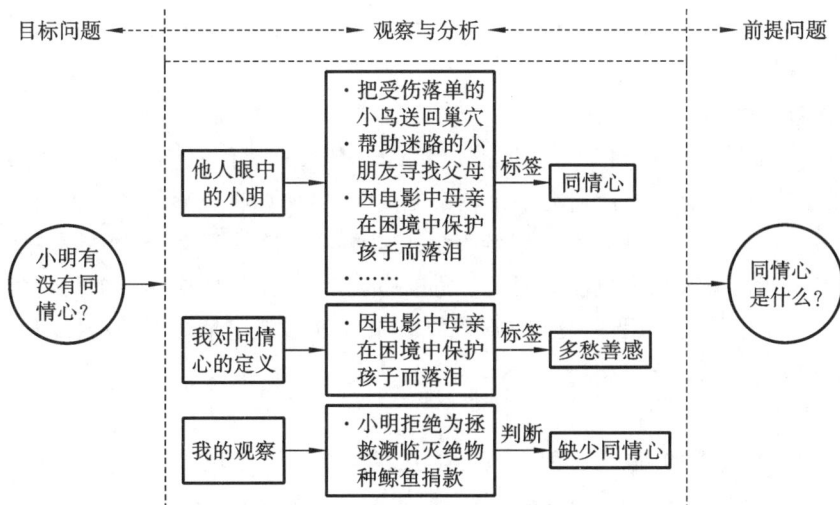

第一步是"变量的抽象定义",即对变量共同本质的概括,其作用是揭示变量的内涵,也就是明白"测量的是什么"。例如,小明的邻居们看到小明把受伤落单的小鸟送回巢穴、帮助迷路的小朋友寻找父母、因电影中母亲在困境中保护孩子而落泪,他们认为小明是有同情心的,同时有人认为因电影情节感动落泪不是同情心而是多愁善感,还有人认为小明没有同情心,因为他拒绝为拯救濒临灭绝动物捐款。那么小明是否有同情心呢?我们往往会基于现实世界中的观察引入变量,但是观察是有限的,观察到的内容不一定是变量本身的全部内容,所以变量的抽象定义是非常必要的,与"概念变量化"并不矛盾。变量的抽象定义主要从哲学层面界定变量的本质内涵,不能随意进行变异。图 3-5 所示为"同情心"案例示意图。

图 3-5 "同情心"案例示意图

53

　　第二步是"变量的操作定义"，即用可感知和可测量的事物、事件、现象和方法，对变量做出具体的界定和说明。没有操作定义，研究就不具体、不可操作，就只能停留在"浅谈"的层次上，缺少实践依据。例如研究旅游者的旅游态度，在理解抽象定义的基础上，为了将其测量出来，根据克隆巴赫等人认为的态度是由认知、情感、行为组成的观点，有研究者用"对旅游目的的认知、对旅游的喜欢程度、出游频率、旅游收获情况、旅游幸福感、旅游满意情况、旅游忠诚度等"作为其操作定义。变量的操作定义可以借鉴文献资料的研究成果，但更多的是需要自己的研究，这既属于研究的设计阶段，也是研究成果的一部分。

　　第三步是"测量指标的选取"，实现从定义到指标，这是量表编制的关键步骤。一个好的操作定义其实就已经体现了变量的测量指标，但是需要根据量表类型进行指标的筛选，前文已经介绍了常见的几类量表（鲍氏量表、语义差异量表、李克特量表、哥特曼量表以及瑟氏量表）指标筛选的具体做法。

　　第四步是"初始量表的检验"。筛选保留下来的指标形成初始量表，在将量表应用到正式测量之前，通常的做法是在小范围样本中进行预测，基于预测结果进行量表检验，主要包括量表的信度与效度检验，还包括测试指标对量表的可靠性是否有贡献、测试指标之间是否具有区分辨别能力等。

　　第五步是"初始量表的修订"。基于信效度检验结果，在理论支持范围内，明确修订内容，包括指标陈述内容的修改、指标的删减或增补等，进行修订的量表需要再进行预测，直到信效度检验结果良好，量表修订终止，也就意味着量表可以应用到正式测量。

　　2. 再创作型

　　再创作型量表编制与源创新型的最大区别在于，有一定前期研究成果，在批判性吸收前人成果的基础上进行完善或创新，具体的操作起点需要视已有成果的情况而定。例如"旅游情境"的测量研究尚未成熟，但并非全新的课题，首先应该了解已有研究情况，判断旅游情境的抽象定义与操作定义是否合适，指标的确定以及量表的检验程序是否合理，量表测量结果是否可靠、准确，找到现有成果的局限，再制定编制方案。再创作型量表编制流程与源创新型基本一致，难度稍低。

　　3. 情境创新型

　　情境创新型量表编制是将某个领域的成熟量表引入一个新的情境中，或者大领域的成熟量表应用于小领域，这是旅游研究中比较常见的情形，比如将心理学的人格特质测量量表经常应用到旅游者群体，产品品牌个性量表引入旅游目的地的品牌个性测量。从理论层面来看，大范围适用的量表肯定也能适用到子范围中去，但是这样的应用会弱化特定群体的特别属性，所以特定情境的适用性检验是必要的，主要是通过特定情境下的小样本预测之后的量表信效度检验来实现的。

　　4. 直接引用型

　　直接引用是最简单的，但是这种方式必须是建立在同一领域同一变量的测量量表已通过实证检验的基础上。这种方式也是本科生们使用最多的，但是需要注意的是，我们仍需要鉴别量表的验证是否存在偶然性或者地域、群体的局限性。研究者直接引用成熟量表，收集其选定的受测者的结果之后，一般采用验证性因子分析进行量表的效度检验。

四、量表的信度与效度检验

1. 信度检验

信度(reliability),即采用同样的方法对同一对象重复测量时所得结果的一致性程度。信度指标多以相关系数表示,大致可分为三类:①稳定系数(test-retest reliability),即跨时间的一致性,相同受测者在不同时间点的测试结果是否一致;②等值系数(coefficient of equivalence),即跨形式的一致性,相同受测者对不同形式的测试问题的回答是否一致;③内在一致性系数(internal consistency reliability),即跨项目的一致性,一组测试问题是否测量同一个变量。其中稳定系数与等值系数用于外部信度检验,内在一致性系数用于内部信度检验。

1)重测信度法

重测信度法,即使用同样的问卷对同一组被调查者间隔一定时间重复施测,计算两次施测结果的相关系数。重测信度属于稳定系数,适用于事实式问卷,如性别、年龄等客观事实变量以及兴趣、爱好、习惯等短时间内不会有明显变化的主观变量。考虑到受测者容易受到各种事件、活动和他人的影响,重测信度法要严格把握好间隔时间长短,有一定的操作难度。

2)复本信度法

复本信度法,即让同一组受测者一次填答两份问卷复本,计算两个复本的相关系数,其中两份问卷复本在内容、难度、方向等方面必须保持一致,但是外在的表达方式要存在显著差异,实际操作难度很大。复本信度属于等值系数。

3)折半信度法

折半信度法,即将调查项目分为两半,计算两半得分的相关系数,进而估计整个量表的信度。折半信度属于内在一致性系数,测量的是两半题项得分间的一致性,常用于态度、意见式问卷的信度分析。如态度的李克特量表,首先保证各题项得分方向的一致性,然后将全部题项按奇偶或前后尽可能均分两半,最后计算二者的相关系数。

4)α信度系数法

α信度系数是目前最常用的信度系数,属于内在一致性系数,适用于态度、意见式问卷(量表)的信度分析。当α信度系数≥0.8,则说明量表信度很高;当α信度系数∈[0.7,0.8),则说明量表信度较高;当α信度系数∈[0.6,0.7),则说明量表信度一般;当α信度系数<0.6,应考虑重新修订量表或增减题项。

2. 效度检验

效度(validity),即测量结果的有效程度,是指测量工具或手段能够准确测量事物的程度。效度反映的是测量结果与考察内容的契合程度,契合程度越高,则效度越高;反之,则效度越低。效度是相对于一定的测量项目而言的相对概念,主观测量不可能百分之百的准确,只能达到一定的准确度,主要包括三种类型:内容效度、效标效度和结构效度。

1)内容效度

内容效度(content validity),即实际测到的内容与所要测量的内容之间的吻合程度,常用的方法有逻辑分析方法、复本法、再测法和经验法。其中,前文中介绍的信度检验在一定程度上可以从侧面反映量表的内容效度。逻辑分析方法即专家判断法,是由有关专家对测量项目与原定调查目的的吻合程度做出判断,检验所设计的题项能否代表所要测量的内容或主题。逻辑分析方法与经验法存在主观性过强的局限，使其不能单独地用来衡量量表的内容效度，但可以用来对观测结果作大致的评价。

2）效标效度

效标效度（criterion related validity）就是指量表所得到的数据和其他被选择的变量（准则变量）的值相比是否有意义。根据已知理论，选择一种指标或测量工具作为准则（效标），分析问卷题项与准则的联系，若二者相关显著，或者问卷题项对准则的不同取值、特性表现出显著差异，则为有效的题项。相关分析或差异显著性检验是常见的效标效度检验方法。

3）结构效度

结构效度（construct validity）是指测量结果体现出来的某种结构与测量内容之间的对应程度，又称为建构效度。结构效度包括同质效度、异质效度和语意逻辑效度。因子分析法是验证结构效度的常用方法之一。探索性因子分析的累积贡献率反映公因子对量表的累积有效程度，共同度反映由公因子解释原变量的有效程度，因子载荷反映原变量与某个公因子的相关程度；验证性因子分析则主要通过适配指标来检验测试题项的收敛效度及变量间的区别效度（详见第六章因素结构验证性分析内容）。

第四节　假　　设

有一个很普遍的现象，绝大多数人都不自觉地活在假设里。我们往往会用假设来做出预设判断，然后根据预设的判断，来决定自己当下的行为。美国每个家庭都将买得起汽车的假设造就了福特公司。同样，学科理论建立在假设之上，包括前提假设与研究假设。

一、前提假设

假设是伟大思想的基础。牛顿假设在真空的、无摩擦力的环境中物体将保持原有的运动状态不变，发现了牛顿第一定律；经济学建立在"存在一批理性人"的假设基础上。当然，现实生活中，既无绝对真空，也无绝对理性人，但这不影响这两门学科的持续发展。因为，去掉干扰因素的假设，能够让理论更接近数学上的完美，实现形式上的简约。

理论是高纯度的提炼，需要简单化的假设，否则只能是描述而不是理论，但是在某种程度上这种假设必然导致理论脱离现实。例如，收入是影响出游的重要因素，但是实际调研数据显示收入与出游频次的正相关关系并不显著，原因就是交通、时间等干扰因素的影响比收入更显著。

用某种理论来说明现实现象，就必须做出假设，诸如假定某些变量不会产生显著的干扰影响，因为理论本身就是建立在一定假设基础之上的。一般只有在良好性质的假设下才能得到自己所需要的结论，甚至只有在特定的条件下才会有确定的结论，所以容易为了得到结论而设定假设，而这样的假设很可能与现实差别很大。经济学家 Hutchision（1938）提出"理论结果必须能够接受经验检验"；Simon 否定了完备理性的假设，提出"过程理性"，在不完备信息下永远无法达到全局最优，只能始终处于"学习"的过程中并不断完善；林毅夫（2005）提出"一个理论模型只有在各种推论都不被已知现象证伪时，才是可以暂时接受的理论"。所以假设唯有建立在公理之上，才能保证研究结论的普适性；前提假设越超越现实，结论的价值越小。

社会科学重要的假设不像自然定律一样恒久不变，它不断变化，昨天成立，今天不一定成立。因此，审视过去的假设是否已经发生变化，创立一套新假设作为研究基础，才能应对21世纪的挑战（Drucker P F，1999）。

二、研究假设

研究假设是研究者根据经验事实和科学理论对所研究的问题做出的一种推测性论断和假定性解释，由变量构成，它是"以一种可检验的形式加以陈述，并对两个（或两个以上）变量之间的特定关系进行预测的命题"。

微课：
概念模
型建构

研究假设是对研究现象的一种理性认识。这种理性认识有以下几个特点：一是逻辑科学性。假设的提出要合乎规律，合乎逻辑，它是建立在已有的科学理论或事实的基础上的，而不是毫无事实根据的推测和臆断。二是陈述明确性。假设要以清晰、简明、准确的陈述方式，说明两个或两个以上变量间的期望关系，切忌宽泛、冗长、模糊。三是可检验性。对研究现象间的期望关系能为研究及以后的实践所证实，这是科学假设的必要条件。

研究假设主要是对两个或两个以上变量之间可能存在的关系做出尝试性回答，变量间的关系主要表现为相关关系、因果关系、无关关系，表述形式以条件式、差异式陈述为主。

1）条件式陈述

A 表示先决条件，B 表示后果。条件式陈述包括充分条件陈述与必要条件陈述。充分条件陈述的表述形式是"如果 A，则 B"，说明 A 是 B 产生的充分条件，例如"如果游客满意度提高，则游客忠诚度也会显著提高"。必要条件陈述的表述形式则为"只有有 A，才会有 B"，说明 A 是 B 产生的必要条件，例如"只有交往频繁，人们之间的关系才会密切"。

2）差异式陈述

A 与 B 表示某一变量 X 的不同类别或不同的组，基本的表述形式为"A 与 B 在变量 Y 上有（或无）显著差异"，如"城市居民与农村居民在出游动机上有显著差异"。差异式陈述主要说明两个变量之间有（或没有）相关关系，因为 A 与 B 是表示某一变量 X 的不同变动状态，如不同阶级、不同地区、不同职业。如果 A 与 B 在变量 Y 上有显著差异的话，那就说明它们所表示的某一变量 X 与变量 Y 有相关关系，即 X 的变化也伴随着 Y 的变化而变化；如果 A 与 B 没有显著差异，则说明 X 与 Y 之间没有相关关系，或不相关。

需要注意的是，研究是需要假设的，这是一种实证主义的研究思路，在实证主义研究视野下，没有研究假设意味着研究没有基础、研究结果不可预期。但是并非任何调查研究都事先建立假设。例如，探索性调查研究就是从观察出发，不带假设地直接到现实生活中去观察社会现象，从中发现问题、提出问题。

本章小结

（1）研究最重要的条件是思维能力。对旅游问题实施研究，必须清楚解决问题的目的，形成解决问题的方案。所有这些都是依靠思维形式，遵循思维的基本规律来实现的。

（2）变量是反映研究对象特征的量,体现为具体形态上的变动性,其属性在幅度和强度上的变化程度可以加以度量,如性别、年龄、旅游满意度、出游意愿等。

（3）数据是事实的体现,是对情况的记录,不仅局限于数值型数据,还包括非数值型数据,如声音、文字、各种特殊符号、图像、标志等。

核心关键词

思维模式	thinking model
变量	variable
数据	data
量表	scale
假设	hypothesis

思考与练习

1. 试阐述概念、变量与数据的关系。

2. 结合研究环境,分析假设的意义。

3. 针对你感兴趣的某一旅游现象,编制测量量表。

4. 数据可以验证"夏天冰激凌销量与溺水人数呈显著正相关关系",但是我们却觉得这样的结论很荒诞,为什么会出现这样的矛盾?

案例分析

《旅游目的地品牌的联合效应探究——以"韶山＋花明楼"为例》研究设计

第四章 →

获取研究数据

学习引导

实施旅游问题研究，必须做好调查，获得各种有用的数据。数据是一个宽泛的概念，是研究问题各种事象的多种信息的表现。围绕研究问题获取数据，伴随了研究的全过程。发现问题的灵感，是在外界信息刺激下出现的；实现研究方案的基础，是获得必要、充分的研究数据；讨论研究结论的创新程度，需要文献的对照。获取研究数据的各种技术，是高中和大学阶段已经学习过的，是大家都熟悉的内容，系统的操作方案，是我们所要掌握的。通过本章的学习，让我们一同熟悉研究数据的获取方法。

学习重点

通过本章学习，重点掌握以下知识要点：

1. 抽样技术的操作要点；
2. 访谈技术的操作要点；
3. 文献检索方法的应用；
4. 实验技术的操作要点。

获取各种数据，是研究问题的重要基础工作。任何问题的研究，都需要系统的数据作为证据或者分析的素材，以得到结论。旅游问题主要是客观现实问题，十分需要以科学合理的方法获得充分的数据，得到准确的结论。

第一节 抽样技术

抽样不是陌生概念，相关知识在高中就已经接触过了，也是旅游管理类课程经常涉及的知识。旅游工作者经常选择以数百人或数千人为样本，分析得到研究结果，以此推论更大群体的情形，而不需直接去研究大群体。

一、基本概念

1. 总体与样本

1）总体（population）

总体，也称母体，是研究对象的全体，是所有研究个体的集合。研究个体可能是有实际载体的事物，也可能是无物质载体的事件、现象、观念等。其中，组成总体的元素称为总体单元或者总体单位。

2）样本（sample）

样本是指按照一定规则与方法，从总体中抽取的个体所组成的集合。其中，样本个体数称作样本量。样本量是影响样本代表性的重要指标，那么如何确定样本量呢？

（1）根据允许的抽样误差的范围确定样本量。样本是总体的部分，样本的规模与总体越接近，样本的代表性就会越强，样本估计值与总体实际值的差距也就越小，即抽样误差越小；反之，样本所包含的个体越少，抽样误差就越大，两者呈负向相关。从数据精度角度看，样本量越大越好；但从经济与可操作性的角度看，样本量应该适度。确定样本量，是在精度和经济间寻找平衡点，即当前条件支持多大范围的抽样误差，研究结果能否允许这个抽样误差。众多学者的实验探索总结出了抽样误差的经验值，即在置信水平 95% 的条件下，抽样误差不显著，则认为样本可以正确估计总体。另外，不少学者也根据调查题项确定样本量，特别是结构验证与路径分析时，变量的测试语句项数与样本量需要满足最小比例，才能在一定程度说明数据的代表性，但是学界关于题项与样本量的最小比例值尚未形成统一说法。

（2）根据特定目的确定样本量。已有经验总结，若样本分成不同的组，总样本量要保证每组的样本量不低于 100；当每组样本还需按不同的特性或配额划分成更小的组时，保证每小组的样本量至少为 20—50 个。例如，调查某城市居民的高铁出游选乘意向，我们可以把受访群体划分为首次高铁出游者与再次高铁出游者，如果首次高铁出游者的人数少，约占研究总体的 10%，为了保证首次高铁出游者的样本量不低于 100 人，用简单随机抽样法，则总样本量就需要 1000 人。如果将首次高铁出游者再细分成收入高、中、低三档，其中收入高的人数最少，只占总体人数的 1%，为保证该组样本量不少于 20 人，那么总样本量至少需 2000 人。因此，这个高铁出游选乘意向的调查项目样本量就应该是 2000 人。

总之，确定样本量要考虑样本结构、精度要求、调研条件以及总体特征易变性等因素。如果总体易变性强，或者样本之间的差异性大的时候，则需要适当增加样本量。

2. 抽样框与抽样单位

1）抽样框（sampling frame）

抽样框是对总体单元列出名册或排序编号，以确定总体的抽样范围和结构。常见的抽样框有企业员工名册、学生花名册、城市黄页里的电话列表、工商企业名录、社区门牌编号、街道派出所里居民户籍册、意向购房人信息册、客户名册等，另外在没有现成的名单的情况下，调查人员可自己编制，例如，利用随机数表生成序号。

抽样框会影响样本的代表性，讲究完整不重复，所以在利用现有的名单作为抽样框时，首先要进行去重、查漏检查,避免重复或遗漏的情况发生。

抽样框是进行概率抽样的基础,简单随机抽样就是在确定抽样框后,采用抽签或随机数表进行抽样。例如,在某酒店 1000 名员工中,根据工号随机抽取 100 名,该酒店 1000 名员工的名册就是抽样框,若没有抽样框,则不能计算样本单位的概率,也就无法进行概率选样。

2)抽样单位(sampling unit)

抽样单位,也称抽样单元,是构成抽样框的基本要素。根据不同的抽样方法,抽样单元具有两种不同的内涵,一种强调微观个体,抽样单元指抽样个体。例如,岳麓山风景名胜区的游客满意度调查中,单个游客为一个抽样单位。另一种强调空间尺度,即抽样单元的分级,若总体由若干个规模较大的抽样单元组成,这些较大的抽样单元称为初级单元,每个初级单元下的若干个规模较小的单元,称为二级单元,以此类推可以定义三级单元和四级单元等。例如,欲对长沙市大学生的出游意向进行抽样调查,长沙市岳麓、雨花、芙蓉、天心、望城五区作为初级单元,各区范围内的大学则作为二级单元,然后专业或年级层次可以作为三级单元,学生则作为四级单元,抽样的顺序为先抽地区,再依次为学校、专业或年级、学生。

3. 参数(parameter)与统计量(statistic)

描述总体特征的数值为参数,通常是未知的;描述样本特征的数值为统计量,是已知的或可计算获得的。从总体中随机抽样可获得样本,以样本为基础,通过统计判断(参数估计、假设检验)可获得对总体的认识(见图 4-1)。

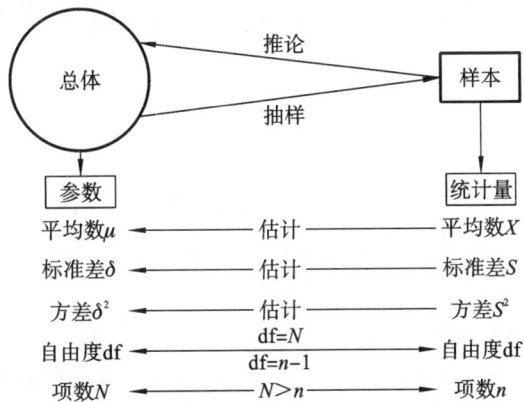

图 4-1 总体参数与样本统计量

4. 统计误差(statistical discrepancy)与抽样误差(sampling bias)

在统计调查中,调查资料与实际情况间的偏差,即抽样估计值与被估计的未知总体参数之差,称为统计误差。统计误差包括登记误差、代表性误差。

登记误差,又称工作误差或调查误差,是指在调查过程中,由于各种主观或客观的原因而引起的误差。调查范围越广,规模越大,误差的可能性就越大。

代表性误差,是指在抽样调查中,用样本推断总体所产生的误差。

抽样误差是指在遵循了随机原则的条件下,不包括登记误差和系统误差在内的,用样本指标代表总体指标而产生的不可避免的误差。抽样误差是一个随机变量,抽样误差越小,说明样本的代表性越高;反之,样本的代表性越低。同时抽样误差还说明样本指标与总体指标的相差范围，因此，它是推断总体指标的依据。

抽样误差是统计推断所固有的，虽然无法避免，但可以运用数学公式计算。因此，抽样误差也称为可控制的误差。

影响抽样误差的因素包括：①样本的数目，数目越大，越接近总体；②总体被研究标志的变异程度，抽样误差和总体标志的变异程度成正比变化；③抽样方法的选择，不重复抽样比重复抽样的抽样误差小；④抽样组织方式，不同的抽样组织所抽中的样本，对于总体的代表性也不同。

5. 抽样类型

根据抽样的规则，抽样可分为概率抽样和非概率抽样两类，抽样的形式也是多样的，具体分类见图4-2。

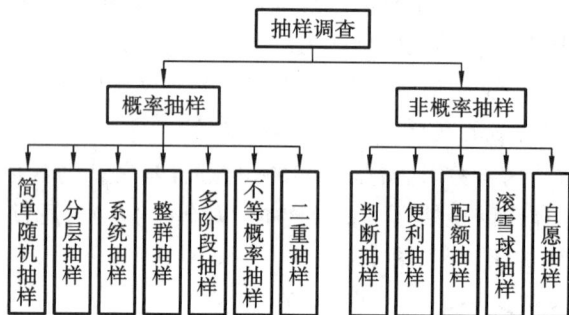

图 4-2　抽样调查的分类

二、非概率抽样

非概率抽样（non-probability sampling）是按照主观意向进行的抽样。非概率抽样的特征是：①总体的很大部分单元没有被抽中的机会（零概率）；②抽取样本的方法是按照主观意向进行的抽样。非概率抽样容易出现倾向性偏差。

1. 判断抽样（judgment sample）

判断抽样也称立意抽样，是指调查人员在抽取样本时，根据调查目的和对调查对象已有的了解，人为地确定样本单元。判断抽样在实际调查中有专家判断和统计判断两种。专家判断法是指汇总专家学者对特定问题或事件的意见，获得一致性看法，也就是说，运用专家的知识和经验，考虑判断对象的社会环境，直接确定其样本单元，德尔菲法就是专家判断法中常用的一种。统计判断法主要有三种典型的确定样本单元的类型：①平均型，选择能代表总体平均水平的样本。②众数型，在调查总体中选择能够代表多数单元情况的个体作为样本。例如，调查某市旅游市场情况，一般选择该市发展相对成熟的景区进行调研。③特殊型，以很好或者很差的典型单元为样本，对其进行具体剖析，分析造成这种异常的原因。例如，了解国家湿地公园的运营情况，西溪湿地可以作为典型代表。

判断抽样的优点在于调查的样本量小，可以对样本的每个单元做较深入的详细调查，得到较高的精度。其缺点在于调查结果具有主观性，选取的典型是基于经验和专业所做的判断，若不具有真正的代表性，则会引起很大的调查结果偏差。判断抽样调查适用于对典型对象的调查,如我国旅游电商行业的调查,选择携程、去哪儿、途牛等旅游电商龙头企业作为调查对象,即可了解我国旅游电商行业的发展现状。

2. 便利抽样(convenience sampling)

便利抽样是指调查人员依据方便原则抽取样本,目的是最大限度地降低调查成本。典型的是"拦截式"调查,如在商场或者街边向消费者或居民进行调查等。

便利抽样调查的优点在于操作简单、获取信息及时、调查费用少。其缺点在于样本信息不能很好地说明总体情况,不能根据样本信息对总体特征进行很好的推断。不适合描述性研究和因果关系研究,而适用于探索性研究,也可用于正式调查前的预调研。

3. 配额抽样(quota sampling)

配额抽样,也称定额抽样,是指先将总体中的各单元按照一定的分类标准分为若干类型,然后依据便利抽样或者判断抽样的方法,将样本数额分配到各类型中,各类型样本结构与总体大致成比例。例如,假设某高校旅游管理和酒店管理专业共有 1000 名学生,其中女生占 60%,男生占 40%;旅游管理专业的学生和酒店管理专业的学生各占 50%;大一年级学生占 40%,大二年级、大三年级、大四年级学生分别占 30%、20% 和 10%。现要用配额抽样方法依上述三个变量(专业、性别和年级)抽取一个规模为 100 人的样本。依据总体的构成和样本规模,我们可得到如表 4-1 所示的配额表。

表 4-1　样本配额表

性别	男(40%)								女(60%)							
专业	旅游管理(20%)				酒店管理(20%)				旅游管理(30%)				酒店管理(30%)			
年级	一	二	三	四	一	二	三	四	一	二	三	四	一	二	三	四
人数	8	6	4	2	8	6	4	2	12	9	6	3	12	9	6	3

配额抽样的优点在于费用不高,易于实施,能满足总体比例的要求。其缺点在于容易掩盖不可忽略的偏差。配额抽样适用于设计调查者对总体有关特征具有一定了解而样本数较多的情况,实际上,配额抽样属于先"分层"(事先确定每层的样本量)再"判断"(在每层中以判断抽样的方法选取抽样个体)。

4. 自愿抽样(volunteer sampling)

自愿抽样是指由自愿接受调查的单元(受访者)所构成的样本。比较典型的是网络问卷和报刊问卷调查,调查人员将问卷公开放置于网站网页或者报纸杂志上,感兴趣的读者可以自愿填答。

自愿抽样的优点在于操作简便,获取样本的成本低,其缺点在于调查样本存在一定的偏向性,因为受访者是对该项调查感兴趣的群体,并且受访群体和未受访群体具有很大的差异,所以调查结果无法准确推断总体。该方法适用于某一特定群体对研究对象关注或者比较感兴趣的调查,如现实市场调查。

5. 滚雪球抽样(snowball sampling)

滚雪球抽样,最大的特色是利用样本点寻找样本点,也就是由受访者去寻找新的受访者。这个过程和滚雪球原理相似,以某一个样本点扩大到多个样本点,形成滚雪球效应。首批受访者是采用概率抽样得来的，之后的抽样属于非概率抽样，受访者彼此之间存在较多的相似之处。如关于中国自驾旅游者的调查，以国内某一自驾俱乐部为起点，随机抽取10名自驾旅游爱好者，然后发动他们在他们的社交圈中随机选择10名自驾旅游爱好者，以此再对外扩散，这种方式简化了寻找受访者的工作。

滚雪球抽样的优点在于可以根据某些样本特征对样本进行控制，减少调查费用。缺点是样本代表性不佳，只有少数样本是随机抽样而来，大部分属于非概率抽样。另外，不可控因素较多，例如，某一受访者不愿意协助扩散，那么滚雪球式抽样就会部分受阻。如果总体不大，有时用不了几次就会接近饱和状况，即后来访问的人再介绍的都是已经访问过的人。滚雪球抽样适用寻找具有鲜明特征的小众群体，例如，户外运动爱好者、背包客等。

非概率抽样可以作为概率抽样的补充，在一些很难对总体进行抽样的领域，如在调查同性恋者的旅游行为时，可以用滚雪球抽样，在调查旅游扶贫模式时，可以采用判断抽样。在使用非概率抽样方法时，调查者要谨慎考虑非概率抽样的估计误差。表4-2所示为非概率抽样方法的特征汇总表。

表 4-2　非概率抽样方法的特征汇总表

非概率抽样	特点	优缺点	适用范围
判断抽样	根据调查目的人为地确定样本单元	优点：样本精度较高 缺点：调查结果主观性强，结果存在偏差	典型对象的调查
便利抽样	依据方便原则抽取样本，"拦截式"调查	优点：操作简单、获取信息及时、成本低 缺点：不能根据样本信息对总体特征进行很好的推断	探索性研究和预调研
配额抽样	将总体的各单元按照分类标准分类，依据便利抽样或判断抽样，将样本数额分配到各类型中	优点：操作简单、成本低，满足总体比例要求 缺点：易掩盖不可忽略的偏差	总体有关特征已知，样本数较多
自愿抽样	由自愿接受调查的单元构成样本，网络问卷和报刊问卷调查	优点：操作简便，成本低 缺点：调查样本存在一定的偏向性	研究群体对研究对象关注或比较感兴趣
滚雪球抽样	由受访者去寻找新的受访者。首批受访者采用概率抽样，之后的受访者属于非概率抽样，受访者之间较为相似	优点：成本低 缺点：样本可能出现偏差，不能很好地代表总体，受访者之间可能相似。受访者不愿提供人员来接受调查，调查会受阻	在特定总体的成员难以找到时

三、概率抽样

概率抽样(probability sampling),也称随机抽样,是依据随机原则进行的抽样,按照某种事先设计的程序,不加主观因素,从总体中抽取部分单元。每个总体单元都有被抽中的概率(非零概率),避免样本出现偏差。

1. 简单随机抽样(simple random sampling)

1) 基本概念

简单随机抽样是概率抽样中最简单的形式,是其他概率抽样的基础。是从总体 N 个单位中任意抽取 n 个单位作为样本,使每个可能的样本被抽中的概率相等的抽样方式,所抽到的样本称为简单随机样本。简单随机抽样分有放回抽样、无放回抽样两种。有放回抽样又称重复抽样,是指每次抽中的单元,仍然放回总体,重新抽取。无放回抽样又称不重复抽样,被抽中的样本不再放回。在实际调查中,多采用不放回抽样。

知识关联

简单随机抽样,也称为单纯随机抽样、纯随机抽样、SRS 抽样。

2) 优缺点

优点:①操作简便,可以直接从抽样框中抽取;②抽样框不需要其他(辅助)信息就能抽样,唯一需要的只是一个关于调查总体所有单元的一个完全的清单和与其如何联系的信息;③由于简单随机抽样已建立了很好的理论,关于样本量的确定、总体估计与方差估计都有标准的现成公式,因此计算比较方便。

缺点:①事先要把研究对象编号,将总体单元中所有名单作为抽样框,比较费时、费力;②总体分布较为分散,会使抽取的单元分布也比较分散,给调查带来困难;③当样本容量较小时,可能发生偏向,影响样本的代表性;④这种方法没有利用其他辅助信息以提高估计的效率,在大规模的调查中不能单独使用,需要与其他抽样方法相结合。

3) 应用范围

虽然简单随机抽样是其他抽样方法的基础,但是抽样操作流程复杂,只适用于总体单位数 N 不大的情形。若 N 相当大时,简单随机抽样必须确定一个包含全部 N 个单位的抽样框,但抽得的样本单位较为分散,实施难度大。因此,实际调查一般不用简单随机抽样,更多的是将随机抽样与其他抽样方法结合使用。

4) 抽样方法与操作流程

(1)抽签法。抽签法的一般步骤是:第一步编号,将总体中的 N 个单元编号。第二步制签,将这 N 个单元的号码写在形状、大小相同的号签上。第三步搅匀,将号签放在同一个箱子中,并搅拌均匀。第四步抽签,从箱子中每次抽取 1 个号签,连续抽出 n 次。第五步抽取个体,将总体中与抽到的号签编号一致的 n 个个体取出。抽签法简便易行,当总体的单元数不多时,适宜采用这种方法。

(2)随机数表法。第一种是利用随机数表抽取样本。比如总体单元数 $N=500$,要取样本量 $n=10$ 的样本,则利用随机数表得到 10 个 001 至 500 之间互不相同的数。第二种利用计算机抽取样本,现有的很多统计软件或者计算机都有产生随机数的程序。随机数表法的一般步骤是：第一步编号，将总体中的所有单元（个体）编号，号码位数一致（假定756是三位数，就需要在表上取三位数）。第二步选数，随机数表内任选一个数作为开始，读数的方向可以向左，也可向右、向上和向下。第三步取号，再从选定的起始数，沿任意方向取数，不在号码范围内的数和重复出现的数必须去掉。第四步抽取，最后根据所得号码抽取总体中相应的单元，得到总体的一个样本。

2. 分层抽样（stratified sampling）

1）基本概念

分层抽样也称分类抽样或类型抽样，是指利用辅助信息，在抽样之前将总体的 N 个单元划分为互不交叉、互不重叠的 L 个层，每一层包含的单元数分别为 $N_1, N_2, \cdots, N_L$，从而 $N_1 + N_2 + \cdots + N_L = N$。然后，再从各层中独立抽取容量为 $n_1, n_2, \cdots, n_L$ 的样本，得到容量为 $n_1 + n_2 + \cdots + n_L = n$ 的样本称为分层样本。若每层中的抽样都符合简单随机，那么这种分层抽样称为分层随机抽样，所得到的样本称为分层随机样本。

分层抽样具有三个特点：①等概率性，每个个体被抽取的可能性相同；②定比性，每一层中抽取的样本数与这一层中的个体数的比等于样本容量与总体中个数的比；③取整性，若按比例计算所得的个体数不是整数，可作适当的近似处理。

2）优缺点

优点：①能够使样本具有较强的代表性；②在各层抽样时，可以使用不同的方法进行抽样；③分层抽样与简单随机抽样相比，更具有显著的潜在统计效果。如果从相同的总体中抽取两个样本，一个是分层样本，另一个是简单随机抽样样本，分层样本的误差更小些。此外，如果目标是获得一个确定的抽样误差水平，分层抽样所需的样本量较少。

缺点：①分层抽样在整体差异不明显时不适用，若要使用，需要与其他抽样方法综合使用；②必须了解总体的各单元情况并做出科学分类，这在实际调查之前很难做到。

3）应用范围

分层抽样是通过划类分层，增大了各类型中单元间的共同性，容易抽出具有代表性的调查样本。该方法适用于总体情况复杂，各单元之间差异较大，单元较多的情况。

4）操作流程

分层抽样实施步骤：①计算样本容量与总体个数之比；②将总体分成互不交叉的层，按比例确定各层要抽取的个体数；③用简单随机抽样或系统抽样在各层中抽取相应数量的个体；④将各层抽取的个体合在一起，就得到所取得的样本。

3. 整群抽样（cluster sampling）

简单随机抽样和分层抽样的抽样单元和基本单元是一致对应的关系。但是在实际中，也存在抽样单元与基本单元不一致对应的情况，这时需要用到整群抽样。

1）基本概念

整群抽样是指若抽样调查时不是以总体的基本单元作为抽样单位，而是以基本单元组成的集合作为抽样单位，然后对抽中单元的全部基本单元进行调查。具体来说，设总体由 N 个初级单元组成，每个初级单元又由若干个较小的次级单元或二级单元组成，首先从总体中按照某种方式抽取 n 个初级单元，然后抽出其中所包含的所有次级单元，构成一个样本，这种方法就是整群抽样。

2）优缺点

优点：①调查实施方便、节省费用；②特定场合具有凸显优势，有些情况必须以一定范围所包括的基本单元为群体，进行整群抽样，才能满足调查目的，如人口出生率、流动率等调查；③当缺乏总体基本单元的抽样框时，抽样调查很难构造出总体基本单元的抽样框，而一些总体单元自然聚合成群，构造群的抽样框要简易些。

缺点：①由于不同群之间的差异较大，由此引起的抽样误差往往大于简单随机抽样；②样本分布面不广，样本对总体的代表性相对较差。

3）应用范围

整群抽样方法的运用，需要与分层抽样方法区别。当某个总体是由若干个有着自然界限和区分的子群（或类别、层次）所组成，同时，不同子群相互之间差异很大，而每个子群内部的差异不大时，则适合于分层抽样的方法；反之，当不同子群之间差别不大，而每个子群内部的异质性比较大时，则特别适合于采用整群抽样的方法。

4）操作流程

首先将总体分为 i 个群，然后从 i 个群中随机抽取 j 个群（$j \leqslant i$），对这些群内所有个体或单元均进行调查。流程为三个步骤：第一步，将总体分成若干个互不重叠的部分，每个部分为一群，也就是初级单元；第二步，以群为抽样单元，从总体中抽取一部分群，也就是二级单元；第三步，抽取群中的 100% 的二级单元（也自然是 100% 的基本单元）构成样本。

4. 系统抽样（systematic sampling）

1）基本概念与类型

系统抽样，也称等距抽样、机械抽样、SYS 抽样，是按一定顺序将抽样总体排序，根据样本容量确定抽样间隔，随机确定起点进行抽取。根据抽样间距的确定方法，系统抽样可分为直线等距抽样、循环等距抽样、修正的直线等距抽样和对称等距抽样。

（1）直线等距抽样。把总体单元排成一条直线，以 $k = \dfrac{N}{n}$ 为抽样间距，把总体分为 n 段，每段 k 个单元，从 1 到 k 之间随机抽取一个整数 r（即在第一段的 k 个单元中随机抽取一个单元为起点），假设为 r 个单元，后面每隔 k 个单元抽出一个样本单元，直到抽满 n 个单元位置为止。这样一来，总体中的编号为 $r + (j-1)k (j = 1, 2, 3, \cdots, n)$ 的单元全部入样。

直线等距抽样适用于当总体单元数 N 是样本单元数 n 的整数倍时。

例如，某市共有 500 个旅行社，采用直线等距抽样抽取 50 个旅行社作为样本，其抽取过程是：先将 500 个旅行社名单按一定的顺序排列编号，确定间隔为 10，在 1 到 10 之间随机抽取一个数字作为起点，假设这个数字是 8，则对应编号为 8 的旅行社入选，以此为起点，每隔 10 个单元抽取一个旅行社，则编号为 18、28、…、498 对应的旅行社入样。

（2）循环等距抽样。将总体单元排成首尾相接的一个圆，k 取最接近 $\dfrac{N}{n}$ 的整数，从 1 到

N 之间随机抽取一个整数作为起始单元,然后每隔 k 个抽取一个单元直到抽满 N 个单元。循环等距抽样适用于当总体单元数 N 不是样本单元数 n 的整数倍,若 n 充分大,由于 k 为非整数所带来的影响不能忽略时,为了得到无偏估计的情况。

例如,某总体有 8 个单元,拟抽取 3 个作为样本,其抽取过程是:先确定抽样间隔 $k \approx 2.67$,取与之最接近的整数 3 为抽样间隔,将所有的 8 个单元围成一个圆,在其中随机抽取一个单元作为起点,假设抽中 2,则对应编号为 5 的单元入选,以此为起点,每隔 3 个单元抽取一个单元,则编号为 5、8 为对应的单元入样。

(3) 修正的直线等距抽样。当总体单元数 N 不是样本单元数 n 的整数倍,为了得到均值的无偏估计,除了采用循环等距抽样,还可以采用修正的直线等距抽样,即 k 取最接近 $\frac{N}{n}$ 的整数,从 1 到 N 之间随机抽取一个整数 r,将 r 除以 k 的余数作为起始点,然后以间隔 k 等距抽取,若余数为 0,则 k 为起始点。

例如,以修正的直线等距抽样来处理上述循环等距抽样的案例,确定抽样间隔 $k \approx 2.67$,取与之最接近的整数 3 为抽样间隔,在 1 到 8 之间取一个随机数除以 3 的余数作为随机起点,这样抽选的样本可能性有 3 个,如表 4-3 所示。

表 4-3　循环等距抽样的样本

余数	样本(入选单元)	概率
0	3,6	2/8
1	1,4,7	3/8
2	2,5,8	3/8

(4) 对称等距抽样。对称等距抽样也称平衡系统抽样,它的起始单元有两个。对称等距抽样是按照有关的标志排列的线性趋势总体提出来的,其基本思想是使低标志值的单元与高标志值的单元在样本中对等出现,从而使样本的偏差缩小,代表性增强。这种方法是在总体第一段随机抽到第 r 个单位(抽样间隔为 k),而在第二段抽取第 $2k-r+1$ 的单位,在第三段抽取第 $2k+r$ 的单位,而在第四段抽取第 $4k-r+1$ 的单位……以此交替对称进行。可概括为:在总体奇数段抽取第 $jk+r$ 单位($j=0,2,4\cdots$);在总体偶数段抽取第 $jk-r+1$ 单位($j=2,4\cdots$)。

例如,某旅游企业拟定从 40 名员工中抽取 8 名参加心理健康调查,为了确保所抽取 8 名员工的心理健康分配均匀,以提高抽样效率,现以该企业员工的年龄为标志,采取对称等距抽样抽取样本。假设在第一段随机抽到第 2 个单元,抽样间隔 $k=5$,那么依次抽取的单元是:2,9($2k-r+1$),12($2k+r$),19($4k-r+1$),22($4k+r$),29($6k-r+1$),32($6k+r$),39($8k-r+1$)。

2) 优缺点

优点:①简单可行,花费的时间和费用较少;②如果对总体单位的排列规则有所了解并加以正确利用的话,系统抽样能达到相当高的精度。

缺点:①最大的缺陷是无差别个体的假设前提,一些总体单位数可能包含隐蔽的形态或者是"不合格样本",调查者可能疏忽而抽选为样本。因此,抽样者要了解总体结构,充分利用已有信息对总体单位进行排列后再抽样,则可提高抽样效率。②间隔确定存在一定的主观性。当研究总体的规模是固定的时候,间隔可以根据样本量与总体量的比例来确定;但是当总体不稳定的时候,间隔的确定就必须依靠研究者的主观判断,例如对某景区游客进行系统抽样,景区游客接待量是实时变化的,必须参照该景区过去同时段的游客量及观察到的人流确定间隔,存在一定概率的风险,所以在系统抽样实践中可能会调整间隔。

3)应用范围

系统抽样适用于总体中的个体数较多且个体均衡分布的情况,因为当个体数较多时,选择简单随机抽样操作难度较大。在实际抽样调查中,全国性的大规模抽样调查,例如人口调查、产品抽检等,大都采用系统抽样。

4)操作流程

系统抽样的步骤可以简记为:①编号,采取随机方式将总体中的个体编号;②分段,将整个编号均衡地分段,确定分段间隔 k,当 N/n 是整数时,$k=N/n$,当 N/n 不是整数时,从 N 中剔除一些个体,使得其为整数为止,并将剩下的总体重新编号;③在第一段确定起始号,在第一段中用简单随机抽样确定起始的个体编号;④加间隔获取样本,按照规则将编号为 m,$m+k,m+2k,\cdots,m+(n-1)k$ 的个体抽出。

5. 多阶段抽样(multi-stage sampling)

当总体单元的数目大、分布广时,采用多阶段抽样可以简化抽样框的编制,使得抽样工作简易便行,避免抽样过程中的麻烦。

1)基本概念

多阶段抽样,又称多级抽样,是指将抽样过程分阶段进行,通过两个或两个以上的阶段来抽取最终的样本单元,每个阶段使用的抽样方法往往不同。定义为:假设总体由 N 个初级单元组成,每个初级单元又由若干个二级(次级)单元组成,先在总体中按照一定的方法抽取 n 个初级单元,对每个抽中的初级单元在抽取若干个二级单元进行调查,这种抽样方法被称为二阶段抽样(为了说明的方便,本书主要介绍二阶段抽样,多阶段抽样可在此方法上依次类推)。从定义上看,多阶段抽样是整群抽样的升级版,沿用了逐级思想,但是相比较整群抽样,多阶段抽样将抽样思想应用到了全过程。

2)优缺点

优点:①可按现有的行政区域或地理区域划分为各阶抽样单元,从而简化抽样框的编制便于样本单元的抽取,使整个抽样调查的组织工作容易进行;②可以相对节省调查费用;③对抽中的二级单元进行再抽样,提高了效率。

缺点:①抽样误差会随着阶数的增多而增大,因为每一阶段都存在抽样误差,也会使抽样误差的计算变得复杂;②随着阶数的增多,抽样工作也会变得复杂。

3)应用范围

多阶段抽样适用于抽样调查面特别广,没有一个包括所有总体单位的抽样框,或总体范围太大,无法直接抽取样本等情况。例如,对农户生计进行调查,我国农户数量庞大,若采取其他抽样方法进行调查,其工作量巨大。

4）具体流程

操作过程可分为两阶段：第一阶段抽样，从总体中抽取初级单元；第二阶段再抽样，从每个初级单元中抽取二级单元，以此类推，直到获得最终样本。

6. 不等概率抽样（unequal probability sampling）

1）基本概念与类型

不等概率抽样是指在抽取样本前给总体的每一个单元赋予一定的被抽中概率，从而保证重要的（大的）单元抽到的概率大，而不重要的（小的）单元抽到的概率小，一般而言，每个单元被赋予的入样概率与某个辅助变量有关。根据样本单元是否放回为分类标准，不等概率抽样可分为有放回抽样和不放回抽样。

（1）放回不等概率抽样（PPS抽样）。独立重复的在总体所有抽样单元中抽取样本单元，抽取后放回总体，抽样单元在每次抽取时都有确定的入样概率，抽取 n 次，得到的样本为不等概率样本。多项抽样为放回抽样的典型代表，常见的 PPS 抽样是多项抽样的一个特例。

（2）不放回不等概率抽样。在逐个抽样的过程中，被抽中的单元不再放回总体，每个单元按入样概率放回样本。由于单元不会被重复抽到，不放回不等概率抽样的效率要高于放回不等概率抽样，与此同时，剩余单元以什么样的概率抽选会比较复杂。

2）优缺点

优点：由于使用了辅助信息，大大提高估计精度，减少抽样误差。

缺点：①抽样框的构建成本高，较为复杂；②当单元大小度量不准确或不稳定时不适用；③抽样和估计相当复杂（尤其是不放回不等概率抽样）。

3）应用范围

不等概率抽样适用于三种情况：第一，抽样单元在总体中的地位不一致。例如，要对旅游景区进行效益评估，而旅游景区就有 5 个等级，它们之间存在国家 A 级等级差异，若以同样的标准对待显然不合理。第二，要调查的总体单元与待抽样总体单元属性不一致。例如，要调查某旅游企业员工的家庭情况，必须考虑到可能存在双职工的情况，必须将双职工家庭的一名成员从抽样框中去掉，才符合调查要求。第三，希望提高估计精度，减少抽样误差。若每个样本被抽中的概率与其所属辅助变量成正比，则不等概率抽样得到的样本，表现出更佳的精度。

知识关联

如果在被抽中的二阶单元中，再抽取部分三阶单元组成样本，并对抽中的三阶单元进行全面的调查，这就是三阶抽样。类似地，可以定义四阶抽样或更高阶的抽样，通常将两阶以上的抽样称为多阶段抽样。

知识关联

辅助变量是不等概率抽样提高精度的关键，辅助变量是由抽样调查所要揭示的问题的属性中提取。例如，审计抽查就要关注发生金额，奢华酒店潜在市场就要关注收入水平。

4）具体流程

（1）放回不等概率抽样。

放回不等概率抽样中以 PPS 抽样为典型，其实施主要有代码法与拉希里法两种方法。在 PPS 抽样中，单元 i 的规模为 M_i（i 的代码数），总规模为 M_0（累计代码数）。

代码法即总体所有单元排列好后，单元 1 对应数 1 到 M_1，单元 2 对应数 M_1+1 到 M_1+M_2，单元 3 对应数 M_1+M_2+1 到 $M_1+M_2+M_3$，一直累计代码到 M_0。每次抽取时在 $[1, M_0]$ 内产生一个随机数，设为 m，则代码 m 对应的单元被抽中，依次重复进行 n 次，这样就得到一个样本量为 n 的 PPS 样本。

希拉里法是一种不需要将单位规模累积的 PPS 抽样方法，流程如下：①在 $[1, N]$ 内产生一个随机数，设为 i，对应单元 i 的规模为 M_i；②令 $M^* = \max\{M_i\}$，也就是所有单元规模中的最大值。在 $[1, M^*]$ 内产生一个随机数，设为 m；③进行决策：若 $m \leqslant M_i$，则单元 i 被抽中，反之无效，重新抽取；④重复以上步骤，直到抽出 n 个样本单元。

（2）不放回不等概率抽样。

不放回不等概率抽样，样本的抽取主要有逐个抽取法、重抽法、全样本法和系统抽样法四种方法，由于不放回抽样的样本不是独立的，无论是实施抽样还是数据处理，特别是方差估计，都比放回抽样的多项抽样复杂得多，下面简单介绍一下这四种方法的原理。

逐个抽取法：每次从尚未入样的单元中以一定的概率抽取一个单元，这个概率通常与已经入样的单元有关。

重抽法：以一定的概率逐个进行放回抽样，若一旦抽到重复单元，则放弃所有已经抽到的单元重新进行抽取，直到抽到规定单元数目所有入样单元都不同为止。

全样本法：对每个可能样本规定一个被抽中的概率，按这个概率依次抽取整个样本。

系统抽样法：将总体单元按某种顺序排列，将规定的入样概率汇总，根据样本量确定抽样间距 k，在 1 到 k 之间产生一个随机数，并确定相应的初始入样单元，以后在总体中每隔 k 个单元抽出一个作为样本单元。

7. 二重抽样（double sampling）

在某些情况下，总体的信息事先未知，调查者无法利用一些辅助信息来了解总体，此时可以使用二重抽样方法。

1）基本概念

二重抽样，又称双相抽样、二相抽样、两相抽样，是指在抽样时分两次来抽取样本。基本做法是：先从总体中随机抽取一个样本量较大的样本，称作第一重样本（或第一相样本），对其进行简单调查来获取总体有关的辅助信息，为下一步抽样提供条件；然后从第一重样本中随机抽取一个较小的样本，称为第二重样本（或第二相样本），有时第二重样本也可以从总体中独立抽取；最后利用第二重样本对总体所研究的目标量进行估计。

二重抽样也可以推广到多次抽取样本结合起来对总体进行估计。

2）优点

①利于从总体中筛选主调查对象。有些调查，主调查对象只是总体中的一部分，不易与其他单元区分时，就可以采用二重抽样，例如，调查某景区旅游者的重游意愿，一开始不知道哪些游客有重游意愿，这时，可采用二重抽样先抽取一个大样本进行调查，然后再抽取一个

较小的样本进行进一步的主调查。②节约调查费用。③利用相关辅助信息，提高抽样效率。④处理连续性调查中的样本轮换问题。⑤降低无回答偏倚。

3）应用范围

二重抽样适用于调查者对总体的某些辅助信息事先未知的情况。例如，要对某市做一次住户调查，假设事先只有一份总户册，没有任何分类信息，则可以采用二重抽样，在调查时先抽取一个住户的大样本调查分层信息，然后利用分层信息从中抽取小样本进行调查。

4）具体流程

二重抽样的实施又可以分为：为分层的二重抽样、为比率估计的二重抽样和为回归估计的二重抽样。

为分层的二重抽样的步骤为：首先，采用简单随机抽样抽取第一重样本，按照分层的标志将抽取的每个人样单元分到具体的层中，得到各层的权重；然后，采用分层抽样方法，从第一重样本中抽取一个小样本进行详细的调查来进行估计。

为比率估计的二重抽样和为回归估计的二重抽样原理一样：首先用简单随机抽样方法抽取第一重样本，用来估计或代替总体的辅助变量；然后，在第一重样本中用简单随机抽样的方法抽取一个较小的样本，为第二重样本。

总体上，概率抽样具有鲜明的特征：①总体中的每个单元都有被抽中的非零概率；②抽取样本必须遵循随机原则，不允许根据人的主观意愿有意识地抽取；③根据样本来计算估计值，计算方法依据抽样方法来确定合适的估计量。表4-4所示为各种概率抽样的情况归纳。

表4-4　概率抽样方法特征汇总表

抽样方法	共同点	各自特点	相互联系	试用范围
简单随机抽样	抽样时每个单元被抽取的概率相同，都为不放回抽样	从总体中逐个抽取	—	总体中的个体数较少
系统抽样		将总体均匀分成几个部分，按事先确定的规则在各部分抽取	在起始部分抽样时采用简单随机抽样	总体中的个体数较多
分层抽样		将总体分成几层，分层进行抽取	各层抽样时采用简单随机和抽样	总体由差异明显的几部分组成
整群抽样	先抽取初级单元，从初级单元中抽选样本	以群为抽样单位抽取群中100%的样本	—	总体中部分（群）差异不大，而每群内部差异较大
多阶段抽样		以群为抽样单位，进行再抽样	是整群抽样的发展，先抽取初级单元	抽样调查面广，没有一个包括所有总体单位的抽样框，或总体范围太大，无法直接抽取样本
不等概率抽样	—	每个总体单元被选中为样本的概率不相等	—	总体单元与抽样总体的单元不一致

续表

抽样方法	共同点	各自特点	相互联系	试用范围
二重抽样	—	分两次抽取样本	分阶段抽样	对总体的某些辅助信息事先未知

第二节 访谈技术

访谈技术是收集资料的一种重要方式,由研究者派遣访谈员口头提问,并记录受访者的回答,而非让受访者亲自阅读并填写答卷。随着信息技术的发展,访谈方式日益多样,从最原始的面对面到信件、邮件、电话、视频访谈等,但是同步的面对面访谈是最经典,同时也是资料最全面、最真实的方式,应用最为广泛,本节主要就面对面访谈展开。

一、特征与类型

1. 访谈法的优势和劣势

1)明显的优势

(1)信息量大。一次访谈是研究者全方位观察受访者的过程,不仅能从受访者的口头表达中获得资料,也能从受访者的语气、神情以及肢体动作等方面得到隐性信息,同时访谈的深度可由研究者根据研究需要随时调整,直到研究者做出资料充分的判断。

(2)信息真实可靠。面对面访谈可以避免受访者"答非所问",或在没有充分了解研究问题的情况下,或答案模棱两可等情况下作答,研究者随时为受访者提供专业协助,剔除了受访者认知差异的影响,在很大程度上确保了信息的准确性。

(3)可操作性强。访谈法能灵活地、有针对性地开展资料的收集,可以根据访谈过程的具体情况,灵活、及时地调整访谈策略。

(4)适用范围广。主要适用于探索性的问题研究,解决不能量化测量的问题。

2)明显的劣势

(1)匿名性弱。面对面访谈匿名性不够强。在涉及受访者隐私或切身利益的主题时,访谈对象会受诸多因素(打击报复、被人嘲讽等)的影响不愿说真话,削弱访谈结果的真实性。

(2)成本较高。访谈调查需要足够的设备、人员的培训、访谈对象费用的支付等,特别是需要大量时间对访谈的结果进行整理,总体成本较高。

(3)主观性强。虽然访谈法要求研究者减少主观偏见、保持立场中立,但是由于受访者的文化水平、情绪状态、表达能力等因素的影响,访谈结果仍逃避不了主观性。

2. 访谈类型

1)基于访谈标准化程度

依据访谈调查的标准化程度,可以分为结构式访谈、非结构式访谈、半结构式访谈。

（1）结构式访谈。研究过程从准备阶段、实施阶段到总结阶段实行严格控制、标准化的访谈。访谈的对象按统一的标准和方法进行选取；访谈的内容必须严格按照统一设计的调查量表或问卷进行；提问的顺序、方式和对受访者回答的记录都要完全按照访谈指南的要求，不能随意更换；对于受访者有关访谈内容的疑问，研究者不能随意解答，只能稍作字面意思上的解释或者按照访谈指南上面的说明进行解释。结构式访谈比较规范化、条理化，效率较高，但是缺乏灵活性，难以激发受访者的诉求欲，访谈问题不能因受访者的回答进行调整，因此得到的资料较为有限。一般在进行事实型的调研或量化调研时，多采用结构式访谈。

例如：

你认为在当前这家旅游规划公司工作有没有发展前途？

A.因为对公司有了解所以有前途　　　　B.因为对公司有了解所以没有前途

C.对公司没有了解所以不好说　　　　　D.不好说

（2）非结构式访谈。非结构式访谈事先没有统一问卷，只有一个访谈的主题、范围或提纲，由访谈者与受访者围绕这个主题、范围或提纲进行比较自由的交谈。非结构式访谈比较宽松，弹性和自由度大，访谈提纲可以根据客观情况需要进行调整，有利于对社会问题进行较深入的探讨，也有利于调动访谈者和受访者的主动性、积极性和创造性。它的主要作用在于通过深入细致的访谈，获得丰富生动的定性资料，并通过研究者主观的、洞察性的分析，从中归纳和概括出某种结论。非结构式访谈不适合定量研究，但是一般用于以意见、建议等为资料收集目的的访谈。

例如：

请回顾一下旅游规划咨询业最早起源与逐步演化的过程。

请回顾一下旅游规划咨询业随后的成长与变化的过程。

请回顾一下旅游规划咨询业最近的状况与变化。

（3）半结构式访谈。根据指定的问卷收集整理资料，同时让受访者表达自己的观点，弥补单一问卷的不足。半结构式访谈是结合前面两者的优点，按照一个粗线条式的访谈提纲进行，以不同形式的开放性问题，引导受访者针对主题进行深入陈述的方法。该方法对访谈对象的条件、所要询问的问题等只有一个粗略的基本要求，访谈者可以根据访谈时的实际情况灵活地做出必要的调整，操作较为灵活，又能获取较为深层次的信息。

例如：

你能告诉我，你家里都有什么人？

告诉我三个很适合描述你自己的词，不是指你的长相，而是指你觉得自己是什么样的人（1...2...3...）。

你能告诉我哪三个词可以用来形容你和你妈妈的关系，就是说，你和你妈妈在一起时是什么样的？（1...2...3...）

（来源：小学儿童依恋关系质量的半结构式访谈研究。）

2）其他类型

访谈调查的类型，可以依据不同的依据划分，常见的划分依据还有访谈对象数量、访谈次数、访谈方向等，相关内容见表4-5。

表 4-5　几种访谈类型的特点

基于访谈对象数量	个别访谈	访谈者单独与受访者进行的访谈活动,具有保密性强、访谈形式灵活、调查结果准确、访问回收率高等优点,适用于个人隐私或敏感性问题
	集体访谈	将若干个访谈对象集中起来,同时进行访谈的方法。具有了解情况快、工作效率高、投入经费少等优点。一般用于研究社会问题、了解社会情况
基于访谈次数	一次访谈	访谈者与被访谈者之间只进行一次访谈。其内容较简单,用于以收集事实信息为主的研究调查
	多次访谈	访谈者与被访谈者之间进行两次或两次以上的访谈,适用于追踪调查或深入研究,访问内容由浅入深,由事实信息到意义诠释
基于访谈方向	导出访谈	访谈者从被访谈者那里引导出情况或意见
	注入访谈	访谈者把情况和意见告知被访谈者
	商讨访谈	以被访谈者为商谈的中心的当事人本位访谈
		以问题事件为商谈的中心的问题本位访谈

二、访谈实施

访谈实施,包括访谈准备、实施访谈、访谈资料的汇总和整理分析等工作环节,其中,访谈准备和实施访谈是访谈法的关键环节。访谈调查的流程如图 4-3 所示。

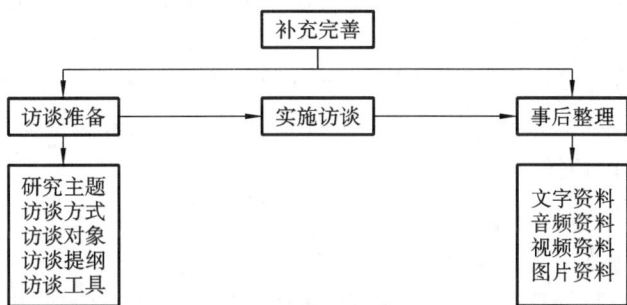

图 4-3　访谈调查的流程图

1. 访谈准备

访谈准备主要是做好访谈人员的培训、访谈提纲的设计、访谈题目的编制、受访者情况和特点的了解、访谈时间和地点等具体事项的商定等内容。

1) 受访者选择

访谈的对象不能随机选取,研究者需要做特别考虑。受访者选择的范围应该与访谈问题的范围相关或一致,并且以能获得所需要的真实信息为确定受访者的原则。例如,在进行"高校老师对旅游扶贫的看法"的调研时,受访者的选择就必须限制在"高校老师"的范围内。

受访者的选择一般有两种方式:随机选择和人为指定。一般在结构式访谈中多采用随机选择的方法选取受访者;在非结构式访谈中,则主要是根据研究目的人为地选取具有代表性的访谈对象。随机选择可以比较客观地了解该群体内的各种不同观点,但实施时可能会遇到问题，例如，受访者可能会拒绝接受访谈。人为指定的实施可能性会增大，但是可能会无意地排除某些类别对象，导致访谈结果不全面。

在访谈前应先对访谈对象有所了解。选择的受访者必须是访谈者可以接近的，受访者的语言（或言语）表达要流利、清晰，并且受访者必须能够提供研究所需要的信息资料。

2）访谈提纲编制

首先要求明确研究目的，围绕研究目的从若干方面模拟问题，每个方面可以围绕"是什么、为什么、怎么办"等进行提问。同时要对这些问题进行整理分类，将各类问题由浅入深、由简入繁排列，并且问题的过渡要自然。为了提高临场访谈的准确性，可在访谈问题后注明答题要点，对关键性的数字要重点标明。

3）访谈前培训

访谈法要求访谈者具有较为专业的访谈能力和技巧，无论是由研究者（通常是由多人组成的集体）本人还是另聘人员实施访谈，都需要进行学习和培训，着重了解研究的目的、研究的假设和收集资料的方法、访谈的对象（总体和样本）与所要收集的信息，掌握访谈的程序、要求和相关技巧。

访谈者要带齐所有的访谈工具并熟悉问卷。结构式访谈一般要有访谈问卷、调查表格、文具、介绍信等；非结构式访谈除了上述工具外，根据具体情况可能还需要照相机、录像机等。访谈者在访谈开始前要逐字逐条地研读问卷或提纲，必须完全遵循问卷中所使用的语言，在面对受访者时自然地念出问题。同时访谈者必须熟悉为问卷而设计的说明书，当某些问题不完全适用于某个受访者时，访谈者就要根据所提供的说明书，决定在这种情况下该如何为该受访者解释这些问题。

访谈者穿着最好与受访者相似，整齐干净、衣着得体。在举止上，访谈者要表现出神情愉悦、轻松友善的态度，要在最短的时间里判断出受访者感到舒服的态度和喜欢的交谈方式，以便取得受访者的信任，获得更多信息资料。

2. 进行访谈

1）初步接触——如何拉近距离

表明自己的身份和研究目的、意义、内容，必要时出示证件，请求对方合作。访谈前与每位受访者进行 3—7 分钟的心理交流。话题可以涉及小孩、天气、工作职责、工作阅历等，目的是借助于谈话，使研究者与研究对象建立起和谐融洽的关系。明确告诉受访者访谈开始的时间，并告知他们访谈过程将被录音。有的时候录音工作甚至还可以请受访者帮助完成，这有助于使受访者在访谈过程中保持放松。

2）开始访谈——如何切入访谈

访谈应从一些宽泛、开放的问题入手。比如，"请向我们谈谈你在某旅游目的地的旅游体验，可以吗？"访谈者开放式的提问有助于启发受访者说出他们的体验，之后的访谈就可围绕受访者的体验展开。当打开局面后再导入访谈者预先设计的问题中；同时做好与受访者之间的协调工作，避免过度的亲近，保持适当距离。当然，在访谈过程中，研究者经常会遇到访谈对象偏离访谈主题的问题。此时，研究者应及时提出有针对性的问题，来调整访谈思路，但不得无礼、粗鲁地打断。

3. 访谈过程控制

1) 提问

要想通过访谈获取所需资料,对提问有特殊的要求,提问的方式和内容都要适合受访者。在表述上要求简单、清楚、明了、准确;在类型上可以有开放型与封闭型、具体型与抽象型、清晰型与含混型之分。提问时需要做到以下几点。

第一,访谈者的提问应该从简单问题入手,逐渐向复杂问题过渡,给受访者有一个心理酝酿的过程。

第二,访谈者要做到有序提问。若是结构式访谈,需要严格按照访谈提纲,从简单到繁杂的顺序进行提问;若是非结构式访谈,则要根据问题的内在逻辑进行提问,例如,在谈论旅游景点演变的问题时,按照事件发生的先后顺序提问,以避免遗漏某些重要信息。

第三,提问的语言表达要恰当,语言要尽量口语化、地方化,提问的语句要简短而非冗长,并且要根据受访者的特点,灵活掌握提问的语速和语气。

第四,提问要保持客观公正,为保证访谈结果的真实可靠,提问不能带有明显的倾向性,不能对受访者的答案进行诱导,也不要夹杂带有情感的字眼。

在访谈过程中,针对不同的访谈目的、不同的受访者以及具体情境,对所提出的问题进行调整,结合不同类型的问题进行提问,更有助于获得有效的访谈资料。从问题所要求的答案是否标准化可以将访谈问题分为开放型问题和封闭型问题。开放型问题是指内容上没有固定答案,受访者可以自由发表意见的问题,这类问题一般以"什么""为什么"进行提问;封闭型问题对受访者的回答方式和内容有严格的限制,受访者的回答往往只有"是"或"否"。从预期所获得答案的内容,可以将访谈问题分为抽象型问题和具体型问题。抽象型问题是对某类现象进行高度的概括和总结,或对某事件进行整体性的陈述;具体型问题则是对某具体事件特别是其细节进行回忆。从访谈问卷结构的难易程度,可以将访谈问题分为清晰型问题和含混型问题。清晰型问题是指问卷结构、语义简单,容易被受访者理解的问题;含混型问题则是指卷语义复杂,蕴含多重意义的问题。

2) 倾听与回应

倾听是访谈法收集资料的主要形式,其需要遵循两个原则:不要轻易地打断对方和容忍沉默。倾听还可以在不同的层面上进行:情感上是"有感情的听"和"共情的听";认知上是"接受的听"(即主动捕捉信息、探询语言背后的含义),是"建构的听"(即与对方进行平等交流,理解受访者所传达的信息,并且及时反思、更新自己的认知);行为态度上是"积极关注的听"。

访谈者不只是提问和倾听,还需要对受访者所说的话进行回应,特别要注意在访谈中需要将自己的态度、意向和想法及时地传递给对方。回应的方式多种多样,可以是诸如"对""是吗""很好"等言语行为,也可以是点头、微笑等非言语行为,还可以是重复、重组和总结。重复是指重复受访者所说的话;重组是把受访者的话用另一种方式说出来;总结则是概括地表达受访者所说的内容。这些方法既可以帮助检验访谈者的理解正确与否,理清双方访谈思路,又可以鼓励受访者继续说下去。访谈者在访谈中要做到多听、少说、少评价。访谈者在访谈过程中还应该避免论说型回应和评价型回应。论说型回应是指访谈者利用社会科学中已有的理论或自己的经验对受访者所说的内容做出回应;评价型回应是指访谈者对受访者的谈话内容进行价值上"好"与"不好"的判断。

3）引导与追问

引导和追问是访谈中不可缺少的环节和手段，是提问的延伸、补充和继续，是为了帮助受访者正确理解访谈问卷，而非提出新问题。

一般来说，访谈中的引导具有排除访谈过程中所遇到的障碍，以保证访谈按原计划顺利进行的作用。访谈中需要"解释和说明""消除顾虑""引回话题""帮助回忆""回顾和复述"等情况一般都属于引导，即受访者对问题理解不正确、答非所问的时候，需要用对方易于理解的语言对问题做出解释和说明；受访者有顾虑、不愿深谈的时候，需要弄清顾虑的所在，有针对性地消除顾虑；受访者的回答离题太远而又漫无边际的时候，需要采取适当的方式，有礼貌地引向原来的话题；受访者一时遗忘了某些情况、难于回答的时候，需要从多个角度和方面进行启发，帮助回忆；访谈过程由于意外的原因被迫中断又重新开始的时候，需要简单回顾前面交谈的情况，复述尚未回答的问题，等等。

如果说引导的功能是排除访谈中的障碍，那么追问的主要作用则是促使受访者的回答更真实、具体、准确、完整。一般来说，当受访者的回答明显不实、前后矛盾、含糊不清、不够准确、不太完整的时候，就需要通过追问，把问题弄清楚。追问是指访谈者对受访者所说的某个内容进行进一步探询，将其单独挑出继续向受访者发问。

当受访者给出不适合问卷问题的回答时，访谈者需要就此问题进行追问。例如，我们的问题给出一个态度陈述，并询问受访者是非常好、好、不好或是非常不好。而受访者的回答是差不多，这时访谈者就必须对该答案进行追问："你的意思是非常好？还是好？"一般访谈者可以先对问题进行解释，要求受访者选择所列举的答案选项之一。如果受访者坚持自己的回答，访谈者就要准确记录其回答的答案。

深入追问可以为之后的研究分析提供充足的资料，但是任何情况下访谈者的深入追问必须保持绝对中立。同时，深入追问不能影响受访者后面的回答。追问还需要注意两点：第一，追问要适时（选择适当的时机），除某些细小的具体问题可在对方回答问题时立即补充追问外，重要问题的追问只宜放在访谈后期进行；第二，追问要适度，访谈者在追问时要考虑到受访者的情感和访谈问题的敏感程度等，切不可伤害与受访者的感情。同时还要注意访谈中要避免的追问方式是：访谈者不管对方在说什么或想说什么，只是按照自己事先设计的访谈提纲挨个地把问题抛出去。

4. 结束访谈

在访谈结束时，访谈者要注意以下三点。

一是掌握好访谈的时间，一般情况下，受访者保持注意力的时间为：电话访谈为20分钟左右，结构式访谈为45分钟左右，集体访谈和非结构式访谈不要超过2小时，有特殊情况则须灵活掌握访谈时间。

二是注意观察，访谈接近尾声且访谈任务已经完成，访谈者可以用委婉方式暗示受访者结束谈话，如果此时受访者仍然就某话题继续发表意见，访谈者也应该耐心听完，要尊重受访者。如果受访者在访谈尾声表现出疲劳、烦躁、说话迟缓等，访谈者就应适时结束访谈。

三是结束语，访谈结束时访谈者应该对受访者所提信息的启发价值表达肯定，再对受访者的支持与配合表示感谢。如果因时间关系或其他因素导致没有完全完成访谈任务，需要第二次访谈,在结束之前还应该与受访者约定再次访问的时间、地点等事项,并简要说明再次访谈的主要内容。

5. 访谈记录与资料整理

访谈者应及时整理与访谈有关的各类资料;回顾整个访谈过程,对有关事实和数据要进行事后查证,做出必要的补充调查。

访谈者对访谈内容进行记录时,应逐字逐句、确切无疑地记录受访者的答案,不要试图修改、解释或总结受访者粗糙简单的语言。因为对访谈者来说,在分析之前是不会知道所获得的答案将如何分类。例如,我们请受访者对自己所处城市的环境情况发表感想,可能有个受访者回答工厂太多,工厂排放过多的废气,另一个受访者则说路上车辆很多,汽车尾气污染了环境。如果访谈者都用"环境质量差"来记录以上两种答案,研究者将无法根据原始答案来区分两者区别。

有时受访者口头回答过于暧昧,这时需要访谈者根据受访者的肢体语言或神情了解答案内容。此时,还是应该准确记录受访者的口头答案,但是访谈者可加一些边缘注释,进行解释。这种边缘注释可以描述受访者口头语言之外的一些信息,例如,受访者回答该问题时有明显的迟疑、厌恶等。

6. 再次访谈

通常情况下,抽样调查和普查中的访谈,一般可一次完成调查任务;典型调查和实验调查中的访谈,往往需要进行多次。

再次访谈,可分为三种情况或类型:一是补充性再次访谈,继续完成第一次访谈没有完成的任务;二是深入性再次访谈,深入探讨某些问题;三是追踪性再次访谈,按追踪研究计划,间隔一段时间后再做第二次乃至多次访谈,以了解受访者的变化。

第三节　文献检索技术

研究数据可通过查阅期刊、书籍和报纸等方式间接获得,这种通过查阅文献间接获得研究数据的方法被称为文献检索。文献检索是重要的数据收集方式,存在于研究的全过程。传统的文献检索形式主要是书籍、档案等馆藏资料的查阅,随着信息技术的进步,网络资料已成为文献检索的重要来源,网络数据平台检索成为主流的文献检索形式,同时伴随着智能检索软件的开发与推广,如 NoteExpress、火车采集器等,降低了文献检索的成本、简化了操作程序。

一、文献检索的作用

通过文献检索获得的研究数据不仅可广泛应用于学术研究,在日常生活中遇到问题也可以通过文献检索解决。文献检索的作用主要有以下几点。

1. 了解研究现状并洞悉研究方向

旅游研究需要在了解研究现状、评判成绩和局限的基础上,继续发现问题实现创新。使用文献检索手段获得某个领域的全部研究文献,才能准确剖析现有研究局限,精准把握研究的主攻方向。

2. 确定研究问题并构思研究方案

根据自己积累的知识和实践中的发现，通过检索文献可以识别自己提出的研究问题的新意，结合文献分析明确自身研究的切入点。通过文献检索可以确定自身研究的理论依据，形成研究假设，构建理论模型，形成研究设计。

3. 理清理论渊源并明确研究价值

确定了明确的研究问题，必须通过文献检索，围绕核心概念梳理渊源，确定自己的定义；围绕相关理论严密思辨，确定是否需要突破现有理论创新发展。通过文献检索实现理论渊源的梳理和理论局限的揭示，确定自己的研究问题是否具有填补理论空白、完善理论、改良方法、丰富研究内容等方面的贡献，明确研究问题的研究价值。

4. 丰富研究数据并扩展研究视野

文献检索是运用最广泛的数据收集方法，传统上是二手数据收集的重要手段，是其他社会调查方法的基础。针对宏观层面的国家统计数据、具有进入门槛的保密数据和保护性的古籍资料，可以通过文献检索以间接了解相关数据和信息。同时，文献检索更是现代大数据收集的一种重要方式，特别是网络信息收集是大数据时代背景下获得研究数据的一种重要方法。结合现代分析软件的功能，文献信息已成为拓展研究视野的数据基础。

知识关联

文献是记录有知识的一切载体，主要包括图书档案，期刊论文，新闻报纸，政府、企事业单位公开的报道、统计公报等，以及个人的社交网络言论、电商消费评价和其他网络痕迹。

二、文献类型及特点

文献类型随记录方式、传播媒介的进步日益扩展。表 4-6 是常见文献分类方式的举例说明。

表 4-6　常见文献分类方式

划分依据	文献类型	举例说明
文献载体	数字型文献	载体为光、电、磁介质，包含硬盘、电子图书、互联网上的内容
	印刷型文献	以纸质为载体出版的期刊、书籍、统计年鉴等
	缩微型文献	以感光材料为载体，如微缩胶卷、胶片
	磁介质型文献	以磁性材料和感光材料为载体，如录音带、录像带、光盘等
文献加工程度	零次文献	形成原始文献以前的知识信息或未公开发表的原始的文献，如第一手的访谈记录、书信、统计资料等
	原始文献	直接以自己的实践经验为依据编写出来的文献，如期刊论文
	二次文献	对原始文献进行整理、汇编形成的文献，如中国社会科学引文索引（CSSCI）
	多次文献	对文献进行多次分析研究而编写出来的文献，如专题综述和述评等

续表

划分依据	文献类型	举例说明
文献来源	正式文献	登载在权威期刊、官方网站上的期刊、统计报告和新闻,集成出版专著
	非正式文献	以表达个人意志为目的的网络言论、日记、自传和信件,如马蜂窝游记

以下我们将按照划分依据对各类文献的特点进行简单介绍。

1. 按文献载体划分

数字型文献种类多、数量大、内容丰富,如各种电子图书、电子期刊、联机数据库、网络数据库、网络新闻等。数字型文献的特点是信息存储量大、出版周期短、易更新、传递信息迅速、存取速度快,可以融文本、图像、声音等多媒体信息于一体,信息共享性好、易复制,但必须利用电子设备才能阅读。

印刷型文献是以手写、打印、印刷等为记录手段,将信息记载在纸张上形成的文献。它是传统的文献形式,便于阅读和流传,但存储密度小、体积大,不便于管理和长期保存。

缩微型文献是利用光学技术以缩微照相为记录手段,将信息记载在感光材料上的文献,如缩微胶卷、缩微平片。特点是存储密度大、体积小,便于保存和传递,但必须借助专门的设备才能阅读。世界上许多文献信息服务机构都将长期收藏的文献制成缩微品加以保存。

磁介质型文献是将声音、图像等多媒体信息记录在光学材料、磁性材料上形成的文献,也称视听型文献,如音像磁带、唱片、幻灯片、激光视盘等。特点是形象、直观,尤其适于记录用文字、符号难以描述的复杂信息和自然现象,但其制作、阅读需要利用专门设备。

2. 按文献加工程度划分

零次文献主要包括两个方面的内容:一是形成原始文献以前的知识信息,即未经记录,未形成文字材料,是人们的口头交谈,是直接作用于人的感觉器官的非文献型的情报信息;二是未公开于社会即未经正式发表的原始的文献,或没正式出版的各种书刊资料,如书信、手稿、记录、笔记,也包括一些内部使用、通过公开正式的订购途径所不能获得的书刊资料。原始文献一般是通过口头交谈、参观展览、参加报告会等途径获取,不仅在内容上有一定的价值,而且能弥补一般公开文献从信息的客观形成到公开传播之间费时甚多的缺陷。

原始文献是人们直接以自己的生产、科研、社会活动等实践经验为依据编写出来的文献,也常被称为一次文献或一级文献,其所记载的知识信息比较新颖、具体、详尽。原始文献在整个文献系统中数量最大、种类最多、使用最广、影响最大,如期刊论文、专利文献、科技报告、会议录、学位论文等。

二次文献也称二级文献,它是将大量分散、零乱、无序的原始文献进行整理、浓缩、提炼,并按照一定的逻辑顺序和科学体系加以编排存储,使之系统化,以便于检索利用。其主要类型有目录、索引和文摘等。二次文献具有明显的汇集性、系统性和可检索性,可以减少查找原始文献花费的时间,是查新工作中检索文献所利用的主要工具。

多次文献是选用大量有关的文献,经过综合、分析、研究而编写出来的文献。通常是围绕某个专题,利用二次文献检索收集大量相关文献,对其内容进行深度加工而形成。多次文献有综述、评论、评述、进展、动态等。多次文献能够反映某一领域的研究动态,以便在较短时间内了解其研究历史、发展动态、水平等。

3. 按文献来源划分

正式文献是指经一定科学调查和审核后发表刊登在期刊、政府网站、行业网站的期刊论文、政府公报、统计数据和行业新闻。印刷发行的专著、报纸也属于正式文献。正式文献具有权威、科学、宏观的特点，正式文献的来源应该有迹可循。

非正式文献指以表达个人意志或需求为目的，发表在各个平台的网络言论、日记、自传或手写信件。发表在网络平台的非正式文献没有经过严格审核，主观性和随意性特征明显。非正式文献是进行质性分析的主要文献类型。需要注意的是，个人代表某个正式组织发表的评论、讲话应该属于正式文献。

此外，以上每种分类方式并不是互斥的。比如，游客撰写的网络游记既是个人文献，也是数字型文献和零次文献。随着信息技术的高速发展以及研究内容的不断扩充，歌曲、绘画、电话号码等也能成为文献检索的内容。

三、常用文献

根据《信息与文献参考文献著录规则》（GB/T 7714—2015）规定，常用文献类型包含期刊、专著、学位论文、会议集、报纸、专利文献、科技报告、标准文献和电子资源等几大类。当然，各出版社、学术刊物对参考文献的著录格式的要求略有区别。

1. 期刊

期刊是一种定期或不定期连续出版的文献载体，每种期刊拥有固定的名称、国内统一连续出版物号（以国别代码"CN"为识别标志）或国际连续出版物号（International Standard Serial Number，简写为 ISSN）。期刊按照出版时间编订成卷，每卷包含若干期。期刊周期短，内容新颖，能迅速反映学科热点和研究前沿。旅游学科的著名学术期刊有：《旅游学刊》《旅游科学》《Annals of Tourism Research》《Tourism Management》等。

期刊论文仅代表作者个人的观点，经过相关专家学者的评阅认可，授权期刊社公开刊发。学者的学识、研究水平存在很大差异，同样期刊论文的质量也存在良莠不齐的现象，所以论文品质的判断是一个必要环节。期刊论文的被引率、论文所在期刊的影响因子及被收录数据库，已经成为大众接受认可的评价论文质量的外显指标。

1）被引率

被引率是评价一所科研机构、期刊在一段时期内学术论文发表量、科研水平及学术影响力的重要统计数据。一般来说，被引率＝该期刊前5年发表文章在统计当年被引文章篇数/该期刊前5年发表文章篇数。被引率反映了期刊文章被利用的情况，被引率越大，反映期刊文章的被利用率越高。同时，反映着科技期刊所载论文的学术价值、资料价值和适用价值。在有关科技期刊质量评估中，都把被引率作为衡量科技期刊质量的一个重要指标。

2）影响因子

影响因子指某一期刊的文章在特定年份或时期被引用的频率，某期刊的影响因子＝该期刊前两年发表的论文在该统计年份中被引用的总次数/该期刊在这两年内发表的论文总数（引用总次数来自期刊引证报告）。影响因子是动态变化的，每年定期更新，其中汤森路透（Thomson Reuters）统计发布的影响因子是目前最权威、最被认可的版本。影响因子目前是国际上通用的期刊评价指标，一般来说，期刊的影响因子越高，就代表该期刊的影响力、有用性越强。但是期刊的影响因子也会受到热点问题的影响,例如,2016 年"全域旅游"是一个热点关注的话题,"全域旅游"相关论文的被引用率相对偏高,所以期刊的品质不能只看影响因子。

由于国外数据库无法统计中文期刊的发表数量和被引次数,所以中文期刊的品质指标包括综合影响因子、复合影响因子。其中,综合影响因子是以期刊综合统计源文献为来源,与国际影响因子的计算方式较为一致,计算方式为被评价期刊前两年发表的可被引文献在统计年的被引用总次数除以该期刊在前两年发表的可被引文献总量;复合影响因子以期刊综合统计源文献,博士、硕士学位论文统计源文献和会议论文统计源文献为来源,计算方式为被评价期刊前两年发表的可被引文献在统计年的被引用总次数除以该期刊在前两年内发表的可被引文献总量(引用总次数来自知网统计)。综合影响因子和复合影响因子每年更新一次,由中国学术期刊(光盘版)电子杂志社和同方知网(北京)技术有限公司共同发布(http://www.jif.cnki.net/Core/)。

3) 引文数据库

引文数据库是对文献进行科学统计与科学评价的主要检索工具。引文数据库通过统计大量的引文,得出某期刊某论文在某学科内的影响因子、被引频次、即时指数等量化指标,然后对期刊、论文等进行等级排行。因此,依据某期刊文献是否被权威的引文数据库收录就可简单判断该期刊文献是否具有影响力,一般越权威的引文数据库收录的期刊文献品质越高。常用的引文数据库有:科学引文索引数据库(SCI)、社会科学引文索引数据库(SSCI)、中文社会科学引文索引数据库(CSSCI)、中国科学引文数据库(CSCD)和北京大学《中文核心期刊要目总览》。

【期刊论文著录示例】

主要责任者. 文献题名[J]. 刊名,年份,卷(期):起止页码.

许春晓."旅游产品生命周期论"的理论思考[J].旅游学刊,1997,12(5):43-46.

Su L, Swanson S R. The effect of destination social responsibility on tourist environmentally responsible behavior:Compared analysis of first-time and repeat tourists [J]. Tourism Management,2017(60):308-321.

最近几年不少英文刊物出现了没有页码的文章出版的新方式,表现为卷号加上文章编号的形式。

Su L, Cheng J, Swanson S R. The impact of tourism activity type on emotion and storytelling:The moderating roles of travel companion presence and relative ability[J]. Tourism Management, 2020, 81:104138.

2. 专著

专著指以单行本或多卷册(在限定的期限内出齐)形式出版的印刷型或非印刷型出版物,包括普通图书、统计年鉴、结集出版的报告或标准等。专著一般是对特定问题进行详细、系统考察或研究的结果。一般而言,超过 4 万或 5 万字的学术论文可以称为学术专著,独自创作的博士论文、硕士论文一定程度上都算专著。

【专著著录示例】

主要责任者. 文献题名[M]. 出版地:出版社,出版年.

邵琪伟.中国旅游统计年鉴(2014)[M].北京:中国旅游出版社,2014.

艾尔·巴比.社会研究方法基础[M].邱泽奇,译.北京:华夏出版社,2010.

Ryan C. The tourist experience:a new introduction[M]. London:Cassell,1997.

3. 学位论文

学位论文是指高等学校或研究机构的学生为取得学位,在导师的指导下完成的科学研究的书面报告,包括学士学位论文、硕士学位论文、博士学位论文。学位论文具有选题新颖、引用材料广泛、阐述系统、论证详细的特点。

【学位论文著录示例】

主要责任者.文献题名[D].颁发学位的大学地点:大学名称,年份.

许春晓.当代中国旅游规划思想演变研究[D].长沙:湖南师范大学,2004.

Chatterjee J. The gift of design:Architecture-culture in postcolonial India[D]. New York:Cornell University,2011.

4.论文集和会议集

论文集是指某特定机构或团体以一定的主题结集出版的学术文集。会议集是指在学术会议上宣读和交流的论文、报告及其他有关资料。会议文献通常代表着某一学科的最新研究成果,具有新颖和原创性特点。会议文献以论文集的形式结集出版,如《2011〈旅游学刊〉中国旅游研究年会会议论文集》。国内旅游学术会议有中国旅游科学年会、中国旅游研究年会、旅游前沿国际学术研讨会、中国旅游发展论坛以及旅游科学国际学术研讨会等。论文集与会议集最明显的区别在于,会议集一定是某一会议文献结集出版的专辑,论文集则是出于多种目的而选择某一主题的文献结集出版的专辑。

【论文集著录示例】

主要责任者.论文集名[G].出版地:出版社,出版年份.

黄艺农.旅游管理的多角度透视——湖南师范大学旅游学院学术论文集[G].长沙:湖南师范大学出版社,2007.

【会议集著录示例】

主要责任者.论文集名[G].出版地:出版社,出版年份.

夏林根.国际化进程中的中国旅游业:首届《上海旅游论坛》论文集[G].上海:上海三联书店,2006.

5. 报纸

报纸是以刊载新闻和时事评论为主的定期向公众发行的印刷出版物,具有学术性与新闻性共存的特点。旅游学术研究通常以行业报纸作为来源收集研究数据,如《中国旅游报》《中国文化报》《国际商报》《光明日报》以及《经济日报》。表4-7所示为主要旅游专业报纸的相关情况。

表4-7　主要旅游专业报纸

报纸名称	主办单位	内容特征	主要受众群体
《旅游时报》	上海市文化和旅游局	报道旅游产业新闻,传递消费信息的综合性专业中文周报	不限

报纸名称	主办单位	内容特征	主要受众群体
《旅游休闲报》	贵阳日报传媒集团	宣传旅游资源,提供旅游资讯的休闲综合性报纸	不限
《环球游报》	环球游报社	提供最前沿旅游资讯和具有实用性的消费指南	全球高端旅游者
《南方声屏报》	广州电视台	华南地区的家庭周报,内容涵盖电视娱乐导视、生活消费指南	学生、家庭妇女、老人、男人、白领阶层等各群体
《中国环境报》	中国环境报社	宣传环境保护的专业报刊,发布环境保护方针、报道生态保护经验	环保战线广大职工、社会各阶层
《华东旅游报》	无锡日报报业集团	推介旅游资源,传播旅游文化,报道旅游市场,点评行业发展	面向涉旅单位和公众
《交通旅游导报》	浙江广播电视集团	报道交通、物流、港航要闻的省级交通类专业报纸	出游者和交通运输公司
《江南游报》	浙江日报报业集团	宣传旅游,策划旅游项目,提升旅游企业的形象	旅游界人士和公众
《中国旅游报》	国家文化和旅游部	宣传旅游的方针、政策,反映旅游工作动态,介绍国内外旅游业的发展情况和经验	各界人士

【报纸文献著录示例】

主要责任者.文献题名[N].报纸名称.出版日期(版次).

崔毅,张少梅.基于网络文本分析的旅游者情感研究[N].中国旅游报,2010-07-14(11).

Michelle Baran. U. K. operators shun animal attractions[N/OL]. Travel Weekly,2017-04-04[2017-05-10]. http://www. travelweekly. com/Travel-News/Tour-Operators/UK-operators-shun-animal-attractions? ct＝tours.

6. 专利文献

专利文献是发明人向专利局等政府部门递交申请的,说明发明物属性与功能的文件,同时也是规定发明物所有权的法律性文件。专利文献具有技术性、独创性和实用性特征,是重要的技术数据来源,通常意义上的专利文献主要是指专利说明书。中国专利信息中心(http://www.cnpat. com. cn)拥有中华人民共和国国家知识产权局授予的专利数据库管理权、使用权,提供国内外专利检索,该数据库提供了专利的著录项目信息、外观图形以及法律状态等信息。其他专利数据库有美国专利商标局(http://www. uspto. gov/patft/index. html)、中国知网(http://www. cnki. net)等。

【专利文献著录示例】

专利申请者或所有者.专利题名:专利号[P].公告日期或公开日期.

周道华.旅游电子商务分销开放系统及其旅游产品管理方法:CN105956913A[P]. 2016-

09-21.

7. 科技报告

科技报告指各学术团体、科研公司、国家部门的研究报告及其研究过程中的真实记录，目的是实现科技知识的积累、传播和交流。科技报告一般内容详尽、理论性强，能够反映新兴学科和尖端科学的研究成果，但保密性较强。国家科技报告服务系统（http://www.nstrs.cn）是将国家科技投入形成的科技报告对广大科研人员和社会公众实行开放共享的平台。系统开通了针对社会公众、专业人员和管理人员三类用户的服务。向社会公众无偿提供科技报告摘要浏览服务，社会公众不需要注册，即可通过检索科技报告摘要和基本信息，了解国家科技投入所产出科技报告的基本情况。其他类型用户通过实名注册后免费享有批准范围内的检索、查询、浏览、全文推送以及相应统计分析等服务。另外，万方数据知识服务平台（http://c.wanfangdata.com.cn/NSTR.aspx）对国家技术部已公开的多份中文科技报告提供课题名称、作者、摘要、立项批准年的检索。

【科技报告著录示例】

纸质发表的研究报告为：主要责任者.题目[R].出版地：出版单位，出版时间.

许春晓.旅游业态体系及其演化理论研究[R].长沙：湖南师范大学，2019.

网络发表的研究报告为：主要责任者.题目[R/OL].（公示时间）[引用时间].来源网址.

中华人民共和国文化和旅游部.国家旅游局2016年政府信息公开工作年度报告[R/OL].（2017-03-28）[2022-04-14].http://zwgk.mct.gov.cn/zfxxgknb/2016n/202012/t20201204_904772.html.

8. 标准文献

标准文献是在生产或科学研究活动中对产品、工程或其他技术项目的质量、检验方法以及技术要求所作的统一规定，包括技术标准、技术规格和技术规则三大类。中国知网-标准数据总库是国内数据量较大、收录相对完整的标准数据库，包括《国家标准全文数据库》《中国行业标准全文数据库》《中国标准题录数据库》《国外标准题录数据库》，以通过标准号、中文标题、英文标题、中文关键词、英文关键词、发布单位、摘要、被代替标准、采用关系等检索项进行检索。万方-中外标准数据库收录了所有中国国家标准、中国行业标准以及中外标准题录摘要数据。

【标准文献著录示例】

主要责任者.[S].出版地：出版者，出版年.

全国信息与文献标准化技术委员会.文献著录：第4部分 非书资料：GB/T 13792.4——2009[S].北京：中国标准出版社，2010：3.

9. 电子资源

除电子期刊、电子专著、电子报纸、电子专利之外，以数字方式将图、文、声、像等信息存储在磁、光、电介质上，通过计算机、网络或相关设备使用的记录有知识内容或艺术内容的信息资源称为电子资源，如企业或政府部门的电子公告、网络头条、网络评论等。

【电子资源著录示例】

主要责任者.题名[文献类型标识/OL].（公示时间）[引用时间].来源网址.

湖南省文化和旅游厅.2019年1—12月湖南旅游主要指标[EB/OL].（2020-01-18）

[2022-04-14]. http://whhlyt. hunan. gov. cn/whhlyt/xxgk2019/xxgkml/tjxx/202002/t20200218_11182743.html.

四、检索平台

检索平台指报道、储存和查找所需主题文献的渠道和终端。常用的文献检索平台有图书馆馆藏、网络数据库以及行业网站。线下来源平台的特点是系统归纳、信息可靠,线上来源平台的主要特点是全球共享、使用便捷。每种来源平台既有其优点也有缺陷,在选择来源平台时就需要我们"扬长避短"。

1. 图书馆馆藏

国家各级图书馆、专题图书馆和高校图书馆的馆藏文献类型、数量丰富,囊括了各图书、专著、期刊、报纸等文献类型。目前,图书馆的文献资料有两种形式:纸质形式和电子形式。

1) 纸质形式文献的检索

纸质形式的书籍、年鉴、期刊和报纸一般统一按照中图分类号进行编制,分别储存在各个图书室。登陆各个图书馆的电子检索系统或直接咨询图书馆管理服务人员能够快速指引读者找到所需要的文献。如果所在的地方图书馆和高校图书馆没有收藏读者所需的文献资料,可以利用图书馆和其他图书馆的合作共享关系向图书馆管理服务人员申请馆际互借服务,通过图书馆之间的互借机制满足文献检索需求。

2) 电子形式文献的检索

人们可以通过访问图书馆网站查找、阅读和下载电子形式的书籍、期刊和学位论文以弥补纸质馆藏的不足。图书馆的电子馆藏资源是由各个图书馆向各个网络数据库支付一定费用后供读者免费使用,所以一般来说,级别越高的图书馆拥有的电子馆藏资源会越丰富。正因如此,在使用图书馆的电子馆藏资源时会受到 IP 地址和身份限制。

87

知识活页　　　　　全国图书馆参考咨询联盟

全国图书馆参考咨询联盟是在全国文化信息资源共享工程国家中心指导下,由多部门合作建立的公益性服务机构,其宗旨是以数字图书馆馆藏资源为基础,以因特网的丰富信息资源和各种信息搜寻技术为依托,为社会提供免费的网上参考咨询和文献远程传递服务。使用该网站时只需注册登录便可免费远程传递下载数百万的电子图书、期刊和学术论文。

---

2. 网络数据库

如果所需要的文献类型是最新的期刊、统计数据而不是书籍、报纸,可以直接使用网络数据库收集。目前大多数计算机信息检索系统存有四种类型的数据库:文献型数据库、数值型数据库、工具型数据库和全文型数据库。

1）文献型数据库

文献型数据库提供查找文献的线索包含篇名、著者、文献来源（出处）、摘要、出版单位等。文献型数据库本身不直接向用户提供文献原文，而是提供简单线索，起指引、搭桥作用，如百度学术（见图4-4）。

图4-4　百度学术示意图

2）数值型数据库

数值型数据库存储了大量的数字、参数和公式，提供统计数据、数学公式，是收集数值型研究数据的主要平台，例如，中国年鉴信息网、中国统计信息网、国家统计局及各地方统计局网站、百度指数等。

3）工具型数据库

工具型数据库提供名词术语解释、学术热点和学术研究趋势，例如，CNKI工具书库、CNKI scholar。

4）全文型数据库

全文型数据库集文献检索与全文提供于一体，免去了检索书目数据库后还得费力去获取原文的麻烦。全文型数据库免费提供浏览题录和摘要功能，一般用户浏览和下载全文则需要注册付费。图书馆购买的电子馆藏资源大多来自全文型数据库，在图书馆设定的有效IP地址范围内进行访问即可实现免费浏览和下载。常见的中文全文数据库有中国知网、万方数据知识服务平台、维普网，外文数据库有Science Direct数据库、Web of Science数据库。表4-8所示为主要全文型数据库。

表4-8　主要全文型数据库

数据库	主办单位	主要特点
中国知网	清华大学同方股份有限公司	覆盖理工、社会科学、电子信息技术、农业、医学等学科范围，实现中、外文期刊整合检索。自1915年以来收录国内外多种综合期刊，数据每日更新，支持跨库检索
万方数据知识服务平台	中国万方数据股份有限公司	内容涉及自然科学和社会科学各个专业领域，收录自1998年以来国内出版的各类期刊，数据每日更新
维普网	重庆维普资讯有限公司	收录我国社会科学、自然科学、工程技术、农业科学、医药卫生、经济管理、教育科学和图书情报等学科期刊。数据每日更新，数据库期刊最早回溯至1955年

数据库	主办单位	主要特点
Elsevier Science Direct	荷兰 Elsevier 学术期刊出版商	世界上公认的高品位学术期刊,集世界领先科技和医学信息之大成,覆盖(健康、生命科学、物理科学与工程、社会科学与人文科学等)学科。期刊和图书最早可回溯至 1995 年
Web of Science	Clarivate Analytics	国际公认的反映科学研究水准的数据库,其中以 SCIE、SSCI 等引文索引数据库,JCR 期刊引证报告和 ESI 基本科学指标享誉全球科技和教育界
Taylor & Francis 人文社科期刊	Taylor & Francis 出版集团	提供超过 1450 种经专家评审的高质量期刊,其中 70% 左右被 Web of Science 收录,内容最早至 1997 年
华艺学术文献数据库	中国教育图书出版有限公司	中国台湾地区最大的学术数据库,收录中国、国际期刊多种,支持简繁体中文检索,PDF 直接下载

图书馆网站和网络数据库提供了以篇名、关键词、摘要、全文、参考文献、中图分类号、作者、作者单位、发表时间、来源期刊和支持基金等为检索条件进行高级检索。精细筛选后检索得到的文献往往比较深入细致,更加贴合研究主题。

3. 行业网站

互联网中的行业网站和计算机软件也为研究者收集新闻、日记、统计数据等原始资料提供了便捷。按照网站的性质,行业网站可分为商业性行业网站和非商业性行业网站。商业性行业网站包含的产品信息、产品销量、用户评价和游记都可根据研究需要充当研究数据,但请切记发布在互联网上的信息没有经过审核把关,是否适合作为研究数据还需要仔细甄别。常见的商业性行业网站有马蜂窝、携程旅行。非商业性行业网站主要包含政府官方行业网站和民间协会行业网站,如中华人民共和国文化和旅游部、中国旅游研究院和中国旅游协会。非商业性行业网站以发布行业信息、行业统计数据和组织记录行业会议为主要功能,是收集最新行业政策与新闻和统计数据的主要平台。表 4-9 所示为主要全文型数据库。

表 4-9 主要全文型数据库

网站名称	网站特点	链接地址
马蜂窝	为自由行旅游者提供目的地推荐、旅游攻略、游记分享的平台	https://www.mafengwo.cn/
携程旅行	提供酒店、机票预订、旅游度假、商旅管理等全方位旅行服务,用户数量大,针对酒店、景区的点评多	https://www.ctrip.com/

续表

网站名称	网站特点	链接地址
中华人民共和国文化和旅游部	发布旅游政策方针的主要平台,反映旅游行业发展动态,沟通旅游政务信息	https://www.mct.gov.cn/
中国旅游研究院	文化和旅游部直属的专业研究机构,开展旅游业发展政策和热点问题的研究,承担旅游统计数据的收集与分析,开展高层次人才培养和国际国内学术交流工作	http://www.ctaweb.org.cn/
中国旅游协会	发布行业企业新闻、开展行业交流活动,是报道旅游企业活动的主要平台	http://www.chinata.com.cn/

五、检索程序

文献检索的目的就是获得相关信息解决当前研究者所遇到的问题。

第一步是研究问题的分解。将研究问题分解为若干个小问题,理清研究问题的实质、所涉及的学科范围。将小问题进行先后、主次排序,围绕条件问题或主要问题确定检索主题。

第二步是选择检索平台。根据自身的实际条件、所需文献类型选择合适的检索平台,尽可能多地配合利用线上线下平台搜索资料,避免片面性和滞后性。

第三步是摘录整理。在搜索过程中需要同步进行资料整理,用纸质文档记录文献内容能够加深记忆,但效率较低;利用有道云笔记、印象笔记等云端笔记记录软件能实现对文献题录和内容的存储分类。当检索到的文献足以解决初始问题时即可暂停。

第四步是文献复检。利用检索的文献解决初始条件问题,明确新的条件问题,以此确定新的检索主题,启动第二轮文献检索,直到研究问题得以解决,检索结束。

第四节　网络数据爬虫技术

网络爬虫是一种按照一定的规则自动爬取互联网信息的程序或者脚本,包括通用网络爬虫与定向网络爬虫。其中通用网络爬虫是将互联网上的网页信息下载至本地,形成一个互联网内容镜像备份库的搜索引擎爬取技术;定向网络爬虫是面向特定主题筛选并爬取相关的网页信息,为面向主题的用户查询准备数据资源的网络爬虫技术。本节将聚焦定向网络爬虫,介绍当前旅游研究中常见的网络数据端口、爬虫工具、数据爬虫过程与策略以及数据爬虫的法律伦理问题等。

一、网络数据端口

随着互联网的迅速发展,"一切都被记录,一切都被数字化"的数字化理念深入人心,越来越多的网民可以通过互联网搜索引擎获取所需要的信息。在 Web2.0 技术环境下,用户生产内容(UGC)成了一种利用互联网的新方式(如 YouTube 网站等)。社交媒体、自媒体,以及以维基百科、百度百科等为代表的众包模式的流行不仅使得互联网上的数据发生几何级数般的大爆炸,而且凸显了用户诉求和意见的个性化表达。此外,利用 LBS 数据、搜索数据、Web 浏览数据等对用户习惯行为痕迹的分析得出的数据,都较之问卷调查更为客观真实。目前百度、新浪、腾讯、去哪儿和携程等网站上的旅游数据也已达到大数据的量级,网络数据成为旅游研究与行业分析的重要数据来源。作者梳理了旅游研究中常见的网络数据爬虫端口,包括企业信息、财经数据、社交平台、在线旅游交易与评论分享、地图数据、网络指数等类型,每种类型下列举了一些常见的网站端口。这些网站积累了大量的用户信息与痕迹,部分网站面向公众免费或收费提供网站数据 API 端口。表 4-10 所示为常见的数据端口。

表 4-10　常见的数据端口

数据类型	数据端口	旅游相关数据
财经数据	新浪财经	文旅上市公司的历史和实时股票数据
	东方财富网	文旅上市公司的各类财务指标数据
	中财网	文旅上市公司的各类财经数据
	英为财情	全球第四大财经网站,提供全球文旅上市公司的实时行情和新闻资讯
	Xignite	全球文旅上市公司的相关财务数据
	巨潮资讯	披露深沪交易所上市的文旅公司公告信息和市场数据
	美国证券交易委员会	披露美国证券交易所上市的文旅公司公告信息和市场数据
	HKEX news 披露易	披露香港证券交易所上市的文旅公司公告信息和市场数据
社交平台数据	新浪微博	用户的旅游经历分享以及景区景点评论、转发、点赞等舆情数据
	知乎	用户关于旅游的优质问答及其用户数据
	微信公众号	景区景点公众号运营数据
	百度贴吧	用户关于旅游的交流、评论等舆情数据
	豆瓣	用户关于旅游的交流、评论等数据
	抖音	旅游主题视频的发布、评论等数据
	快手	旅游主题视频的发布、评论等数据
	哔哩哔哩	旅游主题视频的发布、评论等数据
企业信息数据	企查查	文旅相关企业的工商、投资人、对外投资、年报、诉讼、失信、专利、著作权、商标等信息以及企业新闻、招聘等信息
	天眼查	文旅相关企业的工商数据、商标数据、公开诉讼数据
	顺企网	文旅相关企业的黄页信息以及文旅产品供应、采购、展会、招聘等信息
	114 黄页	文旅相关企业、商户基本信息以及产品信息、供求信息、资讯信息和招商信息等

续表

数据类型	数据端口	旅游相关数据
在线旅游平台	途牛	旅游线路预订价格、交易数量以及用户评论等数据
	携程	旅游线路、景点门票、机票、酒店等预订价格与交易数量以及用户评论等数据
	同程旅行	酒店、机票、景区门票、演出门票、租车以及度假产品的预定价格与交易数量以及用户评论等数据
	驴妈妈旅游	酒店、门票等自助游产品服务的预订价格与交易数量以及用户评论等数据
	飞猪	机票、酒店、旅游线路等旅游产品与服务的预订价格与交易数量以及用户评论等数据
	去哪儿旅行	机票、酒店、度假、旅游团购等旅游产品与服务的预订价格与交易数量以及用户评论等数据以及用户分享的旅行攻略
	马蜂窝	旅行社区、旅游攻略分享以及酒店、门票、度假预订价格与交易数量以及用户评论等数据
	猫途鹰	世界各地旅游景点数据，来自全球旅行者的真实点评
网络指数	百度数据	最大中文搜索数据，景区景点或旅游资源的搜索热度与内容网络
	阿里数据	景区景点门票或旅游线路等商品搜索和交易数据
	友盟＋	旅游相关程序、网站、应用等用户数据，包含下载量、活跃度、用户情况等多维度数据
	爱奇艺指数	研究视频的播放趋势、播放设备、用户画像、地域分布等多个方面数据
	微指数	关注事件在微博的发展趋势
地图数据	百度地图	景点、酒店、餐饮等地理坐标以及商家信息，商家间的交通时间、距离等数据
	高德地图	景点、酒店、餐饮等地理坐标以及商家信息，商家间的交通时间、距离等数据
	搜狗地图	景点、酒店、餐饮等地理坐标以及商家信息，商家间的交通时间、距离等数据

二、网络数据爬虫工具

当前网络数据爬虫工具包括自主式编程软件与集成式数据采集软件。前者包括 Python、Java、PHP、Node.JS、C＋＋、Go 语言等，主要面向有一定编程技术基础的爬虫用户，可以实现灵活、快捷、高效的数据爬取，市面上关于网络数据爬虫编程教程的书籍资料非常丰富，本部分不展开，有兴趣的同学可课后自学。后者由各中小网络科技公司研发推出，主要面向有爬虫需求但编程技术基础较弱的用户，既内置了京东、天猫、大众点评等主流网站数据源，也支持自定义爬虫规则的设定模式，可以实现简单高效的数据低技术门槛采集。火车头、八爪鱼等主流的数据采集软件也推出了系统全面的教程资料，详见各大官网。表4-11所示为网络爬虫的编程技术。

表 4-11　网络爬虫的编程技术

编程技术	特征
Python	爬虫框架非常丰富,多线程的处理能力较强,并且简单易学、代码简洁,优点很多
Java	适合开发大型爬虫项目
PHP	后端处理很强,代码很简洁,模块也较丰富,但是并发能力相对来说较弱
Node. JS	支持高并发与多线程处理
C++	运行速度快,适合开发大型爬虫项目,成本较高
Go 语言	高并发能力非常强

三、网络数据爬虫过程

网络数据爬虫包括需求分析、工具选择、网页爬取、数据存储四个步骤。

1. 需求分析

在聚焦网络爬虫中,第一步是确定网络数据爬取的需求,明确爬取主题,了解所爬取主题的网址、内容分布,所获取语料的字段、图集等内容。

2. 工具选择

网页爬虫可通过 Python、Java、C++等编程语言实现,同时应用市场也出现了较多集成式的爬虫软件。前者可以根据数据需求进行灵活自主的程序设计,但对爬虫用户的技术要求较高;后者大多是利用软件的功能模块进行组合设计,技术门槛较低,但软件基本上需要付费使用。因此,综合考虑爬取需求与技术、经济条件选择合适的爬虫工具。

3. 网页爬取

确定好爬取主题、目标网址与工具后,解析目标网页的 DOM 树结构,通过 XPath 技术定位网页所爬取内容的节点,设置爬取规则。首先根据爬取需求获取初始的 URL,在初始 URL 页面爬取新的 URL,从新的 URL 中过滤掉与爬取目标无关的链接,将过滤后的链接按优先级依次放到 URL 队列中,依次读取 URL,并依据 URL 地址爬取网页,重复上述爬取过程。将已爬取的 URL 地址存放到一个 URL 列表中,用于去重和判断爬取的进程。当满足系统中设置的停止条件时,或无法获取新的 URL 地址时,停止爬取(见图 4-5),图 4-6 所示为一个数据爬虫的实例。

4. 数据存储

网页爬虫停止后,使用数据导出功能对爬虫数据进行本地或云端存储,数据格式包括 SQL 数据库、TXT 纯文本格式文件、CSV/XLS 文件等。

四、网络数据爬虫策略

聚焦网络爬虫常用的策略包括深度优先、广度优先、大站优先以及反链策略,以目标网站 M 为例简单介绍不同策略下的爬取顺序(见图 4-7)。

1. 深度优先策略

深度优先策略的爬取顺序是,首先爬取一个网页,然后将这个网页的下层链接依次深入

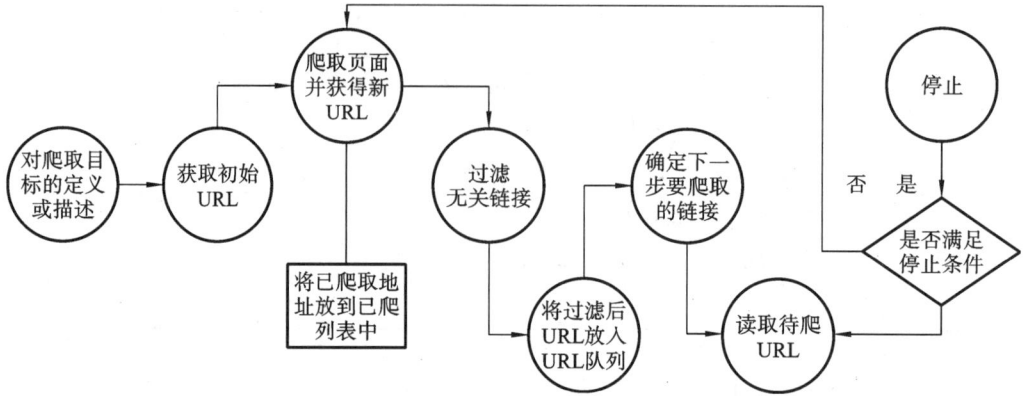

图 4-5　聚焦网络爬虫的基本原理及其实现过程

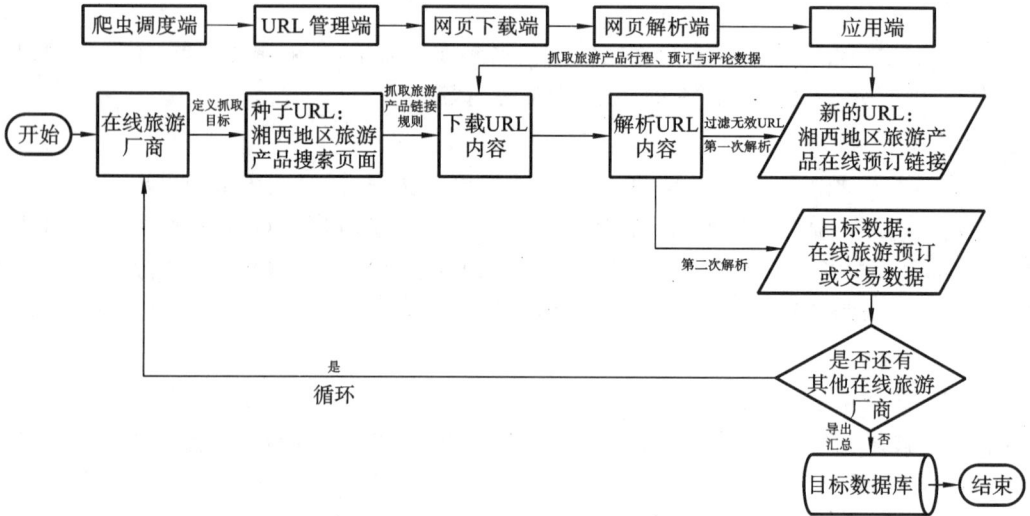

图 4-6　在线旅游厂商平台湘西地区旅游线路数据爬虫的实现过程

（图片来源：胡婷. 区域旅游地共生系统测量与结构研究——以湖南湘西地区为例［D］. 长沙：湖南师范大学，2019.）

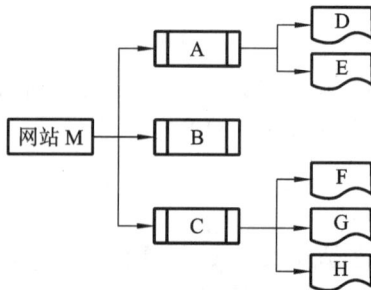

图 4-7　目标网站 M 的网页层次结构示意图

爬取完再返回上一层进行爬取。按深度优先策略,目标网站 M 的爬取顺序是 A→D→E→B →C→F→G→H。

2. 广度优先策略

广度优先策略的爬取顺序是,首先会爬取同一层次的网页,将同一层次的网页全部爬取完后,再选择下一个层次的网页去爬行。按广度优先策略,目标网站 M 的爬取顺序是 A→B →C→D→E→F→G→H。

3. 大站优先策略

根据网站的网页数量确定目标网站的优先级别,网页数量多的网站为大站,大站优先策略的基本原则是优先爬取大站中的网页 URL 地址。按大站优先策略,目标网站 M 的爬取顺序是 C→F→G→H→A→D→E→B。

4. 反链策略

一个网页的反向链接数,指的是该网页被其他网页指向的次数,这个次数在一定程度上代表着该网页被其他网页的推荐次数。按反链策略,反链数量越多的网页的爬取优先级越高。

除了以上这些爬行策略,在实际中还有很多其他的爬行策略,比如 OPIC 策略、Partial PageRank 策略等。

五、合法合规的数据爬虫

大数据时代,众多网站/App 将其掌握的大量用户信息等数据视为核心竞争资源,用数据交换利益。所以,很多互联网公司除了向用户收集、从第三方共享与受让外,还会使用爬虫技术爬取互联网数据,如百度、谷歌、360 等公司的爬虫"蜘蛛侠",这也导致了不少数据争夺的矛盾冲突,如淘宝、微信屏蔽百度搜索,顺丰宣布关闭对菜鸟的数据接口,新浪与今日头条关于微博内容爬取的争议等。爬虫作为一种计算机技术,在法律上并不被禁止,但不当的数据爬虫可能带来违法犯罪的风险,因此,如何做到合法合规爬取互联网信息数据,是我们在进行网络数据爬虫必须重视的问题。

微课:
数据爬取的
伦理问题

1. 选择可以爬取的网站与数据

中国政府网、中国统计信息网、中国裁判文书网等向公众提供公开查询服务的非商业网站可以爬取,未设置反爬措施且未公开反爬声明的商业服务网站可以爬取,但并不意味着可以随意抓取其相关数据。

对所有人公开的信息为公开数据可以爬取,对特定人群公开的信息为半公开数据或内部系统数据,在未得到数据所有方许可的情况下不可以爬取。在未经许可的情况下,爬取公司"内网"或后台内部数据,采集非公开的信息,属于违法行为。

网站合法收集的用户个人敏感信息以及其他受法律保护的信息或数据不可以爬取,在使用、传播抓取到的信息时,应审查所抓取的内容,如发现属于用户的个人信息、隐私或者他人的商业秘密的,应及时停止并删除。

对于不希望被爬取的内容,网站会通过设置商业密码或申请著作权等方法来增加相应

的技术保护。所以在未经许可的情况下，采用爬虫技术抓取目标网站公开的视频、音乐等可能构成作品的、明确的著作权作品数据，或者针对某些特定网站批量抓取其中的用户生成内容，有可能造成侵权。

此外，在未经许可的情况下，采用爬虫技术抓取他人服务器中存储的视频数据，情节严重的，构成非法获取计算机信息系统数据的刑事犯罪。通过破解目标服务器的防爬措施，利用网络爬虫访问收集一般网站所存储、处理或传输的数据，也可能构成非法获取计算机信息系统数据罪。

2. 数据爬虫应该严格遵守目标网站的反爬虫协议

当前的商业服务网站基本都会制定反爬协议，也不意味着完全不可以爬取，在严格遵守网站设置的反爬虫协议下的数据爬虫也是允许的。当网站公开声明了网络爬虫排除标准（robots 协议）时，数据爬取方应当对 robots 协议中所列明的禁止爬取范围进行规避，若不遵守该协议，则可能面临侵权纠纷或反不正当竞争诉讼风险，已经认定需赔偿商业损失。当目标网站的 Robots 协议明确"为用户提供的是正常的访问服务，禁止用户实施以商业为目的的数据爬取行为"时，以研究为目的的数据爬虫是被允许的。

大部分网站会通过 IP 封锁、验证码、需要登录才能获得信息、访问频率、定时换样式/数据格式等技术保护措施来设置反爬虫防护墙，无论该技术是否高级有效，违反网站意愿，强行突破其反爬措施，都属于违法行为。根据《刑法》的第 285 条、第 286 条规定，绕过或突破目标网站反爬技术措施，对目标网站造成严重影响并具有社会危害性的数据爬虫行为，极易被认定为侵入计算机信息系统的程序；在数据抓取过程中实施非法控制行为，可能构成非法控制计算机信息系统罪。

3. 数据爬虫不能妨碍网站的正常运行

《数据安全管理办法》（征求意见稿）明确，自动化访问收集流量超过网站日均流量三分之一，即构成严重影响网站运行。如果使用网络爬虫频繁访问目标数据服务器，造成对目标网站的功能干扰，导致其访问流量增大、系统响应变缓，影响正常运营的，也可能构成破坏计算机信息系统罪。12306、中国裁判文书网网站经常会因为第三方爬虫爬取数据而严重影响网站的正常运行。因此数据爬虫时，需要优化自己的代码，同时也应避开被访问网站的用户访问高峰期，避免干扰网站的正常运行。

4. 数据爬虫不能侵犯对方公司的商业秘密

法律不禁止技术创新与成果共享，但应以充分尊重他人合法权益为前提与边界。任何以技术名义损害他人商业利益的行为是违法的。对于可爬取数据，如果系对方的核心化、批量式主营业务商业数据，应尽量避免以爬虫方式搜集，以免伤害到其实质性商业利益。例如比价软件直接将各个平台的同类商品信息进行抓取并分析，实际上损害到一些电商公司的实质性商业利益。

5. 数据爬虫应遵循诚实信用的原则和公认的商业道德

数据爬虫双方商业模式相同或近似，爬取对方公司的信息数据，极有可能会对对方造成直接损害，应重点予以防范。2015 年，百度在没有违反大众点评网的 robots 协议情况下，私自使用爬虫技术爬取了大众点评网上大量的用户点评信息，用于自家产品开发，百度的行为被认定为"损害了大众点评网的利益,构成不正当竞争"。爱帮网大量复制大众点评网站内容,让原网站失去用户访问的价值,获取不当的浏览量和竞争优势,爱帮网的行为被认定为"对大众点评的利益产生了实质性损害"。元光公司在未经许可的情况下,利用网络爬虫技术获取了谷米公司"酷米客"软件的实时公交信息数据,并进行了无偿使用,元光公司的行为被认定为侵权违法行为。

第五节 实验技术

微课:
实验研究案例

实验技术存在人为条件控制,包括两个基本环节:一是采取行动,二是观察行动所造成的后果。实验的基本目的是通过收集到的数据及相应变化来探究或验证一种或多种因果关系。旅游类专业问题,也可以根据问题的特征,通过实验技术获得数据,解决问题。实验数据即指通过实验操作获取的数据资料,它是验证因果关系的基础。实验数据能充分发挥人的主观能动性,获得精确数据。由于实验数据强调在人为控制、改变变量及对象的状态条件下获取资料,与单纯被动地接收问卷回馈的询问数据及在不干预不控制研究对象的纯自然状态下获得的观测数据相比,实验数据更能精准地反映常态及非常态情况。缺点在于数据获取的数量、应用的范围较有限。在数据数量上,实验的开展受场地、时间、实验对象、人力及成本等各因素的限制,与能突破时空限制获取广大调查对象的询问数据相比,数量十分有限。在适用范围上,实验研究讲究一个实验设计解决一个问题,有明确的理论假设,实验变量关系界定非常明确,因而实验数据的针对性较强,其应用范围不如一般的询问数据广泛。

知识关联

实验技术的基本流程是:首先将研究问题变量化,基于相关理论事前构建因果假设,明确因变量与自变量;然后围绕假设设计实验方案,通过不断调整、控制实验条件观察因变量的变化;最后基于实验数据得到结论。

一、基本概念

1. 前测和后测

在实验中,通常要对因变量进行前后两次相同的测量。实验对象首先会作为不受刺激的因变量接受一次测量,此次即为前测,然后接受自变量的实验刺激后,再次作为因变量接受测量,此次即为后测。研究者通过对比前测与后测的结果,来衡量自变量的影响力。以工人工作量和坐凳高度的关系为例,在现有板凳上对月工作量进行的测量即为前测,在换上高度降低的新板凳后,对月工作量进行的测量即为后测。

2. 实验组与控制组

实验组是指实验中接受实验刺激的那组对象;控制组也称对照组,是指除了不接受实验刺激之外,其他条件与实验组均相同的那组对象。控制组的存在是为消除实验本身的影响,将控制组与实验组对比分析说明实验刺激的作用和影响。同样以工人工作板凳高度和工作量的例子来说明,若将工人分为两组,则在前测后换上新板凳工作,再接受后测的那组工人即为实验组，而从头到尾都在原来的板凳上工作的那组即为控制组。

3. 双盲实验

在研究中，由于有时候研究者会采用先验式的判断，他们的期望会使其自觉或不自觉倾向于观察实验组的效果，同时，受试者出于某些因素也会有意无意迎合研究者的期望，影响实验结果，双盲实验的出现即是为解决这类问题。

所谓的双盲实验，是指实验刺激的安排对实验对象和实验观察者都是未知的，即实验刺激由第三者任意分派指定，实验对象和观察人员均不知道究竟哪些人是实验组，哪些人是对照组，只有在所有数据被记录完毕，有些情况分析完毕后，他们才能知道分组情况。

双盲实验最先应用于临床药理学，科研人员在对新药进行测试时常采用这种实验方式，他们在不向外公开的情况下将病人分为两组，一组给予新药，一组给予无毒无任何作用的"宽心丸"，然后指派医务人员对两组病人进行观察。这样，医务人员对病人服药以及服宽心丸这两种结果的观察就会更加客观，因而对新药实际效果的解释也就更准确、更科学。

4. 组间设计和组内设计

自变量通常会拥有几个不同的取值，每一个取值就叫作自变量的一个水平。为了产生比较性假设，在实验研究中，自变量至少有两个水平，例如显示器的大和小就是两个水平，而自变量水平的数量就决定了实验刺激的数量，组间设计和组内设计则决定了实验组的数量。

组间设计是多实验刺激和多实验组设计，指参加不同实验组的实验对象是不同的，比如一组实验对象使用大尺寸的显示器，而另一组实验对象使用小尺寸的显示器。组内设计是多实验刺激和单实验组设计，指接受不同实验刺激的实验对象是相同的，实验对象接受第一个实验刺激（如大尺寸的显示器）后进行第一次因变量测量，接受第二个实验刺激（如小尺寸的显示器）后再进行第二次因变量测量。

二、实验效度

实验效度（experiment validity）是指实验方法能达到实验目的的程度。实验目的是验证假设，验证自变量和因变量之间的关系，使实验结果的推论可用以解释和预测其他同类现象。由于不同实验者在实验设计与无关变量控制方面的不同，实验效度也会有很大的不同。此外，每种实验都有几个不同的组成部分，其中每一个部分也会影响整个实验的效度。了解影响实验效度的诸因素，将有助于我们评价实验设计的质量，提高实验设计的科学性。实验效度主要包括内部效度和外部效度。

1. 内部效度（internal validity）

实验的内部效度是实验变量能被精确估计的程度，即实验中的自变量与因变量间因果关系的明确程度。内部效度高，就意味着因变量的变异确是由特定的自变量引起的。任何情况下，只要除去实验变量，还存在任何可能对因变量产生影响的其他因素，就会出现"内部无效度"问题，即难以判定实验中自变量与因变量之间关系的确定性。库克和坎贝尔等人总结了12项内部无效度问题的来源。

1）偶然事件

偶然事件，也有人称为历史事件，是指几乎与研究变量同时发生的，并会影响研究结果的偶然因素。例如，研究者采用问卷调查学生对学校生活的满意程度，但实施调查时正逢学校校庆周,一系列的校庆活动丰富了校园生活,使得学生偏向满意方向的答案。偶然事件虽不可控,但研究者可事前调查清楚近期发生的,或即将发生的与研究对象、研究主题密切相关的事件,选择合适的实验时间及地点。

2）成熟

成熟是指实验对象本身的生长和成熟会影响实验结果。尤其是在长时间的、以未成年人为被试者,并采用单组前后双测实验的实验中。例如,对初一新生进行逻辑思维的测验,然后进行有关的训练,两年后再进行逻辑思维的测验,发现学生的逻辑思维能力增强了,但我们不能说思维能力的增强是源于思维训练,因为这种设计忽略了前后两次测量之间被试者的生长和成熟因素。解决的主要办法是增设同样条件的控制组进行比较。

3）前测

前测是指前测的经历会对后测的效果造成影响,特别在前后两次测量时间较近、测量主题是能力、成就、情感、态度等的实验中。这中间的原因包括练习因素、临场经验以及对实验目的的敏感程度等。例如,在研究旅游地居民生活质量变化规律时,需要在不同阶段对旅游地居民的生活质量进行重复测量,而在多次测量后,被试对实验目的的敏感程度上升,从而在后期的测量中出现应付等情况,甚至不给予真实的答案。当有理由怀疑有前测影响时,可以避免采用前后测设计,仅采用后测设计。

4）选择偏性

这是指在有实验组和控制组对比的实验中,由于两组被试者在能力、特质、条件、背景等方面本身就不相同,从而影响实验效果。例如,研究听英语广播对提高学生英语水平的影响,学校选择两个班参与实验,但实验班本身就是一个高分录取的高才班,对照班则是普通水平的班,显然,实验结果没有实际意义,因为两组根本没有可比性。控制样本偏差的措施是采取随机抽样方式分组、随机分配实验处理,尽可能使实验组和对照组除了有实验变量的不同,其他各种条件上做到均等、相似。

5）实验死亡率

实验死亡率又称偶然减员,是指在研究期间有些被试者因乔迁、退学或其他因素中途退出,导致前测与后测人数不符,样本失去代表性,影响统计分析的结论。尤其是在长期实验中,如在一项测量运动效果实验中,部分被试者感到运动难度太大而中途退出,由于退出的这些被试者可能是很少参加运动或运动技能较差的学生,因此,他们的退出会使样本后测的平均成绩提高,影响实验效度。

6）因果时序

因果时序是指在实验设计中,将自变量和因变量关系混淆,尤其在研究因果可互相转换的事物时。例如,学生的侵犯性行为与喜欢看暴力电视有较高的相关性,但究竟是看暴力电视导致侵犯性行为增加,还是具有较高侵犯性行为的学生更喜欢看暴力电视,还需做进一步的因果研究。虽然存在双向的因果关系,但是在特定的实验背景下,因果关系必须是单向的,因此要根据实验目的有侧重点地确定自变量和因变量。

7）统计回归

统计回归是指将实验结果进行统计回归后,如果选择具有极端特性的个体作为被试者,可能使实验者对实验变量的效果产生误解。例如,学校测试一种新的教学方法的教学效果,他们挑选原来学习成绩在年级排名较后的学生们参与实验，但是即使他们的成绩有所提高，我们也不能十分确定成绩的进步是因为新的教学方法，还是因为这些学生原本的成绩已经差到不能再差了。

8）测试工具

这是指实验中采取不同的工具来测量变量，使得实验中各项变量测量的可比性降低，影响实验效度。例如，在研究对黑人的偏见时，偏见的减弱可能是因为前测使用的测量工具比后测更敏锐，或者仅仅是因为研究者的标准或能力随着实验过程发生了变化。因此，在同一个实验中，要尽量保证测量同一变量的工具一致。

9）实验处理中的传播与模仿

这是指在试验中实验组与控制组可以相互交流，从而实验组可能把实验刺激的一些信息透露给控制组，使实验处理的效果被抵消。例如，在研究旅游地居民生活质量变化规律时，需要在不同阶段对旅游地居民的生活质量进行重复测量，而在多次测量后，被试对实验目的的敏感程度上升，从而在后期的测量中出现应付等情况，甚至不给予真实的答案。当有理由怀疑有前测影响时，可以避免采用前后测设计，仅采用后测设计。

10）补偿

补偿是指在对比实验中，控制组由于往往要被剥夺某种被认为有价值的东西，而得到的某种补偿，混淆实验刺激的效果。例如，医院的员工也许会觉得对不起医学实验控制组里的患者，而对他们的护理格外的关心，从而影响控制组作为对照组的实质。因此，在实验期间，研究人员严格控制被试者的相关状态，减少除实验变量外的外在影响。

11）补偿性竞争

补偿性竞争是指被剥夺实验刺激的控制组可能通过更加努力的表现进行补偿。例如，在研究听英语广播对提高学生英语水平的影响时，控制组可能比从前更认真学习英语，练习听力，企图打败接受实验刺激的实验组学生。

12）自暴自弃

自暴自弃是指在对比性实验中，控制组觉得受到差别待遇，因此失去自信心，表现比平时差，这种现象在教育的实验中表现较为明显。例如，在研究听英语广播对提高学生英语水平的影响时，控制组中部分自甘堕落的成员可能会停止正常学习，甚至寻衅滋事，影响实验效果。因此，如果情况允许，可以告诉被试者有关实验的事宜并提出相应要求。

2. 外部效度（external validity）

实验的外部效度是指实验结果能够普遍推论到样本的总体和其他同类现象中的程度，即实验结果的普遍代表性和适用性。例如，以人的行为为对象所获得的实验结果，其推论往往有相当的局限性，若实验结果不能概化到"现实"世界，则存在"外部无效度"问题。实验的外部效度主要受以下因素影响。

1）实验环境的人为性

人为控制的实验环境与现实社会可能存在一定的差距，从而可能使被试者在实验中做出难以出现在日常生活中的行为，使实验结果难以解释。实验本身的存在、实验室中的仪器设备等都会影响被试者的典型行为，而在实验室之外的日常生活中，就不会有这些因素的影响。因此，实验结果还不能完全等同于实验室之外的社会现象。

2）被试样本缺乏代表性

样本必须要有一定的量才会有足够的代表性，但对有些实验研究来说要找到足够数量的被试者并不容易，如果研究对象的总体很大，即使能够随机取样，但实验的被试通常是自愿的，所以也很难把被随机选上的人全都请来做实验。样本的限制使样本代表性降低，无法将研究结果类推到样本以外的人群，从而影响研究的外在效度。

3）测量工具的代表性

实验者对自变量和因变量的操作性定义往往是以所使用的测量工具的测量结果来考虑的。例如，在研究成就动机时，研究员常以某种成就动机量表为工具，用量表所测得的分数来界定并评定其强度，但成就动机的测量工具形式各不相同，它们测量出同一变量的分数也有所差异，如果在实验时采用的量表不具权威性和代表性，那么所得出的实验结果便不能推论到其他情况中去。

一般而言，实验的内部效度越高，其结果就越能确认是由实验处理所造成的，即对因果关系的测量就越有效；实验的外部效度越高，其结果的可推论范围就越大。实验的内部效度和外部效度是相互联系、相互影响的，提高实验内部效度的措施可能会降低其外部效度，而提高实验外部效度的措施又会降低其内部效度，这两种效度的相对重要性，主要取决于实验的目的和实验的要求。在实验研究中，我们在保证实验内部效度的前提下，可采取适当措施以提高外部效度。

三、技术流程

101

实验技术可以说是实验研究的必要步骤，一般来说，实验的自变量和因变量越清楚明确，越便于实验的设计和实施，获取的实验数据效度越大。实验技术包含以下几个必要程序。

1. 选择研究问题

研究的问题决定了实验的类型，进而决定实验对象、实验变量等因素。一般来说，按实验环境分为实验室实验、实地实验；按实验目的分为判断性实验、对比性实验、析因性实验；按设计方法分为单组实验、组别比较实验等。

以著名的铁锹实验为例。早期伯利恒钢铁公司的工人工作都是自带铲子，铲子的大小轻重不一，使得工人每天的实际工作量相差悬殊。同时，工人们铲不同物料也是用同一把铲子，如果铲子在铲煤沙时合适，铲铁砂时就过重了，这在无形中造成工人体力的浪费。为了让工人感到最省力，并能达到最佳实际工作量，提高工作效率，泰勒思考：一把铁锹到底负载多大才最适合？

2. 提出假设，确定变量

研究问题明确后需建立研究假设。研究假设是根据一定的观察事实和科学知识，就研究问题建立的因果关系假设，我们进行实验研究即是为了验证这种假设。根据研究假设，确定并引入实验中可控制的条件即为实验变量。定义实验变量时需考虑研究的可重复性、结果的可检测性。

例如，在铁锹实验中，泰勒认为铁锹每铲的负重量是问题的关键，因此，他提出假设：铁锹每铲的负重量会影响工人的工作量，并确定负重量为自变量，工人每天的实际工作量为因变量。

3. 选择实验对象

确定相关变量后，需选择合适的被试人员，如果是双组对比实验，则需保证实验组和对照组的可比性，即对照组应等同于未受实验刺激的实验组。因此，将研究对象分组时，常采用随机指派和匹配两种分配方法，前者是指完全按随机抽样的原理来进行分配，如抛硬币、单双号、排列顺序等；后者指根据实验对象的特征进行分组，使实验组和对照组中拥有某些特征的研究对象数量相同，如按年龄、成绩、国籍、质量、形状等特征。

在铁锹实验中，为提高实验对象的代表性，泰勒选出数名日工作效率处于公司工人平均水平的工人参与实验。由于铁锹实验的相关详细资料缺失，如今我们并不知道铁锹实验是否为双组对比型实验，但考虑到当时的实际情况，铁锹实验应该更强调实验数据在时间上的纵向对比，选用数名工人的目的一是提高数据的代表性，二是方便取平均值，防止极端数据。

4. 设计实验方案

实验要素确定后，应根据研究目的拟定实验方案，方案的主要内容包括：建立研究假设、确定实验自变量与其他变量、确定实验模式、确定实验单元（实验对象）及其数量、确定实验条件的分配、安排实验操作各程序、设计好相应的测量量表、选择处理分析实验数据的统计方法等。

5. 实施实验，收集数据

实验方案一经讨论研究通过就遵照实施，准备好相应的实验器材，并在实验中实事求是地测取实验数据。

在铁锹实验中，泰勒通过分析收集记录的数据，发现当每铁锹的重量为 38 磅（1 磅 ≈ 0.45 千克）时，工人每天的工作量是 25 吨，当每铁锹的重量为 34 磅时，工人每天的工作量是 30 吨，于是，他得出作业效率随着铁锹重量的减轻越来越高的结论。但是当铁锹的重量下降到 21—22 磅以下时，工作效率反而下降。由此确定了当每铁锹的重量为 21—22 磅时较好。

知识活页　　　　铁 锹 实 验

四、经典实验模式

1. 单组前后双测实验

【基本思路】 选定一组被试小组,收集实验处理前被试小组某属性的数据,然后进行实验处理,收集实验后被试小组某属性的数据,比较实验前后数据,若前后数据发生显著变化,说明实验处理会显著影响被试小组的某属性,反之则影响不显著,实验假设不成立(见表4-12)。

表 4-12 单组前后双测实验

组别	时间———————————————————————→		
第一组	Obs	Tx	Obs

其中,Obs 表示对因变量的测量,Tx 表示对自变量的处理。

【案例】 前面提到坐凳实验即为单组前后双测实验。工人在现有坐凳上工作的月生产量即为前测数据,前测完成后,给予工人实验刺激,工人换上降低了高度的新板凳,再测得的月生产量即为后测数据。对比分析前后数据,若后测数据显著大于前测数据,则说明原假设成立,即实验处理(即降低板凳高度)会提高工人的效率。

【优缺点】 这种实验的优点是前后数据对比能反映实验变量的效果,缺点是由于没有控制组,无法说明数据前后变化的原因是受实验刺激,还是其他因素的影响,尤其对前测和后测时间间隔太长的研究,具有一定局限。例如,在上面的实验中,后测数据的增加也许是因为工人经过前一个月的工作,对该部分生产程序的操作已非常熟练;或者仅仅是天气由夏转秋,工人心情舒畅,工作效率相应提高等。这种实验获取的数据将所有前后实验数值的变化归结于实验刺激引起的,只能在假定外部因素忽略不计的条件下应用。

2. 静态小组比较实验与控制小组后测实验

1)静态小组比较实验

【基本思路】 设置一个实验组和一个控制组,在不进行实验前测的情况下,直接给予实验组实验刺激,控制组保持原有状态不变,然后同时对两组进行后测,收集两组某属性的数据,若两组数据显著不同,说明实验处理会显著影响被试小组的某属性,反之则影响不显著,实验假设不成立(见表4-13)。

表 4-13 静态小组比较实验

组别	时间———————————————————————→	
第一组(实验组)	Tx	Obs
第二组(对照组)	—	Obs

其中,"—"表示该段时间内该组未发生变化。

【案例】 研究旅游地宣传片对潜在游客出游意愿的影响。将被试者分为实验组和对照组，并安置在不同房间中，给实验组发放关于韶山景区的简短文字介绍，并放映一段韶山景区的旅游宣传片，结束放映后，发放一份关于韶山出游意愿的问卷让被试者填写；对照组则在发放关于韶山景区的简单文字介绍后，直接发放同样的问卷。若实验组问卷反映的出游意愿明显大于控制组的，则说明旅游地宣传片对游客出游意愿有显著正向影响，反之，则影响不显著。

【优缺点】 这种实验方式相比单组前后双测法有控制组做对比，能将属于实验处理带来的影响单独分离出来，缺点在于没有试图选取两个相近的小组进行实验，在实验处理前也未对实验组和控制组之间的相似性进行测试，研究者无法得知在实验中测取的两组数据的不同是该实验刺激导致，还是由于两组被试者本身条件不相等而导致的。在上述实验中，因为少了前测，即使实验组问卷反映的出游意愿明显大于控制组，我们也不能十分确定旅游地宣传片对游客出游意愿有显著正向影响，因为或许本来实验组本身对韶山景区的出游意愿就很高。因此，用这种实验方式获取数据时需选择特征要素相差不大的被试者，使得即使不随机分配组员也能保证实验数据的效度。

2）控制小组后测实验

在静态小组比较法实验设计中，实验组和控制组分组是随意的，而非随机的，加上缺乏对实验各组事先的相似性测试，研究者很难从中得出关于因果关系的推论。静态小组比较实验若想在没有前测的情况下提高实验的内部效度，还需采用小组随机分配方式分配组员，控制小组后测实验即是将随机分配与静态小组比较实验相结合的实验模式（见表4-14）。

表4-14　控制小组后测实验

	组别	时间———————→	
随机分配	第一组（实验组）	Tx	Obs
	第二组（对照组）	—	Obs

3. 控制小组前后双测实验与非随机化小组前后双测实验

1）控制小组前后双测实验

【基本思路】 这种实验方式也称为标准实验，包括前测与后测、实验组和控制组、实验变量等要素。在这种实验范式中，随机分配小组成员，在实验处理前对两组都进行前测收集数据，然后对实验组进行实验处理，对照组则不变，再对两个小组进行后测收集数据，随后比较分析数据的前后差异和组间差异，若实验组前后数据有显著差异，且其后测数据与对照组后测数据有显著差异，说明实验处理会显著影响被试小组某属性，反之则影响不显著，实验假设不成立（见表4-15）。

表 4-15　控制小组前后双测实验

随机分配	组别	时间———————————————→		
	第一组（实验组）	Obs	Tx	Obs
	第二组（对照组）	Obs	—	Obs

【案例】　著名的霍桑实验的首个阶段即属于这种实验模式。在霍桑实验的初期,由于劳动医学占主要地位,人们普遍认为疲劳和单调感会影响工人生产效率,因此研究员认为,提高车间照明度有助于减少疲劳,使生产效率提高。他们随机将某一车间工人分成两组,首先对两组进行前测获得两组工人工作的正常水平,然后给予实验变量,让实验组在照明度提亮后的车间工作,对照组继续在原照明度的车间工作,再分别测算两组的工作量,通过对比得出照明度与生产效率的关系。

【优缺点】　这种研究范式既有组内前测与后测的对比,又有组间的对比,同时随机分配组员,并有实验刺激前的前测,保证了两组成员本身条件的相对相等,内部效度得到很好的保证。因此,对于收集的数据在前后、组别间的差异,基本可以认为是实验处理的影响,通过标准实验模式得到的数据的说服力、验证性较强。

2）非随机化小组前后双测实验

在研究中,被试者能随机分配固然好,但实际上,不可能所有的被试者都是可随机选择和分配的,例如,在研究教学改革对学生成绩的影响时,不可能仅仅为了实验,就把两个班打乱混合,再随机分配成原先不同的两个班进行两个月的教学。这时,就需采用非随机化小组前后双测实验（见表 4-16）。

表 4-16　非随机化小组前后双测实验

组别	时间———————————————→		
第一组（实验组）	Obs	Tx	Obs
第二组（对照组）	Obs	—	Obs

没有随机分配不能保证这两个组本身的相似性,但是,实验处理前的前测至少能保证组内的前后测数据对比及组间数据的相对变化,虽不能排除其他所有的可能解释,但可以排除部分可供选择的解释,在一定程度上认可其验证的因果关系。

4. 所罗门四组设计实验

事实上,在社会科学领域中,前测作为一种刺激,同样对实验对象有一定的影响。在标准实验模式中,实验组的后测结果主要受前测和实验刺激的影响,控制组则主要受前测的影响,这种由前测和实验变量综合在一起而产生的附加的影响,称为交互作用效应。这种交互作用可能使得被试者做出某种不太真实的行为,使得实验数据不贴合实际。例如,上面我们提到的霍桑实验的照明度问题,当时的具体结果是:当实验组照明度增大时,实验组和控制组都增产;当实验组照明度减弱时,两组依然都增产,甚至实验组的照明度减至 0.06 烛光时,其产量亦无明显下降;直至照明减至如月光一般、实在看不清时,产量才急剧下降。后经进一步的分析发现，导致生产效率上升的主要原因是，实验开始时女工曾被召进部长办公室谈话，她们认为这是莫大的荣誉，同时在实验中受到持续关注，使得她们无意中刻意地表现自己，表现出非常高的工作效率。

所罗门实验模式正是排除这种交互作用效应的影响的一种实验设计。常用的所罗门四组设计实验是标准实验模式与控制小组后测法的结合，能既排除内在无效度问题，又能将实验本身的影响与实验刺激效应分离，因此，在这种实验中获取的实验数据应用研究时受限制最少。

【基本思路】 将被试者随机分为四组，其中实验组和控制组各两组，在给予实验处理前，测出实验组和控制组各一组（第一组和第二组）的前测数据，然后在有前测的两组和没有前测的两组中各选一组给予同样的实验刺激（第一组和第三组），最后，测出所有被试组的后测数据（见表 4-17）。

表 4-17　所罗门四组设计实验

	组别	时间 ———————————————→		
随机分配	第一组	Obs	Tx	Obs
	第二组	Obs	—	Obs
	第三组		Tx	Obs
	第四组		—	Obs

【案例】 我们研究旅游宣传片对游客的出游意愿的影响程度时，按所罗门四组设计实验同时进行，假设旅游宣传片对游客的出游意愿的产生确实有显著作用，那么，我们预期会有以下五项发现：

①第一组后测显示的出游意愿应比第一组前测大；
②第二组后测与前测应是同等程度的出游意愿；
③第一组后测显示的出游意愿应比第二组后测大；
④第三组后测显示的出游意愿应比第四组大；
⑤第三组后测显示的出游意愿应比第二组前测大。

【优缺点】 所罗门四组设计实验增加两个不进行前测的小组，第 4 点和第 5 点排除了前测的影响，即实验本身与刺激之间的交互作用，在保留标准实验设计的内部有效性的同时，提高了实验的外部有效性。所罗门四组设计实验的组别较多，实验处理相对比较复杂，对研究人员的时间、精力要求也很高，此外，还需足够的、相当大的样本。

5. 时间序列实验

【基本思路】 这种实验方式要求对同一组被试者某一变量的影响进行若干次测试。在引入实验刺激前，测得被试者一系列不同时间的观察数据，然后引入实验变量，测得第二阶段的观察数据。若观察数据在第二阶段发生显著变化，就可以合理认为变化的原因即是实验变量的效果（见表 4-18）。

表 4-18　时间序列实验

组别	时间 ——————————————————————————————→								
第一组	Obs	Obs	Obs	Obs	Tx	Obs	Obs	Obs	Obs

【优缺点】　这一实验设计广泛应用于物理学和生物学领域,是对单组前后双测实验的强化。它的优点是通过对被试者在不同时间、不同情况下进行反复测试,提高实验的外部效度,缺点是它与单组前后双测实验一样,没有控制组,无法说明数据前后变化的原因是受实验刺激,还是其他因素的影响。

6. 控制小组时间序列实验

【基本思路】　这种实验方式是在时间序列实验的基础上添加一个控制组,对实验组和控制组同时进行系列观察。实验结束后,将观测数据进行组间比较和前后比较,若实验组的后测数据与前测数据相比有显著变化,与控制组的后测数据比较有显著变化,且这种变化在逻辑上与实验组前后比较结果相符,则说明实验处理会显著影响被试小组的属性,反之则影响不显著,实验假设不成立(见表 4-19)。

表 4-19　控制小组时间序列实验

组别	时间 ——————————————————————————————→						
第一组(实验组)	Obs	Obs	Obs	Tx	Obs	Obs	Obs
第二组(对照组)	Obs	Obs	Obs	—	Obs	Obs	Obs

【优缺点】　控制小组时间序列实验是经典实验模式和时间序列实验的结合。这种实验设计有前测与后测、对照组的设置,同时对被试者在不同时间、不同情况下进行反复测试,既保留了经典实验模式所拥有的内部效度,又有时间序列实验所特有的外部效度。

7. 同类时间样本实验

【基本思路】　这类实验设计是随着实验变量时而出现,时而不出现,而对某一组被试者某一属性进行断断续续的测量的实验方法。当实验变量第一次出现之后,立即对因变量进行第一次测量,然后过一段时间,进行第二次测量,当实验变量再次出现后,立即进行第三次测量,这样,获得一系列关于受测变量的不连续的实验数据。若每次实验处理后的观测数据无显著变化,则说明实验变量影响不显著;若第一次测量的数据与第三次数据相比,无显著变化,但与第二次数据相比有显著变化,则说明实验处理带来的影响显著,且会随着时间流逝增强或减弱(见表 4-20)。

表 4-20　同类时间样本实验

组别	时间 ——————————————————————————————→					
第一组	Tx	Obs	—	Obs	Tx	Obs

【优缺点】　不是所有变量对实验刺激的反应都是即时性的,有些实验刺激的效应呈现也需要一定的时间,这类实验设计将实验变量效应反应的潜伏时间考虑进来,能提高实验的外部效度,但实验程序比较复杂,对实验变量的控制和测量工具的要求比较高。这类实验设计尤能满足那些需要对实验变量强度的变化进行分析的研究。

五、实验技术的优缺点

1. 实验技术的优点

第一，便于测量，获取的数据具有强验证性，能够比其他方法更令人信服地估计因果关系；第二，可以通过调整变量和实验条件，观察到在自然常态下难以出现的、表现极端和交互作用的情况，从而扩大研究范围；第三，可以把某种特定的因素分离出来，分析某一特定因素的效果，确定明确的因果关系；第四，可对已知结论进行重复验证。

微课：
实验研究
的优势

2. 实验技术的不足

第一，人为地营造实验条件和环境，在远离现实情境中获取的数据和结论的效度难以保证；第二，通过实验得到的数据和结论只能限于当前问题的研究，不能研究过去和将来的问题；第三，容易受主观因素的影响，研究人员的期望一方面使其自觉或不自觉地只注意那些与假设一致的现象，另一方面使被试者有意无意地迎合研究者的期望，使得研究结论不全面或不真实；第四，在社会科学领域中，实验对象大多是人，使得实验技术面临一些伦理和法律方面的限制。

通过实验技术获取的数据为一手数据，往往更有说服力，但在实际研究中，实验技术常常受到实验对象、实验环境及设备、实验时间、实验经费等限制，同时，对研究者在实验对象的选择和分组、实验环境、实验控制等变量的组织分配和控制能力要求比较高，因此往往将实验技术与其他技术相结合，在实验中是否、如何采用实验技术法，均要研究者根据实际具体情况选择。

本章小结

（1）抽样调查是研究工作中使用最多的获得一手数据的方法，各种抽样方法的优势和劣势、使用范围、操作流程是基础知识。特别需要注意的是，非随机抽样数据主要用于探索性分析，实施统计分析应该使用随机抽样数据。

（2）访谈调查是最见功力的调查方式，在新问题、新现象研究中具有特殊价值。实施访谈调查的技术要点，贯穿在访谈的准备、实施访谈、访谈资料的汇总和整理分析等工作环节的全程，体现在操作的细节上。

（3）文献检索是重要的数据收集方式，传统的文献检索形式主要是书籍、档案等馆藏资料的查阅，随着信息技术的进步，网络资料已成为文献检索的重要来源，网络数据平台检索成为主流的文献检索形式，同时，伴随着智能检索软件的开发与推广，降低了文献检索的成本、简化了操作程序。结合现代分析软件的使用，文献作为分析数据，在研究中的作用越来越大。

（4）通过实验技术获取数据是验证因果关系的很好方式，经典实验模式包括单组前后双测实验、静态小组比较实验与控制小组后测实验、控制小组前后双测实验与非随机化小组前后双测实验、所罗门四组设计实验、时间序列实验、控制小组时间序列实验、同类时间样本实验。

核心关键词

抽样	sampling
访谈	interview
文献检索	information retrieval
实验数据	experimental data

思考与练习

1. 试述概率抽样调查的技术规范和实施调查时应有的科学态度。
2. 试述访谈技术在旅游研究中的价值。
3. 试述文献检索的必要性。
4. 谈谈实验技术在旅游类专业教育中的价值。
5. 查阅资料,谈谈大数据的获取途径及其在旅游研究中的意义。

案例分析 旅游地客源市场调查方案的改进探索

第五章

质性分析技术

学习引导

关于研究的认识，误解最多的就是质性研究技术，不少没有系统学习过研究方法的大学生，错误地将文字写成的文章都叫作质性研究，这是普遍出现的误解。无论是力图解决什么问题，都要从合理研究方案开始着手正式的研究工作。对于理论问题和应用问题，研究的方法不一样，如果是理论问题，完善性的问题和创新性问题又不一样。如何按照一般的基本要求来解决问题，把握最基本的解决问题的思维方式，是我们所要掌握的。

学习重点

通过本章学习，重点掌握以下知识要点：

1. 内容分析法的原理及其应用；
2. 案例分析法的主要类型及其应用；
3. 扎根理论的学术思想及其研究应用；
4. 现象学方法的学术思想及其研究应用。

大量具有研究价值的旅游问题，具有社会文化属性，很难全面测度并建立逻辑严密的数量关系，质性研究就十分必然。质性研究被误解为文字描述、现象记录、概念表述，把围绕主题形成的议论性文章看成质性研究，都是客观存在的现实问题。作为研究方法的质性研究，是站在哲学高度的审视问题的系统方案，是严密的思维模式。

第一节　内容分析法

内容分析法是对先于研究而存在的文本进行分析的研究方法，这些文本包括个人和组织发布的能用于研究的所有资料，表现形式可以是文字、图片，也可以是音频或视频。内容分析法被广泛应用于新闻传播学、图书情报学、社会学、管理学等学科,在旅游研究中也占据着重要地位。而随着计算机技术的进步,辅助分析软件大量出现,极大地节约了研究人员的时间和精力,为内容分析法的发展赢得了新的契机。

一、内容分析法的类型

内容分析法兼具量化分析与质化分析的优势,适用于多类型的研究工作,主要运用比较和推断的思维达到研究目的。结合传播学领域对内容分析法的应用,同时考虑旅游研究的特点,本书将内容分析法的应用分为四类。

1. 描述分析

描述分析是内容分析法最基本的应用层面,趋势预测、比较分析和关系探索都建立在描述分析的基础上。描述分析可以归纳事物的特征和状态,并在此基础上推测人物的立场、态度和意向,主要通过分析资料中特征词的分布情况,并加以研究者的推断来实现。而收集不同阶段的资料,可以分析不同阶段事物的特征和状况,这里所说的阶段包括对历史的总结和对现状的归纳。

比如,2010 年电影《阿凡达》上映,研究者想要了解该电影是否影响了此阶段张家界的营销宣传模式。通过收集张家界此阶段的宣传营销资料,发现张家界将南天一柱改名为哈利路亚山,成立张家界市旅游协会阿凡达主题游综合事务办公室,以《阿凡达》为契机策划系列营销事件,可以总结此阶段以《阿凡达》为主题的事件营销在张家界营销宣传活动中占据主要地位。再比如,研究者通过收集某一目的地的游记资料,判断个体旅游者的旅游动机,了解个体旅游者的态度,进而借助相关统计手段,可以掌握该目的地最具吸引力的是哪些内容,以及旅游者对该目的地的满意度情况。

2. 趋势预测

趋势预测需要长时间的样本数据,是分析表征某一特征的信息的数量、重要性、强度等指标在不同时序里的变化和差异,是一种历时性的分析和推理。趋势预测一般分为三个步骤,首先需要确定时间单位,也就是反映事物变化的时序,比如以年为单位;接着需要比较不同时间单位的事物特征;最后根据比较结果推断事物的发展趋势,实现预测。

先介绍传播学中的一个经典案例,第二次世界大战期间,内容分析法被美国情报部门运用于太平洋战区,监视日本与它的各海岛基地之间的联系,汉斯·斯佩尔(Hans Speier)主持联邦宣传委员会海外广播情报署运用内容分析屡次成功地预测了敌军主要军事政治活动,并推断出敌军领导层的人事变动。在旅游研究中,趋势预测也比较常见,比如学术发展跟踪,以"内容分析法+旅游"为关键词在中国知网进行精确搜索,统计 2011 年到 2015 年的文献数量,以年为单位,可以发现相关的旅游研究论文数量呈不断上升趋势,因而可以判断内容分析法应用于旅游研究还有较大的前景和空间。

3. 比较分析

内容分析法所实现的比较分析可以是同一事物在不同阶段的比较,类似于趋势预测前的分析阶段,也可以是不同事物之间的比较,但是不同事物之间的比较应该是一种共时性的比较。这两种比较都必须采用同一指标体系,否则将失去比较的参照标准,比较的内容非常多样化,比如内容特征和风格等。

以目的地形象的研究为例,随着互联网的发展,越来越多的人从网络收集目的地信息,而这些信息也在构建着目的地形象,收集同一时段不同群体有关目的地形象的文本,包括官方传播文本和旅游者传播文本,可以比较官方传播的目的地形象和旅游者感知的目的地形象的差异;收集同一时段不同网站的目的地形象文本,则可以比较不同网站传播的目的地形象的差异,比如有研究者就曾证明大陆网站和台湾网站构建的台湾目的地形象存在差异。

4. 关系探索

内容分析法作为一种对研究对象的内容进行深入分析,透过现象看本质的方法,不仅能以词频描述事物的主题,更能以词语的属性揭示事物的内在特征。对文本中各概念要素之间的联系及组织结构进行归纳和推理性分析,可以探究传播的隐性或推断意义,并进一步根据研究者的知识和研究证据发展理念或构建理论。推断表征两个以上事物的信息同时出现的状况,可以得出其间的相关性结论;从事物之间明确的共现关系可以推断内在的因果联系。

比如研究者想要探索旅游目的地不规范经营和管理行为对游客满意度的影响,为实现两个变量的关联,首先需要将两个变量的频次用统计分析手段联系起来,辅之以研究者的判读,也就是编码的过程,接着运用相关统计手段分析两个变量之间的相关关系,得到目的地的不规范经营和管理行为与游客满意度之间的关系。

二、分析流程

内容分析法的研究结果依赖于研究过程,纵观国内外学者对内容分析法步骤的划分,虽然存在细微差异,但大体思路保持了一致,总的来说,内容分析法包括六个步骤,在国内的旅游研究中,大多数并没有严格遵循所有的步骤(见图 5-1)。

提出研究问题或假设 → 界定总体和选取样本 → 确定分析单元 → 分析类目与编码方案 → 编码与编码质量检验 → 数据分析与研究报告

图 5-1　内容分析法流程图

1. 提出研究问题或假设

确定研究问题或假设并加以清楚的表述是十分必要的,围绕确定的主题收集资料,尽量减少无用资料的收集,在此基础上,逐步完成各个研究步骤,从而提高内容分析的效率。在内容分析的实际操作中,较多的是先提出研究问题,在研究过程中可以调整问题或提出新的问题,而提出假设一般出现在关系探索的研究中,需要注意的是,研究问题或假设的提出都需要阐述理论基础。

2. 界定总体和选取样本

确定研究主题以后,需要寻找合适的资料来分析相关问题,也就是寻找反映研究主题的总体资料。但是分析所有的资料存在难度,在这种情况下,必须对总体进行抽样,选择最有利于分析目的,信息含量大,具有连续性,内容体量基本一致的资料进行研究。由于研究问题类型不同,抽样的方式有所不同,对于那些具有普遍意义的问题,应该选择概率抽样,保证总体中的每一个个体都有同等被选中的机会,而对于那些具有特殊意义的研究,可以考虑采用非概率抽样方式,尤其是运用目的性抽样,选取具有代表性的样本。

3. 确定分析单元

选取研究样本以后,需要确定契合研究目标的分析单元,也就是从资料中选择可直接用于分析的个体单位,即寻找分析所需的各项考察因素,这些因素都应与分析的目的有一种必然的联系。分析单元主要分为两类,一是内容本身,比如样本中的单词、符号、主题、意义独立的词组、句子、段落,或者整篇文献都可以作为分析单位,二是内容来源,如样本来源群体、群体特征也可以作为分析单位。

需要注意的是,确定分析单元之后,如果发现原始资料中出现一个分析单元中包含两个主题的情况,最好对原始资料进行初步处理,使一个分析单元对应一个主题。比如研究目的地的旅游体验,在将句子确定为分析单元的前提下,如果收集的文本中出现了"我觉得这里的住宿和景观都很好",那么研究者可以把这句话分解为"我觉得这里的住宿很好"和"我觉得这里的景观很好"两个分析单元。

4. 建立分析类目与制定编码方案

内容分析的核心问题在于类目系统的构建,这是一种概念化和操作化的设计,也是确定与研究问题或假设相关的变量的关键。类目系统的构建是联系理论和实践的过程,既依托于已有的理论基础进行类目的预设,也借助分析材料进行类目的修正与调整。内容分析法作为一个层层推进的过程,很多时候研究者会先建立次类目,在次类目的基础上归纳主类目系统。

在有效的类目系统中,所有的类目都应具有三个特性:首先是互斥性,一个分析单元可以且只可以放在一个类目中;其次是完备性,所有分析单元都应有所归属,类目中必须有适合每一个分析单元的位置;最后是可信度,类目系统应具有可信度,也就是说,不同的编码者对分析单元所属类目的意见应有一致性。

5. 编码与编码质量检验

建立分析类目之后,需要将分析单元归类到分析类目之下,也就是我们所说的编码。内容分析具有客观性,其他研究者在重复同样的研究时应该产生相同或相似的结果,即获得结果的一致性。

编码的过程是一个人工判读的过程,因而培训编码员,让编码员了解研究主题以及各个分析类目的含义,是保证结果科学的关键。但如果编码方案有误或是培训力度不够,编码信度可能受到影响,因此,针对一个研究问题至少保证安排两名编码人员。当然,如果样本量特别大的话,可以只抽取其中部分样本做试点编码,再计算编码员间的信度。如果信度系数在可以接受的范围内,则可以进入下一个分析步骤;如果信度系数没有达标的话,则需要重新对分析类目进行定义,并重新培训编码员,再重新编码。而对于两位编码员在独立编码过程中出现的细微差异,由两位编码人员进行商议,若不能达成一致,则提交第三位编码员决议。

信度的计算方式有很多,本书主要介绍一种在旅游研究中比较常见也相对简单的方法,即霍尔斯蒂系数(见式1)。其中,如果编码人员多于两人,那么首先计算两两之间的信度系数,然后计算所有系数的均数作为总体信度。而关于信度标准的讨论,存在很多分歧,但是总的来讲,交互判别信度在 0.8 以上可接受,0.9 以上较好。

$$PA_0 = 2A/(n_A + n_B) \tag{1}$$

其中，PA_0表示观察到的一致比例，A表示两位编码员编码一致的数量，n_A表示编码员 A 的编码数量，n_B表示编码员 B 的编码数量。

6. 数据分析与研究报告

在编码结束之后，基本已经实现了资料的量化，研究人员可以进行相关统计分析，比如简单描述分析，包括频数分析、均值分析等；在简单描述分析的基础上可以实现因子分析、相关分析、回归分析等，或者借助语义网络将分析结果推进到语境中来考察，以实现研究目标。同时，研究人员要对量化数据做出合理的解释和分析，并与文献的定性研究结合起来，提出自己的观点和结论。图 5-2 所示为语义网络图示例。

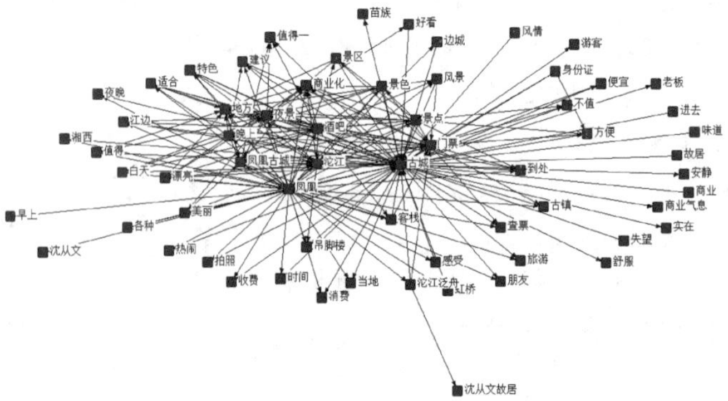

图 5-2　语义网络图示例

当面对大量的样本资料时，单纯的人工处理显得耗时耗力，效率低下，借助计算机相关软件辅助分析成为趋势，许多研究人员在软件开发上付出了巨大努力，而他们的智慧结晶也极大地推动了内容分析法的应用。

当前国内应用最广的内容分析软件是 ROST Content Mining，该软件是沈阳教授研发的一种内容挖掘系统软件，针对网页、论坛、博客、微博等网络信息源，进行分词、词频统计（包括中文和英文）、聚类、分类、相似性、情感倾向、语义网络及社会网络分析等项目（借助 NetDraw 软件），实现内容挖掘、文本分析、知识处理等目的。此外，ROST Word Parser 词频分析软件也可以实现中文分词和词频统计。需要注意的是，这两款软件导入的文件格式必须为 . txt 格式。

Nvivo 是一款功能强大的质性分析软件，其 8.0 及以后的版本支持文本、图片和音像等多媒体格式的资料直接导入；支持团队同时对资料进行编码，实现快速计算信度；支持编码的同时撰写备忘录，实现分析的高效。

第二节　案例研究法

案例研究法是通过对情景的深入描述来陈述和解释现实中的现象，用厚实的描述来构建整体的图景，主要目标是构建理论。案例研究法采用的是归纳逻辑，其研究设计、抽样方法、理论贡献与定量研究有显著的差异。

一、案例研究的适用范畴

案例研究需要深度沉浸于现象之中，是一个从数据到理论的归纳过程，因而有其适用范围：①适用于现有理论不能充分回答的研究问题，或现有理论对特定的研究问题不能给出有意义解释的相关问题；②适用于关注构建过程理论的研究问题，如果研究问题是要探讨某一管理现象随时间展开的过程，那么案例研究很适合构建过程模型；③适用于探讨复杂的管理过程；④适用于核心概念难以测量的研究问题；⑤适用于需要深入挖掘极端现象的研究问题。

总的来说，案例研究适用于探讨过程即"如何"和"怎么样"的研究问题，而并不适合于探讨因素作用强度、调节变量作用大小等"是什么（what）"和"有多少（how much）"的问题。

二、案例研究的类型

从研究目的来看，案例研究可以划分为描述型、解释型和探索型案例研究。从研究对象的情况来看，可分为单案例和多案例研究。从案例分析的层级来看，可分为整体性（单层次分析）和嵌入性（多层次分析）案例研究。

1. 描述型、解释型和探索型案例研究

描述型案例研究注重对现象及其情景的完整描述，描述发生了什么事情。国内外对产业集群的研究就是以描述型案例研究居多。

解释型案例研究强调因果关系，解释事情的发生经过。解释型案例擅长依据理论提出假设，然后根据案例研究的结果来验证假设是否成立。例如，对深圳、珠海城市旅游驱动机制的形成及城市旅游发展的影响因素的案例研究，即是解释型案例研究，主要从需求结构

微课：
单案例研究法与多
案例研究法的比较

和相对优势两个方面对城市旅游发展动力分别提出三个假设，基于数据分析检验假设并对比分析深圳和珠海两种不同的城市旅游发展模式。

探索型案例研究致力于探索新现象或新问题背后的规律，对某一问题形成初步的认识，为后续的研究提供服务。例如，戴天婧等人以海尔集团为案例研究对象，探究组织结构、管理控制与动态能力交互影响的管理创新理论。

2. 单案例研究与多案例研究

单案例研究适用于两种情况。第一，探究极端案例，较为形象的比喻是极端案例好比是只会说话的猪。第二，对单个案例有唯一的或者是独特的数据获得途径。单案例的优势在于可以对单个情境进行深入的剖析与详尽的说明。并且，故事性强能够引人入胜，带来不同寻常的新见解和启发性。但是，其劣势也比较明显：一是构建理论的适用性不够高；二是研究结果可能是多元决定的，即有很多因素共同影响某个结果，但单案例很难排除其他因素的影响；三是单案例构建的理论一般比较繁琐。

多案例研究能构建更具适用性的理论，比较适合探究自变量的不同变异水平或者不同过程对因变量的影响。与单案例研究相比，多案例研究构建的理论更具适用性，更为精确，原因在于从多个案例中探讨了相同的现象；且所构建的理论也更为简约，因为分析多个案例

可以排除其他解释的干扰并能进行更为精确的理论抽象。但多案例难度更大,其构建理论的优势是以牺牲故事性为代价的。

双案例研究是多案例研究的特殊情况,主要适用于案例是一对相反情况或两个案例的组合可以对同一现象进行互相印证和补充的情况。双案例研究易于上手,其难度介于单案例和多案例之间,且既能满足一定的理论适用性又不失案例的故事性。

3. 整体性案例研究和嵌入性案例研究

整体性案例研究也叫单层次分析案例研究,嵌入性案例研究是指案例中嵌套案例,也叫多层次分析案例研究。一个案例研究可能包含一个以上的分析单元,当需要对一个或多个层级的分析单元进行研究时就会出现一个研究中同时并存多个分析单元的现象。对亚单元(次级分析单元)的研究就称为嵌入性案例研究,以揭示案例的整体属性为目的不进行次级单元分析的案例为整体性案例研究。嵌入式案例研究的优势在于构建的理论整合了组织的不同层次,且因为是在同一组织内,其他与研究主题无关的影响因素被控制,从而凸显了关键因素的变异对结果的影响。

三、案例研究设计

研究设计是对研究的初步构想和规划,是案例研究开展的关键环节,其目的在于通过对研究过程进行合理规划,以保证案例研究顺利进行。一般来说,案例研究设计包括提出研究问题、选择案例研究方法、案例对象选择、确定理论视角、明确案例分析单元、制定数据收集方案、数据分析、评价案例研究质量等步骤。图 5-3 所示为案例设计基本流程。

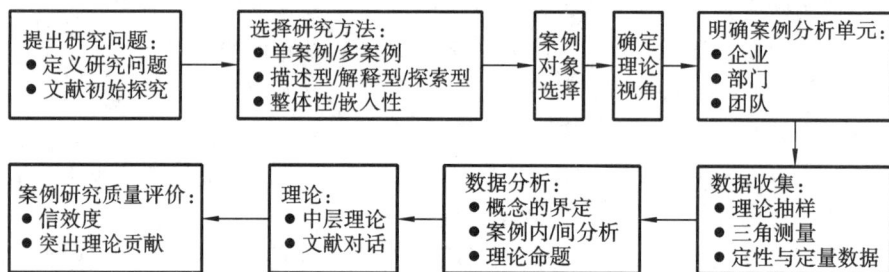

图 5-3　案例设计基本流程

1. 提出研究问题

能否提出明确且有学术价值的问题决定了案例研究的成败,也影响着后续案例研究理论视角确定和分析单元选择。一般来说,研究问题的提出有文献回顾和现象观察两种方式。其中,文献回顾通过大量阅读文献,发现现有研究未解决或者解决不够彻底之处,并将其作为研究问题表述出来;现象观察则是在一定经验基础上,通过对社会进行深度观察,发现有趣、重要且学界尚无人研究的现象,将其表述为研究问题。但无论是由哪种方式提出研究问题,都需要研究者以大量阅读相关文献为前提,其中现象观察提出的研究问题可能在后续文献回顾过程中,受到某些文献启示而得以进一步完善。

2. 选择案例研究方法

基于以上案例研究的类型,研究目的和案例的数量结合成为 3×2 的矩阵,案例研究方法可分为六种类型;案例的数量和案例的层级结合成为 $2×2$ 的矩阵,案例研究方法可分为四种类型。结合研究问题和研究目的,确定合适的研究方法。例如,为了发现某件事情的演变过程及本质,则可以采用纵贯单案例研究方法,对事情演变的具体过程进行描述性分析。

3. 案例对象选择

采用理论抽样方法,遵循典型性、内容适配性及数据可获取性原则选择案例对象。理论抽样的思想有 3 个核心要素:样本聚焦研究问题对应的现象;样本能够控制与研究问题不相关变量的变异;样本能够聚焦或创造相关变量的变异。

单案例研究对象选择可以选择一些极端案例和启示性案例。极端案例是反常现象的共性类型,这类案例对象选择的标准往往是极端,即把最反常的案例作为研究对象,常用来探究影响某一现象出现的因素。多案例研究遵循的是复制法则,每个案例相当于一个独立实验,所以所挑选的案例能够产生相同的结果(逐个复制),或所挑选的案例由于可以预知的原因而产生与前一案例不同的结果(差别复制)。通过遵循复制法则,多案例能够相互比较,澄清新的发现是仅为单案例所特有的还是能够不断地被多个案例重复印证。因此,多案例研究的案例选择不再基于特定案例的独特性,而是基于案例群对理论发展的共献。多案例研究数量的选择一般以达到理论饱和为原则,一般是 4—6 个案例对象。

4. 确定理论视角

案例研究不需要预先进行理论假设,但需要选择合适的理论视角。案例研究可使用多个起不同作用的理论,既可预先使用理论指导研究设计和数据收集等,也可以在数据分析中引入新的理论来解释和分析数据。理论在案例研究中的理论一方面可以作为进入现场前的指导理论。这是文献驱动的研究,即在文献中发现某个重要的研究缺口,而这个缺口非常适合用案例研究来解答。此时研究者再根据预设的理论框架设计研究问题、收集和分析数据作为数据收集后的解释(参照)理论。若研究者未采用任何概念框架,而直接收集并分析案例,则容易陷入繁杂的实证数据中,导致研究难以提炼出有价值的理论构念。另一方面,若案例研究数据分析没有理论引导,只是将数据进行简单、机械的归纳,同样不会产生有价值的理论贡献。不带入任何理论观点独立灵活地分析案例是不现实的,任何研究都不可能完全脱离现有理论开展。

5. 明确案例分析单元

在确定研究问题和理论分析视角之后,需要明确案例分析单元(见图 5-4)。研究分析单元既可以是个体、组织等实体概念,也可以是组织间关系、事件、集体行动过程等抽象概念。对于多案例研究中的嵌入式案例研究而言,其具有主、次两个分析单元,主分析单元是研究的核心单元,是案例研究的出发点和落脚点,而次分析单元是嵌于主分析单元之中的分析单元。明确分析单元有助于界定数据收集界,进而提高案例研究数据收集效率和准确性。

6. 制定数据收集方案

数据收集方式多样(具体见表 5-1),其中访谈法是最主要的数据收集方式。为了保证数据的真实性,可采用三角验证法,基于不同来源的研究案例建立证据三角,利用多种证据对同一现象进行多重检验(见图 5-5)。例如,在对某公司进行访谈时,可以在横向上访谈公司不同层级员工,纵向上将历史访谈、档案等资料与横向访谈进行对比。同时,对与公司联系

117

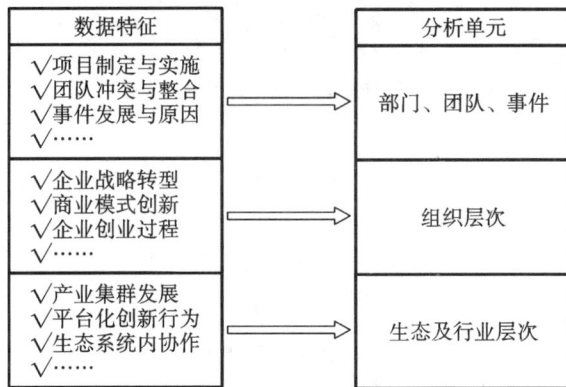

图 5-4　分析的单元的基本层次

密切的其他群体进行访谈，以进一步验证公司员工访谈结果的真实性。另外，研究者在访谈过程中，还要注意道德伦理问题。首先，被访谈者需对有关研究的基本信息知情并同意接受访谈；其次，尊重被访谈者个人隐私，避免其他无礼行为；最后，兑现对被访谈者的各种承诺。

表 5-1　开展案例研究时六种常见的数据来源

种类	例子
直接观察	人的行为过程、动物反应、环境变化
访谈	与主要参与者的开放式对话
档案记录	学生记录、员工档案
文件	报纸上的文章、书信、电子邮件和报告
参与式观察	以研究员身份参与到正在研究项目的现实生活中
实物制品	员工的电脑

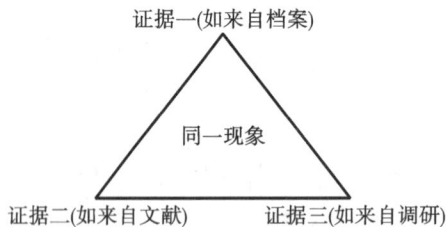

图 5-5　证据三角形

7. 数据分析

数据分析是理论构建的关键环节，当收集到足够的数据以后，数据分析可以采取多人共同编码的方式以保证分析的客观性。同时还要提供大量的直接证据支持研究结论。数据分析具体包括四方面的内容：第一，撰写故事。每一个案例如同一个独立的实验，研究者应为每一个案例撰写其故事。第二，测量构念、发现规律。数据分析的核心思想是从数据到理论，构念和命题全都要扎根于数据，即在数据中得到支持并呈现证据。第三，构建理论。理论构建的方法是用数据同参照理论和已有文献之间不停地迭代对比，归纳出构念间的关系，提出命题,并做跨案例验证直至其能与所有案例匹配。第四,与文献和理论对话,利用已有理论中的逻辑、研究者自身的逻辑,以及来自实践领域被访者业界的逻辑对所构建的理论进行解释,数据分析技术具体示例见表5-2。

表5-2　数据分析技术示例

数据分析技术	使用范畴
模式匹配	用于多案例研究,多案例需要进行对比时多采用模式匹配的数据分析技术。在开展案例研究时,我们对预期结果做出假设,得到一些假设模式。在收集数据之后,我们将假设模式与基于实证的模式(根据收集的数据)进行比较,并做出解释,如说明关键性事件是如何以及为什么造成预期结果的改变
解释构建	适用于开放性案例研究,以一个开放式研究问题开始,对于这个开放式问题不作预测,而是根据事实做出合理解释。例如,我们研究的案例是一家倒闭的科技企业,案例研究的目的就是要对倒闭的原因进行解释,并对比其他竞争性解释即可能造成企业倒闭的其他原因
时间序列	当需要纵向比较单案例或多案例不同时间序列的数据时,多采用时间序列数据分析技术。时间序列可以由若干个关键事件组成,也可以是由事件的时间和类型组成的行和列的词表等。这类时间序列数据有利于研究者形成描述性框架,同时也可能会暗示研究者事件之间潜在的因果关系。例如,以《旅游法》颁布以来在某地区的实施效果作为案例研究对象,那么,时间序列数据可能会追踪到《旅游法》颁布前后的旅游者、景区和相关政府单位产生了哪些变化,这些变化是积极还是消极的。时间序列分析就是根据这种前后变化来寻找和验证结果产生的原因

8. 评价案例研究质量

延续实证主义传统,研究从效度和信度等方面对案例研究提出如下的评价准则(具体见表5-3):①构念效度,指测量的准确性,即实际测量的内容和构念是否一致,要求对所研究的概念形成一套正确的、可操作性的测量;②内部效度,指变量之间因果关系推论的可信度,通常用于解释型案例研究,从收集的数据中找出事物之间的因果联系,即证明某一特定的条件将引起某一特定的结果;③外部效度,指将研究结论推广到其他群体、时间和情景的可信程度,强调结论的可复制性,即案例研究的结果能否推广到更多的案例中去;④信度,指检测结果的一致性、可靠性和稳定性,强调过程的可复制性,即案例研究的步骤是否具有可复制性。这四项检验指标的使用,可以有效提升案例研究的品质。

表5-3　案例研究品质的四个指标表

检验指标	案例研究策略	策略的使用阶段
构念效度	采用多元的证据来源 要求数据提供者对数据进行审查、核实	资料收集 撰写报告

续表

检验指标	案例研究策略	策略的使用阶段
内部效度	进行模式匹配	数据分析
	建立解释，分析与之对应的竞争性解释	研究设计/数据分析
	时间序列分析	数据分析
外部效度	用理论指导单案例研究，分析类推	研究设计
	通过重复、复制的方法进行多案例研究	研究设计
信度	采用案例研究草案，建立案例研究数据库，形成证据链	资料收集

四、案例研究的结论与局限

1. 案例研究结论的一般性

（1）案例研究结论的扩大化推理——逻辑基础。

案例研究以分析性推理为逻辑基础，即遵循的从一个案例研究的结论上升到一般结论的归纳推理逻辑。由案例研究得出的一般结论只适合于某一类现象，即与所研究的案例相类似的其他案例或现象。但是这一类似现象或案例的范围有多大则是不清楚的，这些也不是案例研究需要研究的问题。案例研究的任务是对案例进行分析，然后借助案例研究的扩大化推理，直接上升到理论（描述性案例研究例外）。从企业的角度看，有的针对企业内部管理进行的案例研究不需要从个案扩大到总体，只需要对企业存在的某一个或某些问题进行探究，因此案例研究也可以作为解决企业内部问题的研究方法。

（2）案例研究结论的可外推性——典型性的结果。

案例研究结论是否适用于其他案例或现象，这一判定过程称为"案例的外推"。在选择案例时，选用典型性的案例可以提高案例研究的可外推性。典型性即案例是否体现了某一类别的现象（个人、群体、时间、过程、社区等）或共性。一个案例，只要能集中体现某一类别特征或共性，则不论其覆盖范围有多大，我们说这个案例具有典型性。典型性不是个案"再现"总体的性质，而是个案集中体现了某一类别的现象的重要特征。具备典型性特征的案例，案例研究结论也就具有了可外推性。

2. 案例研究的局限

案例研究方法是社会科学研究中一种非常有用的研究方法，它有助于我们对某一类别现象进行定性认识。但是案例研究也存在着一些局限，主要表现在：①由于案例研究非常耗时，案例研究样本量不可能太大，单一样本往往被认为是不严谨且证据不充分的，案例样本选择的典型程度不易确定；②案例研究结论的外推范围是不明确的；③案例研究的结论不易归纳为普遍性结论；④案例研究的有效性难以保证。

目前，案例研究面临的一个主要挑战是，较难从国内外企业获得高质量的一手数据，要么真实性不够，要么付出的代价过高。数据收集和数据分析方法上的不规范性也严重影响了研究结论的信度和效度，如数据收集来源单一、数据收集过程不作交代、缺乏数据分析过程等。

120

第三节 扎根理论

　　旅游界经常出现这样的情况，旅游事物和现象经历了发生、发展到成熟，表现着独特的路径和影响因素，不是已有理论所能解释的，需要从这种事实和现象本身，直接提炼各种因素及其关系。这种问题，使用扎根理论来研究，十分适合。

一、概述

　　扎根理论创立于 20 世纪 60 年代，是具有较大影响力，却又受争议的质性方法论或方法之一。扎根理论关注研究对象的问题，是通过对尚未被解释的、有趣的、新的现象进行扎根的研究，从数据中去发现理论（Glaser 和 Strauss，1967），扎根理论方法的目的在于建构理论。

　　扎根理论由格拉泽和施特劳斯共同创立，两位理论家在发展扎根理论的研究之路上出现了分歧。格拉泽更强调理论和结论的自然涌现，施特劳斯则侧重系统的方法和有效的检验，他与学生朱丽叶·科尔宾的合作研究进一步推进扎根理论的证实化，发展成程序扎根理论。扎根理论家查美斯强调理论建构中的研究者角色和互动效果，发展成建构主义扎根理论。从创立到发展，形成了三个流派，格拉泽及其门派只承认 1967 年原始版本的扎根理论，被社会学者称为经典扎根理论。

　　从方法论立场来看，经典扎根理论和程序扎根理论都属于客观主义的扎根理论。客观主义扎根理论来自实证主义，关注作为真实存在的数据本身，而并不关注数据的产生过程，扎根理论家发现意义存在于数据中（Glaser 和 Strauss，1967；Glaser，1978；Corbin 和 Strauss，1990）。建构主义扎根理论来源于解释学传统，优先考虑的是研究过程本身，把数据和分析都看作来自与研究对象共享的经验和关系（Charmaz，1990，2001）。建构主义扎根理论家认为，数据和分析都是社会建构的，任何分析都是情境性的，都处于具体的时间、地点、文化和环境（Charmaz，2000，2001）中。

　　扎根理论的基本研究逻辑是深入情境收集数据，经由数据间的不断比较，对数据抽象化、概念化的思考与分析，从数据资料中提炼出概念和范畴，从而建构理论。通过资料收集、开放式编码、持续比较、选择性编码、理论备忘录、理论编码、延迟文献回顾等主要步骤，形成一套完整和独立的研究方法论（Glaser，1978），具体流程如图 5-6 所示。

知识关联

情境概念最早由美国社会学家 W. I. 托马斯与 F. 兹纳涅茨基在其合著的《波兰农民在欧洲和美国》（1918—1920 年）一书中提出，是指与个体直接联系着的社会环境，也即与个体心理相关的全部社会事实的一种组织状态。是社会心理学的一个重要概念。社会心理活动直接受社会情境的作用，一般意义上的社会环境只有经过情境才对社会心理起作用。

| 资料收集 | → | 开放式编码 | → | 持续比较 | → | 选择性编码 | → | 理论备忘录 | → | 理论编码 | → | 延迟文献回顾 |

理论饱和检验

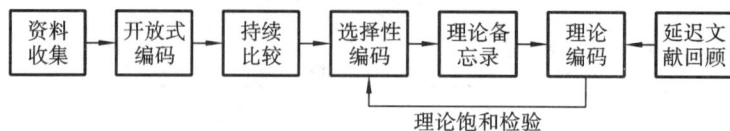

图 5-6　扎根理论研究流程

二、收集丰富的数据

1. 理论抽样

扎根理论基于现象和研究兴趣导向进入研究现场，扎根理论独创的理论抽样（亦称目的性抽样）方法帮助研究者进入研究对象所关注的问题。扎根理论的数据收集和数据分析同时进行，一个访谈记录或一页文本完成后马上进行编码，为了建构理论的目的进行抽样，根据研究材料的收集和编码分析进展，决定下一步的数据收集，不是随机和滚雪球采样。

施特劳斯和科尔宾（Strauss 和 Corbin，1990）在《质性研究概要》中，介绍了三种不同的理论性抽样：开放性抽样、关系性和差异性抽样以及区别性抽样。扎根理论的开放性抽样是指根据研究的问题，选择那些能够为研究现象或兴趣提供最大涵盖度的研究对象进行访谈，并从中发现建构理论所需用到的相关概念和范畴，这通常发生在深度访谈的开始阶段。关系性和差异性抽样是指在对访谈资料进行即时整理和分析的基础上，更有针对性地选择访谈对象，对从访谈资料中浮现出的理论概念和范畴进行细致的梳理，以厘清不同概念和范畴之间的关系，这通常发生在深度访谈的中期阶段。区别性抽样则是指随着访谈资料的增多，研究人员在不断归纳分析访谈资料的基础上建立理论假设，选择那些有助于进一步修正、完善理论的调查对象进行访谈，这通常发生在深度访谈研究的后期。虽然这三种抽样方法发生在深度访谈研究的不同阶段，但是根据实际研究的需要，这三种抽样方法也可以穿插进行，以促进理论构建。

2. 扎根理论方法下的数据收集

扎根理论要求研究者控制数据收集和数据分析。收集数据一开始就要比较不同的数据，而不是在收集完所有的数据之后，在数据收集和分析之间进行往复循环，比较数据和已有范畴，有利于数据收集的聚焦。

"一切都是数据"（Glaser，2001），访谈和开放性问卷、历史文献、政府公文、记录、普查数据都可以作为数据。概念会给研究者一些初步的想法，会激发研究者提出与研究问题有关的特殊问题。扎根理论家常常这样开始他们的研究，一些经验兴趣会引导研究者来观察数据，聆听被访者。

扎根理论反对把访谈数据强行纳入预先形式的范畴之中（Glaser，1978）。访谈要在问重要问题和激发对象的反应之间保持平衡。这比质性数据分析的其他形式要求更高（注：经典扎根理论学派认为其既非质性研究也非实证研究）。

扎根理论等质性研究相比量化研究有一个优势，数据收集可以在研究的开始阶段，也可以在数据分析阶段，甚至可以在分析的后期，可以给研究中的问题增加新的内容，或者唤起全新的问题。质性研究的灵活性允许研究者追随所出现的线索，采用扎根理论方法，可以并不断重新设计数据收集策略,从而完善数据资料。

3. 深度访谈

深度访谈适合扎根理论研究,扎根理论研究,要设计一些开放性问题,如简短的破冰问题。开放的话题,允许被访者对现象重新反思的访谈问题会引出丰富的数据,"告诉我关于……""如何……""什么……"这些问题都会产生丰富的数据,特别是当研究者用诸如"你能进一步描述一下……"。然后要把访谈问题进行聚焦,使其能够引发对问题的细致讨论,鼓励研究对象说出意料之外的故事的设计问题的方式与操作访谈的方式之间结合的程度会影响访谈开放和聚焦关键命题之间的平衡。

深度访谈在结构上可以对问题进行松散的引导性探究,也可以设计成半结构性的聚焦问题,虽然深度访谈是对话性的,也要注意一定的礼节来表现出自己的兴趣,并且告诉对方自己希望知道更多的信息。访谈的规则是去聆听,而不是刨根问底,认可和理解访谈对象,由被访者引导谈话进程,而不是停下来追究以前的观点。访谈经验丰富的研究者大多习惯自然谈话状态的访谈,新手需要结构化的问题。访谈的技巧在访谈经验中累积,但有四个原则要把握:第一,被访者的舒适感要大大优先于获得丰富的数据;第二,特别关注进行探究的实际,多聆听,尤其是被访者似乎沉浸在所熟悉的事件中时;第三,努力从被访者的角度来理解这些经验,来评价这些经验对这个人的意义;第四,以一种积极的状态结束访谈,把结束性问题放在一些积极的回应上。访谈不应该在问了一些很具有研究性的问题时结束,或者在被访者很悲伤的情况下突然结束,在访谈结束前,要将被访者带回正常的谈话状态。

使用录音设备要征得被访者的允许,录音设备会让访谈者更专注地与研究对象进行视觉交流,并且可以带给访谈者更多的细节,而在访谈过程中记录要点,笔记会提醒访谈者回到早期的要点。但要避免分散访谈者和被访者的注意力。在田野研究中,参与和保持距离之间的界限常常是模糊的,可能需要不断地重新调整,人们不可能喜欢被当作抽取信息的客体。

像其他技巧娴熟的访谈者一样,扎根理论访谈者在访谈中必须保持活跃,对有趣的线索保持警惕,任何优秀的访谈者都会让自己提出的问题能够获得丰富的资料。

4. 文本分析

质性研究者常常使用文本作为数据的补充来源,田野笔记和书面文本能够激发有关语言与事件之间的相对一致或不一致的见解。文本并不代表客观事实,尽管它们代表其作者所认为或呈现的客观事实(Prior,2003)。文本与观察事实不符或不匹配时,就有赖于研究者的经验判断和写作技能了。文本分析需要尽可能地把文本放在它们的语境中,行动者、时间以及事件的描述是关键点。使用文本的一个重要方式是,将其作为需要分析和仔细审查的对象,而不是证实证据的可靠资料。档案记录和书面陈述、录音与照片、网络公告和图表可能会提供关于视角、实践以及事件的见解。

5. 小结

任何一种数据收集方法,都要考虑研究对象是怎样从特定的社会文化背景产生想法、实践与表达的,在研究过程中,要仔细审查收集数据的方式,以及哪些方式能帮助研究者定位这些数据,这些审查可以提高方法论技巧与数据质量。

三、扎根理论编码

扎根理论编码的过程是一个主题聚焦的过程，是一个不断比较的生成过程，有助于指引接下来的数据收集。编码是对数据片段用简捷的术语对其进行命名，要展现出行动，采用能够反映行动的动词加名词的形式来编码，对探究过程和贴近数据很有帮助（Glaser，1978）。编号名称可以源自材料原话、自我想象力和理论触觉。编码过程在分析性见解和描述性事实之间、在静态话题和动态过程之间、在研究对象的生活世界和专业人员之间会产生一定的张力。扎根理论的编码是灵活的，可以根据编码的需要，返回数据，重新进行编码。

知识关联

经典扎根理论分为实质性编码和理论性编码，实质性编码又包括开放性编码和选择性编码两步。程序扎根理论包括开放性编码、主轴编码和选择性编码三步，而建构主义扎根分为初始编码、聚焦编码、轴心编码和理论编码四步。

1. 初始编码（开放性编码）

初始编码应保持开放性，激发新思考，形成新观念，注意结合语境或上下文材料，紧贴数据，浓缩语义。初始编码是临时的、比较性的和扎根于数据的。根据数据材料的类型、信息丰富程度，采取逐字、逐句、逐段、逐个事件的方法进行初始编码。初始扎根理论编码会激发研究者新的或继续探究下去的想法，使研究者明白缺乏哪些必需的数据，从而引导后续的数据收集。

2. 选择性编码

这些代码要比初始编码更具指向性，更有选择性和概念性（Glaser，1978）。用最重要的或出现最频繁的初始代码进行分类、整合和综合，形成范畴。但是从初始编码到聚焦编码不完全是一个线性的过程，一些回答者或事件会使早期陈述或事件不清晰的地方变得清晰。研究者可能会返回到早期研究对象那里，探究那些可能曾经被粗略带过的问题，或者探究那些可能不太清晰，以至于早期不能识别或无法表述的问题。聚焦编码会检验对问题的先入之见，新的分析线索会变得清晰起来。

3. 理论编码

理论编码是在聚焦编码过程中选择了代码之后所进行的复杂水平之上的编码。格拉泽（Glaser，1978）用理论编码这一术语使这一术语变得概念化了，即"实际代码"作为在整合理论的假设，彼此之间是怎样发生练习的，简而言之，研究者在聚焦编码中形成了范畴，而理论代码就是让这些范畴之间可能的关系变得具体化。理论编码是整合性的，它们给出的分析性的故事具有连贯性，因此，这些代码不仅会使实质代码之间的关联形式概念化，也会使分析性的故事开始变得理论化。

如果说开放式编码的意义在于提炼概念，那么选择性编码的目的就是理清各个概念及其之间的相互关系，通过对概念之间关系的反复思考和分析，整合出更高抽象层次的范畴，并确定相关范畴的性质和维度。理论编码则是系统处理范畴之间的关系，确定核心范畴和次要范畴，从而形成建立在范畴关系基础之上的扎根理论。以上三种编码可以按顺序也可以交错反复进行。

4. 编码方式的检查

研究者会把不同的观点带入数据分析中,看到研究对象可能没看到的事物,随着代码越来越抽象,研究者逐渐用越来越具有分析性的术语来表达,代码在被描述的事实和理论分析之间架起了一座桥梁,但一定要采取审慎的立场来检查研究者的编码方式,用下面的问题检查研究者的编码方式:编码是怎样反映事件或所描述的经验的? 分析性建构是否从这一点开始? 是否在数据和代码之间建立了清晰而明显的联系? 编码语言是否改成了更适合学术世界而不是更适合研究对象的世界的语言?

四、撰写备忘录

理论备忘录是对于新涌现概念的感觉、思想、观点的记录。撰写备忘录(分析笔记,不是和读者分享,不需要呈现在论文中)是数据收集和论文写作之间的关键中间步骤。写备忘录是为了抓住关于代码的稍纵即逝的想法,探究数据。可以尝试在形成聚焦代码阶段开始备忘录写作,对数据与数据、数据与代码、代码与其他代码、代码与范畴、范畴与概念之间进行比较,对所看、所听、所想以及编码的内容形成新的见解和想法,聚焦和引导进一步的数据收集。备忘录鼓励研究者在数据和生成的分析之间来回移动,把该范畴和其他范畴联系起来。图表式的结构备忘录可以观察和预测数据中的关系,以及生成的范畴之间的关系。

备忘录撰写的核心是把聚焦代码发展成概念范畴,格拉泽和施特劳斯把范畴定义为"理论中的概念因素"。范畴可以说明数据中的过程、事件和观点,将最恰当的表征数据的聚焦代码发展成范畴,尽量将范畴作为具有抽象力量、普遍作用、分析方向和准确表述的概念。范畴可以包括原生代码(从研究对象的访谈中得到)和实质代码(行为和事件的理论定义)。

五、理论分类与理论饱和

1. 理论分类

在每个分析阶段撰写备忘录会让分析逐渐变得越来越有力、清晰和理论化。扎根理论分类服务于生成性理论,是一种产生和完善理论联结的方法,通过分类对范畴进行理论整合,在抽象的水平上对范畴进行比较。

选取一个备忘录和其他的备忘录进行比较(Glaser,1998),备忘录分类、比较和整合的方法如下:根据每个范畴的标题对备忘录进行分类;比较范畴;谨慎使用范畴;考虑范畴的秩序怎样契合于范畴的逻辑;在研究经验、范畴以及关于这些范畴的理论陈述之间建立最大可能的平衡。通过对备忘录进行逐次比较、分类,会发现备忘录之间的新关系,获得一些新线索。

2. 使理论属性饱和

什么时候停止收集数据呢? 使用什么标准? 扎根理论的答案是:当你的范畴"饱和时"。即当收集新鲜数据不再能产生新的理论见解时,也不再能解释核心理论属性新的属性时,范畴就"饱和"了。许多质性研究者混淆了饱和与被描述事件、行动或陈述的重复。格拉泽(Glaser,2001)对饱和有着比一般研究用法更为复杂的见解:饱和不是一而再地看到同一模式。它是这些事件对照之后的概念化,这些事件产生了模式不同的属性,直到再没有模式的新属性出现。这就产生了概念密度,在被整合进假设时,概念密度构成了具有理论完整性的扎根理论的主要部分。

普通的研究问题可能很快就会出现饱和而平庸的范畴，新颖的问题可能要求更复杂的范畴和更具持续性的探究。格拉泽关于饱和的观点形成了扎根理论中处理理论概念的基础，当研究者理论地处理范畴时，范畴被提升到了抽象的、一般的水平。要评价范畴是否饱和，可以考虑以下问题：在数据内部和范畴之间进行了怎样的比较？怎样理解这些比较？它们给了你什么样的线索？数据的比较是怎样解释理论范畴的？如果有其他方向的话，会把研究带向何处？如果有新的概念关系的话，可能看到什么样的概念关系。

成员检验的方式是检验范畴的很好的方式，成员检验一般是指把观点带回研究对象那里寻求他们的确证，也可以采取向曾经的研究对象解释主要范畴，询问这些范畴是否以及在何种程度上符合每个研究对象的经验，也可以采取回访收集资料来加工范畴。

3. 小结

像编码和撰写备忘录一样，理论抽样在扎根理论中处于一个关键的位置，它所阐明的这种实践，最优秀的质性研究者也只可意会不可言传。理论抽样过程中，在范畴和数据之间来回往返有助于提升范畴的概念水平，并扩展它们的范围。在形成范畴时，研究者可以判断哪个范畴作为分析的主要概念。

通过进行理论抽样、饱和和分类，研究者形成了犀利的范畴和透彻的分析，研究者会在越来越抽象的备忘录中获得很多东西，抓住这些东西会使研究者获益匪浅。

六、在扎根理论研究中重构理论

1. 什么是理论

最流行的理论定义来自实证主义，理论实证主义定义是将其看作关于抽象概念之间关系的命题，涵盖了广泛的经验观察领域。实证主义者把理论概念作为变量，对概念进行操作性定义，并通过精确的、可重复的经验评估来验证假设。理论的目的是解释和预测。实证主义理论寻求原因、支持决定论的解释，并且强调一般化和普遍性。简而言之，实证主义理论包括一组内在相关的命题，目的是：把概念作为变量；使概念间的关系具体化；解释和预测这些关系；使知识系统化；通过假设验证来证明理论关系；为研究产生假设。

理论的另一个定义强调理解，而不是说明。把理论理解作为抽象的和解释性的，从理论中获得的理解依赖于被研究对象的解释，解释理论允许非确定性，并不追求因果关系，优先考虑展示模型和联系而不是线性推理。解释学的理论要求对被研究对象进行具有想象力的理解。这种理论类型假定现实是生成的、多元的；事实和假设的联系是无法截然分开的；真理是临时的；社会生活是过程性的。简而言之，解释学的目标在于：对被研究对象进行理论化，用抽象的术语理解它；说明与范围、深度、力量以及相关性有关的理论命题；在理论化过程中接受主观性以及协商、对话和理解的角色；提供具有想象力的解释。

扎根理论不仅包括实证主义倾向，也包括解释主义倾向。格拉泽（Glaser,1978,2003）对理论的处理就包含很强的实证主义倾向，重视作为变量的理论范畴的形成，格拉泽重视使用比较方法的研究，认为理论分析能力的发展来自比较研究的生成性，他将生成的范畴基本上作为一种自动的结果。在他那里，解释学的理解仍然比不上实证主义的因素清晰。施特劳斯和科尔宾（Strauss 和 Corbin,1998）关于理论的观点有一些实证主义的倾向，但是更加强调概念之间的关系。理论意味着"一套在关系命题中相互联系的完善概念,他们共同构成了一个完整的框架,可以用来解释和预测现象"(Strauss 和 Corbin,1998),然而他们趋向于建构理论的立场,也认可解释主义的观点。

建构主义扎根理论家认为,数据和分析都是社会建构的,反映了理论成果所承载的内容,在这种观点看来,任何分析都是情境性的,都处于具体的时间、地点、文化和环境之中。建构主义扎根理论学者试图发现自己的先入为主之见,并努力发现它们是怎样对研究产生影响。建构主义扎根理论家对研究过程和结果都采取了反思的立场,思考他们的理论是怎样发展的,研究者和研究对象都会对意义和行动做出解释和反思。

客观主义扎根理论家将研究对象以及他们的现实之间,分离开来并保持一定的距离,尽管他们可能采用了观察的方法。格拉泽说明了客观主义立场的重要方面,尽管他轻视对精确数据的追求,认为扎根理论并不是一种证实性的方法,强调扎根理论家不是要贡献证实的知识,而是要提供因果解释,建构理论。

2. 在扎根理论中进行理论化

扎根理论的理论在哪儿?虽然声称使用了扎根理论方法的研究者要比承认建构了实质性理论或形式理论的人要多,但是大部分还是持有某种类型的理论观念。格拉泽(Glaser,2001)把扎根理论描述为"解决一个主要问题的理论",可以以很多方式进行理论编码。关于扎根理论的理论是什么,存在大量不同的主张,这使得评估扎根理论学者产生理论的程度变得更为复杂。一些观察者看到了研究者在扎根理论之名下所做的事情并指出大部分的研究是描述性的而不是理论性的。当然描述使得概念化成为可能,但是理论处理只能是分析性的和抽象的。扎根理论的客观主义因素并不排斥建构主义的潜能。

3. 理论敏感性

扎根理论家要寻找模型,即使关注的只是一个单一的案例(Strauss 和 Glaser,1970),备忘录为建构模型和理论提供基础。怎么样能够通过编码的程序得到洞见?这里面又有一个关键概念,即理论敏感性(theoretical sensitivity),这是 Glaser 特别强调的一个关键概念。Glaser 解释什么叫理论敏感性,就是"从数据中提炼出概念,然后找出这些概念间的关系并形成规范的理论模型的能力"。本书对理论敏感性这个概念的概括就是:研究者透过社会现象进行理论概括与创新的能力。这种能力是一个研究者或者说是一个从事定性研究、质性研究的研究者的核心能力。只有提高理论敏感性,才有可能在研究中间产生洞见,有可能使扎根研究得到非常好的、具有很好解释力的理论构建。所以,关键不在于程序和技术,能够通过扎根研究做出贡献的关键,在于理论敏感性(Roy Suddaby,2006)。

要获得理论敏感性,研究者就要保持开放性,从多元的立场观察被研究者的生活,遵循一些线索,并依据某些观点。如何进行理论化以及如何建构理论化的内容,会根据研究者在这个领域所发现的内容不同而不同。虽然 ATLAS. ti 和 Nvino 都是功能强大的质性分析软件,能够有效地分析多种不同的数据,如大量的文稿、图形、音频、视频,但建构理论并不是一个机械的过程,研究并不只是按照一定的方法、手段和步骤就可以完成的。方法不是变魔术,一种方法为改善观察提供一个工具,但并不会自动提供观点,资料归类和分析编码的工作还是需要人脑来完成,研究者如何使用方法是关键的,锐利的眼睛、开放的头脑、灵敏的耳朵,以及果断的手腕都会使研究者更接近研究对象,提出问题、捕捉灵感和运用直觉和想象的能力，比研究方法论工具更重要。

七、做一项扎根理论研究

扎根理论尊重事实和现象（数据），关注研究对象自身的问题，在理论性采样和持续编码，通过反复修正不断涌现的概念或理论。扎根理论是一种综合研究。但三个流派的扎根理论以及国内外的诸多乱用现象（国内更多，著名学者仍旧存在问题）。本书建议研究者在尝试做一项扎根理论研究之时，一定要先看英文扎根理论原著，以严谨独立与批判性的学术精神阅读扎根理论文献。清楚及阐明时对扎根理论的部分研究程序/步骤使用还是全套方法的完整使用。扎根理论没有固定的流程，需要不断迭代打磨。而经典扎根理论，是最灵活，也最要学术精神、最扎实做研究的人才能运用的版本。

第四节　现象学方法

一、现象学概述

1. 现象学的产生和发展

现象学是 20 世纪一种重要的哲学思潮，现象学方法是一种社会学方法，其创始人是奥地利哲学家胡塞尔。李幼蒸在《百科全书》的现象学条目中，把现象学发展按时序分为胡塞尔现象学时期、存在论现象学时期和综合研究时期三个时期。

胡塞尔现象学时期（20 世纪初期至 20 世纪 30 年代中期），主要代表性人物有胡塞尔、舍勒以及赖那赫等人。他们运用现象学描述法探寻研究对象的"本质"，在对象中寻找不变的因素。他们认为，现象学的根本方法是反思，在先验反思过程中存在着意向对象和与其相应的"诸自我"之间的反思层次。这一时期，最终由于海德格尔（Martin Heidegger）学说的提出而结束。

存在论现象学时期（20 世纪 20 年代末至 20 世纪 50 年代末），主要代表是胡塞尔的弟子海德格尔等。海德格尔在 20 世纪 20 年代末改变了现象学研究的方向，开始侧重探讨存在论，并一直持续到 20 世纪 50 年代末。现象学研究的中心从德国转移到法国，并逐渐扩展到其他国家。20 世纪中期，形成了法国现象学运动。这一运动的主要创始人是保尔·萨特和梅洛·庞蒂。他们开创了相对独立于思潮的法国存在主义运动。

综合研究时期（20 世纪 40 年代以后），主要代表有比利时的梵布雷达、德国的兰德格里伯、美国的施皮格伯格等。他们在比利时、德国、美国分别建立了胡塞尔研究中心。表 5-4 所示为胡塞尔之后的现象学发展。

知识关联

埃德蒙德·古斯塔夫·阿尔布雷希特·胡塞尔（Edmund Gustav Albrecht Husserl），奥地利著名作家、哲学家，现象学的创始人，同时也被誉为近代伟大的哲学家之一。

128

表 5-4 胡塞尔之后的现象学发展

国别	人物	类别	主要内容
德国	普芬德	现象学心理学	直接的感情现象、基本的经验本质与知觉的研究
德国	盖格	现象学美学	美学的快乐、艺术理解在美学存在上的现象学分析
德国	赖纳茨	现象学法律哲学	本质现象学、社会行动的理论基础
德国	舍勒	现象学伦理学	价值、情感、宗教
德国	海德格尔	解释学现象学	存在的本体论、特定文化和历史时期存在的意义
法国	马塞尔	体验现象学	内省法体验生活经验
法国	萨特	存在主义现象学	人的存在、身体、空间等生活体验
法国	梅洛·庞蒂	直觉现象学	现象学的体验

现象学认为现象是事物向我们所显现的有关"它是什么"的东西,是客体对主体的"给予"。其中,"现象"是经过现象学"还原"后的结果,一种"本质直观"达到的纯粹现象本身。胡塞尔现象学坚持"本质还原""面向事实本身",主张通过直接的感受、本质的直观来认识事物的本质。本章节所讲述的现象学主要为胡塞尔现象学。

胡塞尔的现象学又称为"超验现象学"。现象学不是一套内容固定的学说,而是一种通过"直接的认识"描述现象的研究方法。它所说的现象既不是客观事物的表象,亦非客观存在的经验事实或马赫主义的"感觉材料",而是一种不同于任何心理经验的"纯粹意识内的存有"。其基本特点主要表现在方法论方面,即通过回到原始的意识现象,描述和分析观念(包括本质的观念、范畴)的构成过程,以此获得有关观念的规定性(意义)的实在性的明证。认为只有在这个基础上,才能廓清传统哲学中那些概念的真实意义,从而重新说明传统哲学中的问题,并深入开展各个领域的研究。

知识关联

"超验"意指从日常生活走向"纯粹"的自我在这一过程中,人们被要求采用新的方式看待事物,就像第一次看到该事物一样,而且它坚持通过反思主体的行为和客观事物来发现其中的意义。

129

今天的现象学已成为一个极为复杂而多义的概念,可以指胡塞尔的意识现象学,也可以指舍勒的本体现象学,还可以指海德格尔的此在现象学。在现象学的标题下甚至还包含着感知现象学、想象现象学、现象学自我学、交互主体现象学、生活世界现象学、社会现象学、宗教现象学以及其他具体学科等,甚至包括现象学经济学和现象学建筑学。

2. 现象学的核心概念

在理解现象学方法之前,需要了解一些核心概念。

1）生活世界

生活世界是现象学的重要概念,最初由胡塞尔提出。胡塞尔的生活世界指人们日常生活的世界,即未经人们反思的世界,或者说是前反思世界。生活世界不是一个僵化的实体统一性世界,而是前逻辑、前科学的生动鲜活的人文世界。它是一个活生生的而不是抽象的、

僵化的世界；不是一个单向度的世界，而是自然与文化、肉体与灵魂浑然一体的丰富的世界。它与每个人息息相关，是一种直接体验世界（马克思·范梅南，2003），从人们对生活世界把握方式的角度看，他们一般强调直观、原始体验、感受与反省的认知而否定逻辑思维方式。

与生活世界相对的是经过思考、定义、分类、概括、理论化的世界。这个世界是已经被"人化"的世界。现象学要建立严格的科学，就要撇开这个"人化"的世界，在前反思世界的基础上建立科学。

2）生活体验

生活体验是人们在一定时间、地点下生活的体验，它来源于生活世界。生活体验是现象学的核心概念，现象学把生活体验作为研究基础。没有生活体验，现象学就没有可供探讨和研究的现象。生活体验是现象学研究的起点和重点。

3）意识

意识是现象学研究的对象。阿米德·吉戈吉（Amedeo Giorgi）指出，那些在生活世界中显现自身的事物，必然是意识的组成部分。这些事物的存在受到意识的认可。如果某一事物的存在没有被人们意识到，那么它就不会成为人们生活世界的组成部分。现象学探讨生活世界中的现象，就是探讨现象在生活世界背景下呈现给意识的东西。而意识在某种程度上就表现为人的体验。意识的基本结构是意向性

4）直觉

直觉是现象学的主要概念。胡塞尔现象学认为，直觉是人与生俱有的才能，天生能够产生有效和正确的判断。因此，直觉是人类知识生产的基础，它不受日常感觉和自然态度的影响。直觉不会背叛我们自己。胡塞尔还认为，自我是一个直觉的存在，它能怀疑、理解、支持、拒绝、期望、反对、感知、想象等。借助于直觉反思这一过程，以及将看到的内容进行转换，现象学能将所有的事物变得清晰明了。

5）悬置

悬置是一个希腊词汇，意思是"阻止判断""不采用日常的方式看待事物"，是把人们所不知的或未曾证明的东西放入括号内，不作讨论，也不作否认，即"存而不论"，然后在这个基础上构建知识。悬置是现象学方法的一个独特环节，是现象学还原的第一步。它要求研究人员尽可能地把有关某一现象的所有前认识放置在一边，充分理解主体的体验。胡塞尔说，对于任何设定我们都可以完全自由地实行这一特殊的悬置，即一切判断的中止。它的实施能使研究者以事物显现的那样看待事物，回到事物的本身，免受

知识关联

舍勒的本体现象学认为，存在即价值，这种存在是面对人的主体感受而在先验客观的价值秩序中被赋予了一系列偏好或偏恶，在对现象世界、感性质料的客观绝对主义与主体情感价值感受的意义上。

知识关联

海德格尔的此在现象学认为，存在不是某种现成的存在者，如本体、实体、本原或本质等，而是纯粹的自身显现或现象，就是现象学所要返回的现象、自身显现或事情本身。

偏见和前见的影响。

6）还原

还原是现象学研究的重要步骤，其基本含义是把人们带回到体验世界的意义和存在的起源之处。用胡塞尔的话来说，就是"回到事物本身"。达到还原的基本手段是描述及据此发现的意义，因此还原的任务简要来说就是描述和发现意义。还原是在研究者实现悬置之后，通过语言将体验描述出来，并进行资料分析的过程。也就是说，现象学还原借用的工具是语言，然后通过语言或写作把体验描述出来。最后研究者把人们生活中所认识的各种意义变成现象的文本"肖像图"。

7）体验

体验是人们在实际生活中获得的感受，它来自生活世界。现象学研究通过访谈、观察、语言分析、阅读小说、回忆等方式，从生活世界的各个角落寻找材料，获取现象学研究的生活体验描述。但体验描述不等同于生活体验本身。生活体验也不等同于生活世界。体验描述只是生活体验的某一方面、某种程度的反映，它是生活体验的某种转化。所以，真实的体验是不存在的。现象学的目标是要深入到生活海洋的底部，发掘其中没有受到干扰的一些自然的东西，展示其意义。

8）现象学反思

现象学反思是胡塞尔现象学的重要组成部分，它包括还原和意义构建两部分。现象学反思是在悬置的基础上，根据前反思的体验描述材料思考事物是什么的一种方式，其根本目的是抓住现象的意义。具体来说，当研究者在看、描述、反复地看的过程中，现象学反思实际上就在进行了，其目的是掌握现象的所有属性。在反思过程中，从某种程度上说，每一次都会改正意识体验的内涵，为研究者认识现象提供新的视角。胡塞尔说，只有通过对体验的反思，我们才能知道体验的内容和它与纯粹自我的关系。反思会随着持续的注意和感知，不断地看和加入新的视角而变得更加确切，会随着不断地修正呈现在研究者眼前的事物而更加确切，研究对象也会随着研究者思考频繁而变得清晰。错误也会随着新的视点和不同意义的加入而消除，而新的认知会改变人们以前对它的认识。

9）意向性理论

意向性理论把意识作为现象学的主要内容，意向性理论是从布伦塔诺那里借用来的。根据布伦塔诺的意向性理论，人们所有的思维、情感和行为，总是关于世界上某一事物内容的。所有的意识都是有一定意向的意识，所有的意识都是关于某种事物的意识。超验现象学由此成为关于意识的现象学，阐明事物是如何进入意识之中，并由意识进行建构的。

二、现象学的主要观点

1. 关注人

关注人，主要是指在研究活动中关注人的精神和意识，而不是将人加以物化、抽象化。这是现象学对实证主义无视人及人与物关系的一种激烈"反抗"。由于人的精神和意识中包

知识关联

马克思·范梅南，加拿大阿尔伯塔大学教育学教授，著名教育学专家、教育哲学家、课程论专家和人文科学研究方法论专家。

含丰富的内容，如经验、态度、信仰和价值等，充满了文化和社会的积淀，是一种复杂的存在。现象学把人的精神和意识纳入研究的视野，无疑使其研究成果更丰满、更真实地反映人文社会科学的现实。实证主义恰恰无视"人"的情感，抛弃了研究对象中人的因素；即使在介入人的因素的研究中，也在强调一般和普遍性的总原则之下，经验的材料必须经过层层的筛选过滤，其所蕴含的丰富的思想和情感被涤荡得干干净净，由此获得的结果，或者失之偏颇，或者难以令人确信。

但正如一些现象学研究者指出的，现象学关注的人，是精神层面的人，而不是生理层面的人。现象学对实际的存在不感兴趣，它不研究实在的对象，比如对象的物理空间、范围、属性，它重视的是作为研究对象的精神的人。这也正反映了现象学的一个特点，重视对主体的体验和意义的揭示，将这一观点引入社会科学研究的进步意义在于，研究者要重视研究对象的主体以及主体的精神存在。

2. 在"直观"中认识事物

现象学研究的目的是要剥开人们在生活世界中所受的道德、伦理、社会和文化等的层层积淀，从前反思的生活世界里，揭示现象本身所蕴含的意义。"剥开"的途径是"悬置""自我显现""直觉"，切断"现象"与已有知识、预见、偏见的联系，让"现象"自身给予，并从中认识事物。

这对于社会科学研究具有积极的意义。社会科学研究离不开社会文化背景。而现象学研究的旨意在于，要努力揭开叠加在主体观念意识之上的层层影响，还原人的认识的原意。

3. 发现与揭示意义

吉戈吉认为，现象学是一种发现的方法。既然是"发现"，那它就不是无中生有的创造，而是原本蕴藏的意义再次出现在人们意识之中的过程。同时，现象学"发现"的是已经蕴含在生活世界之中的含义，它不提出"现象"本身以外新的信息。这也主张现象学是一种发现方法的"发现"范围。发现的内容是人的体验及其意义。

在"发现"的过程中，它要求研究者要保持开放的态度，以尽可能地让现象中的各种意想不到的意义显现出来。尽管如此，这种"发现"方法，其"发现"的程度和意义，在很大程度上是依赖于研究者的创造或建构的。

与"发现"方法不同的是，在范梅南看来，作为方法的现象学主要是一种人文科学的描述方法。它通过探讨和描述生活世界中呈现的现象，在现象中寻求意义。

4. 研究"现象"

现象学研究的"现象"，是人们脑中的意识。这种意识更具体来说，主要指人们生活经验过程中留下的体验。现象学研究的主题包括人们所看到的、听到的、触摸到的、闻到的、品尝到的、感觉到的、知道的、直觉到的对象、事件、情境等的体验。现象学研究也被人们分为光、颜色、建筑、风景、场所、关系、友谊、权力、经济、交际等现象学。

知识关联

保罗·利科，法国著名哲学家、当代重要的解释学家之一。其主要成就为全面论述了诠释学的现象论方法论基础。

所有现象学都从"现象"开始。一个现象在本质上就是向人们显现的东西。保罗·利科(Paul Ricoeur)认为,世界是外在在那儿的,但人们对它的认识不是镜子式的反映。人的认识都是基于某一层面的主观认识,因为它总是和参与认知的人有关,并由他们建构。因此,现象学在一定程度上是主观的,它的对象是与主体相关的,但不能说它完全是主观的。

三、现象学在旅游体验研究中的应用

随着研究主题的深入和研究领域的扩展,研究者们逐渐发现,单一的实证分析方法并不能解决所有学术问题。面对人类社会中的一些意识形态领域的问题,面对人的心理,实证分析方法的应用有时会受到更多的限制。换而言之,所研究的问题在哲学层面上存在方法论偏差,将会导致在实践层面的困境偏差。因此,在定量分析面对意识问题、心理问题时,由于旅游者的需要通常难以用数量制度加以测度,这种方法就显得十分局限,而现象学方法则在此时显示了其在自然和社会人文现象研究中的普遍性和适用性。

1. 几个重要概念的现象学分析

1)旅游世界

旅游者日常所居住的世界包含了构成旅游者日常生活的所有事件的总和。我们假设旅游是不同于日常生活的一种体验过程,因此旅游世界将是不同于日常世界的一个崭新的世界。从空间上,旅游世界是日常生活世界的短暂隔离,先离开再回归,在这个过程中旅游者发生变化;在时间上,旅游者在异地度过的时间,相对于日常生活世界来说是另一种对生活世界的构成。但人们通常是借助旅游发现其生活的意义,构成生活世界的这段时间,就具有了本体的和发现的意义。

2)旅游体验

现象学意义上的"体验"是指悬置所有与经验、实在此在的关系,即对前两者的"体验"做现象学还原之后所把握的概念,这就决定了旅游体验的现象学研究"不能从外部去研究,而只能从内心去探讨"。按此思路,对旅游体验的现象学定义应该悬置心理目的和社会、休闲、消费属性等非直接给予的东西,悬置和还原一切现成的有前提预设的概念,让研究现象具有明证的自身被给予性,大幅度地拓展其外延。旅游体验发生在旅游世界中,因此它以旅游世界的边界为边界。就自身而言,在经过一个物理的时间和空间变换之后,为体验主题带来的是心理上的变化,这种变化可能是预先期望的,也可能是意外获得的。但不管怎样,在旅游体验过程中,旅游者个体都是一直在整体把握着这个体验过程,旅游者的主观能动性十分突出。

3)旅游情境

旅游者的体验过程就是一个有一定自组织能力的连续系统。它由一个个富有特色和专门意义的情境串联组合而成,旅游者的行为取向,在极大程度上受到这些情境的影响,因此,要预测旅游者行为,也就要先了解旅游者所处的具体情境。旅游情境可分为旅游氛围情境和旅游行为情境。前者是一种概念性情境,是旅游者心理需求的投射,并构建旅游世界的总体风格;后者串联在旅游过程中的各级、各节点上,其特征主要取决于自然、文化景观特征,

133

并对具体行为进行规定和引导。

将日常生活世界、旅游世界、旅游体验、旅游情境这些基本范畴统一起来,构建一个可以解释世界内部过程和结构的相互关联的话语体系,它们之间的关系可以用图形加以表示,如图 5-7 所示。

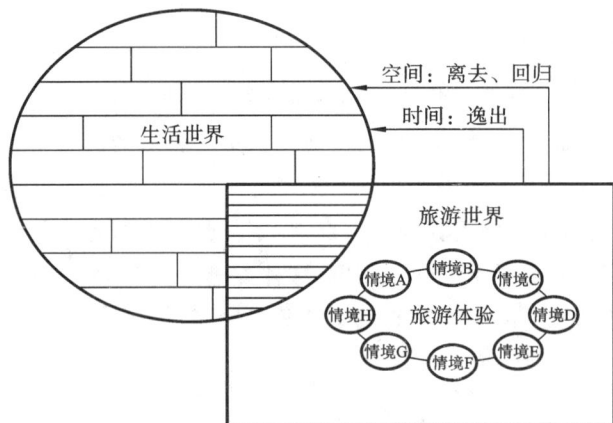

图 5-7 生活世界与旅游世界及其关系

(资料来源:谢彦君.旅游体验研究———一种现象学的视角[M].天津:南开大学出版社,2005.)

必须提到的是图中生活世界是日常生活世界,与胡塞尔的"生活世界"概念在范围上有区别。

2. 现象学视角下的旅游体验整体性

在使用现象学研究旅游现象时,如何理解旅游体验的整体性无疑是旅游本质研究中的关键。整体性研究是将现象学引进旅游现象研究的主要目的,现象学的整体性是建立在意向性构成理论上的,这在一定程度上突破了传统的实体性和现成性的关于"整体性"的理解方式。从这个意义上看,旅游体验研究的整体性并不能仅仅停留在提出一个"旅游世界"的概念并做相关的旅游体验的演绎,而是要从旅游世界的边缘域把握其构成向度,"看"旅游世界和旅游现象是如何出场并在活动中构成其自身。那么这种旅游现象或旅游世界出场的边缘域在哪里?是在异地还是在原居住地的"生活世界"?如果我们对旅游现象的存在特性进行悬置和还原,那么"异地"概念只能是构成的而不是现成的,其构成的边缘域只能是"居住地",也涉及我们在某种意义上有所领会并沉湎于其中的生活世界。

3. 现象学中旅游体验的自身构成

事实上,当我们了解现象学的整体性之后,旅游体验的核心问题即旅游体验的自身构成问题也就得到了说明。现象学反对认识活动从一开始就被置入某种观念框架里,所以要悬置掉不必要的先入性,它要求认识之内的显现者给出它们的存在证据,也就是说显现者只能在实践活动或"生存"中当场构成。那么,旅游体验的显现也不能装在休闲套子或其他的容器里,而是在思维中不断被构成、不断被给予的过程中构造着自身。胡塞尔说,事物不是思维行为,但却在这思维行为中被构造,在它们之中成为被给予性;所以它们在本质上只是以被构造的方式表现它们自身为何物。

知识活页	旅游进食体验的现象学分析

4. 旅游体验的实现路径

1）旅游观赏

旅游观赏是指旅游者远离其常住地,主要通过视听感官对外部世界中所展示的美的形态和其他进行欣赏体验的过程,并从中获得愉悦的感受。

（1）旅游观赏的目的是获得审美体验。

旅游观赏是旅游体验的一种方式,借助于这种方式,旅游者要获得的利益不是对世俗愉悦的体验,而是追求旅游审美愉悦。旅游观赏的过程是指抛开了对象中的功利性内容而进行的那个过程,如欣赏山川胜景和人间万象,也包括对美食这样的主要在于取悦人的味觉和嗅觉感官的事物所具有的形式美的观赏,如对食物的形、色及其铺陈环境的观赏。

（2）旅游观赏的形式是异地性观赏。

在人们的日常生活中,有众多可供赏玩的物象。当人投身于其中时,获得的愉悦与旅游观赏相比除了在程度上有差异外,并无本质上的不同,而恰恰就在异地观赏这一点上,使旅游观赏有了特殊的意义。

（3）旅游观赏的对象来源具有多样性。

旅游观赏不局限于某种单一现象,实际上包罗很广,既有造化之功,又有人文之象,既有自然自在之物,也有斧凿的艺术作品。只要这些物象能愉悦旅游者的耳目,都可以成为观赏对象。

（4）旅游观赏的感官渠道主要是视听感官。

在人的各种感觉中,具有审美作用并成为审美感受基础的,主要是视觉和听觉。因此视、听感觉器官可以被称为审美的器官。审美的定义是见到美或认识美,见到或认识本身就可以使人满足。因此,与美关系最密切的感官是视觉和听觉,都是与认识关系最密切的,为理智服务的器官。然而,视听感官在旅游观赏的审美体验中的作用也不是绝对的、唯一的,其他感官总会以不同的形式、强度、方式通过某种微妙的机制不自觉地、间接地加入对审美体验发挥作用的队伍中,成为审美体验的一个条件和因素。

2）旅游交往

人类在其发展过程中总是自觉或不自觉地寻找着交往的机会,发展着交往的能力。在现代社会中,旅游就成了一种十分重要的交往方式。从形式上看,旅游交往是一种暂时性的个人间的非正式平行交往。也就是说,旅游交往在时间上起始于旅游过程的开始,终止于旅游过程的结束，一般不会向这两极之外延伸，即使延伸也不属于旅游交往，只能看作旅游的准备或旅游交往的效应。在旅游交往期间，由于对象一般是脱离了原社会系统职能约束的平等的旅伴、交易者或东道国居民，所以彼此的沟通多为平行的方式，并以感情上的沟通或物品交易为主要内容，当然也就没有组织规范的严格约束。交往关系的维系和发展是旅游交往的成果，由于这种关系的建立使每一个交往的参与者都扩展了世界的范围，丰富了生活的内容，增进了对外部世界的理解，因此，它也常常成为现代旅游出行时确立的一个旅游收获目标。这些形式上的特点是我们理解旅游交往的钥匙，同时也构成了我们预测旅游者行为的重要依据。

3）旅游模仿

模仿在旅游过程中的意义尤其不能低估，因为模仿有时就是旅游的目的本身，有时是达到目的的手段，在某种情况下还可以解释旅游活动发生的根源。旅游者可以借助模仿或追求模仿实现对旅游愉悦的体验，这个事实使模仿得以成为一种特殊的旅游方式。因此，我们可以将旅游模仿定义为旅游者在旅游过程中暂时放弃其常规角色而主动扮演某些具有愉悦功能的角色的过程。就个体的旅游者而言，旅游过程中的模仿是经常的现象，旅游模仿成了获取乐趣的手段。这样的事例实在不胜枚举。在旅游过程中也可能出现集体性的模仿行为，这是荣格所说的"集体无意识"在起作用。例如，在团队旅游过程的购物环节中，典型地容易看到模仿购买的情况频频发生。

知识关联

集体无意识是瑞士心理学家、分析心理学创始人荣格的分析心理学用语。指由遗传保留的无数同类型经验在心理最深层积淀的人类普遍性精神。

4）旅游中的游戏

科恩（Cohen）认为，对大多数旅游者来说，旅游其实是一种游戏。这种游戏像其他所有游戏一样，深深地植根于真实性的基础上，但游戏要想获得成功，却需要大量的虚拟的人和物（他们可以作为表演者，也可以作为观众）的在场。游戏能否被纳入旅游世界，成为旅游体验过程中的内容，首先要取决于旅游世界的时空指向性。一般情况下，游戏都兼具空间和时间的特殊性，具有文化局限。因此，一种游戏能否成为旅游体验的方式，要看它是否能构成旅游对象物的成分或向量。通常，由于游戏具有嬉乐成分和参与度高的特点，很多旅游产品的提供者都会积极而有效地将一些与目的地文化相关或直接就是该文化的表征的某种游戏纳入旅游体验过程当中，使之成为营造旅游情境的重要手段。这样，旅游过程中的游戏设计，连同其他旅游体验方式一样，就成了提高旅游者参与程度和体验质量的重要手段。

四、现象学的研究步骤

胡塞尔的现象学方法只提出了一些原理，解释了为什么要进行还原，以及还原要达到的目标等，缺少具体的步骤。在人文科学研究中，其研究过程大致需要经历如下一些步骤：从个人和社会价值等角度提出研究问题、从专业角度对研究文献进行全面评论、确定挑选研究对象的标准、得出研究结论。现象学大致遵循同样的步骤，但在具体实施上，现象学研究有它独特的要求。

现象学方法的具体研究步骤如下：①悬置一切理论与已有经验；②通过介入观察、访问等手段去获取行动者真实的意向性意识；③依靠研究者的"自由想象"，变更第二步所得内容，并按某种要求进行分类；④不停地对"分类"结果与其他研究者现时研究的同类和相关课题进行对比，以便得以证实；⑤将研究所得与原先悬置的内容对照分析，以便发现差异，去伪存真，形成最终结论。

1. 悬置一切理论与已有经验

现象学认为普遍的本质存在于个别的示例之中，存在于现象之中，并且可以在对个别事例进行直观把握的基础上直接面对普遍的本质——共相。现象学主张本质是可以直观的，本质直观的过程是一种原始的体验而非反思。在进行本质直观之前，必须端正自己的认知态度，即必须中止判断悬置，把我们对世界的自然态度、传统观念和理论构造等方面置入括号中存而不论。要悬置的对象主要有三：第一，要悬置来自意识主体的主观性，以便能够将经验主体的意识提升为超验主体的意识。一方面要悬置意识主体的情感、欲望和个人的自然态度，另一方面要悬置对事情的功利主义的考虑。这样做的目的在于使意识主体能够对共相做出纯粹的观看，做出一种纯理论的考察。第二，要悬置所有的理论知识和传统观点。我们悬置已有的理论知识和传统观点并不是要否定这些理论知识的重要性，而是为了更好地直面共相。第三，要悬置自然态度中所设定的外部客观世界，其目的不是怀疑或否定这个世界的存在，而是为了更加直接地考察外部客观世界的现象，即其在我们意识所呈现出的样子。

2. 获取研究对象真实的意向性意识

现象学研究主要是为了描述体验，因此可以通过介入观察、访问等手段获取行动者真实的意向性意识。一般来说，获取方法主要有开放式访谈（包括结构式访谈和非结构式访谈）、问卷调查（主要是开放式问卷调查、半开放式问卷调查）。

1）开放式访谈

开放式访谈对于现象学了解细节、触摸研究对象的内心世界、深度了解体验内涵具有独特的作用。梅隆在区分开放式访谈和封闭性访谈时说，访谈的目标要么是发现，要么是测量，现象学研究重在发现，而不是测量，所以应该多采用开放式访谈。现象学访谈需要把握两条原则：一是要有创新性，二是要提出有深度的问题（Fontana 和 Frey）。

2）问卷调查

除了访谈外，还可以采用问卷调查的方法。问卷调查的优点在于能迅速、有效地了解研究对象的一般情况，从而为选择研究对象和描述现象奠定基础。

问卷调查分为开放式问卷调查、半开放式问卷调查、封闭式问卷调查。现象学研究应用较多的是开放式问卷调查、半开放式问卷调查。在半开放式问卷调查中，部分问题由研究人员提供答案，部分问题由被调查者根据调查问题进行描述。

3. 分类记录和描述所得资料

1）记录

现象学研究是一种描述研究，因此，记录是现象学研究的一项基础性工作。对于现象学研究的记录，梅隆认为，由研究者本人进行记录优于由第三者进行记录，特别是对于录音访谈而言，更是如此。这是因为在录音访谈中，研究者在誊写资料的过程中，实际上就已经开始对资料进行分析，从而有利于研究者抓住其中的一些细枝末节，深化对研究体验的解读，而由第三方进行的记录中，就难以做到这一点。而且，由第三方记录的访谈记录中，如出现一些意义不清楚的地方，反而可能需要研究者耗费很多的时间进行重听等。

2）描述

描述在现象学研究中处于核心地位，虽然"描述始终只不过是有选择的描述，要穷尽任何对象或现象的全部特征，特别是关系特征，是不可能的，它迫使我们将精力集中到现象的主要的或决定性的特征上，而抽去那些非本质的属性。"（赫伯特·施皮格伯格，1995）但哪些是主要特征，哪些不是主要特征，在描述的初期往往难以界定。描述的语言要简单和直接，即在现象学的经验描述中，要尽可能使用描述性语言，不要对体验进行随意的解释和归因；体验描述不能有任何的预设，研究者要采取开放的态度，不要担心不知道如何完成它，需要包含什么内容，不包含什么内容，要做的仅仅是把感觉和体验完整地写下来，以便能和其他参与研究者的样例进行比较。（Barritt 等，1979）为了保护合作研究者的隐私，描述时使用假名；最后，研究者在没有弄清被描述的对象之前，切不可匆忙地进行描述，否则就成为现象学研究容易犯的主要错误之一。

3）语言的使用

在现象学研究中，很多的研究者主张使用诗的语言。诗能简洁有效地传达体验所具有的丰富意义，有助于表达现象学文本中所要表达的认知或非认知方面的意义。也有更激进的观点就是用图片表达，因为图片能更清楚地向人们展示内容。

4. 分类对比并提炼主题

现象学的资料分析过程有三个特点：一是现象学分析不要求得到确定的、统一的结论；二是强调整体感，主张对一个事物从各个方面、各个角度进行考察，直到对所研究现象或体验的本质取得完整的认识；三是寻求从外在表现中获取意义，回到事物的本身，消除日常的习俗和偏见，通过直觉和对体验的意识行为进行反思来获得本质的认识，获得观点、概念、判断和理解。

1）资料分析的方法

总体来看，现象学资料分析的方法，既有定量的，也有定性的。如范卡姆采用了定量的方法——统计调查者的反应次数，计算平均数等，而穆斯塔卡斯则抛弃了量的方法，他在范卡姆和科莱齐的现象学方法的基础上，改编出新的方法，这个方法以定性分析为主。而从大多数现象学研究的文本来看，现象学研究主要采用定性分析方法，主要从研究对象的体验中来达到对体验意义的理解和把握。

2）资料分析的步骤

（1）列出要素清单，初步归类。这一步的任务是研究者通读每位访谈者的文本，并根据其描述的内容进行归类。研究者根据每位研究对象陈述的内容对其中的要素命名。

（2）还原和删除。这一步的任务是确定不变要素。研究者要从两个角度审阅每份体验报告。一是该体验报告中所包含的要素是不是理解该体验所必需的。二是这些要素能否独立出来，单独命名。如果陈述的内容不能满足上述两个要求，那么就可以将这些要素剔除掉。通过这些分析而保留下来的要素就构成了该体验的基本要素。

（3）把各个基本要素关联起来，形成主题。它的任务是把各个基本要素划分归类，之后把它们关联起来,形成几个主题。这些主题构成该体验的核心内容。

(4)再一次确定基本要素和主题。把先前提出的基本要素和主题与访谈的原始记录进行对照,确定两者之间是否有矛盾和不一致的地方。先前确立的基本要素和主题如果与研究对象的体验描述不一致,那么这部分内容就可以去除掉。

(5)为每位研究参与者拟写一份个人文本描述。个人文本描述由研究人员撰写,主要描述体验过程中发生了什么,它可以包含访谈记录中的一些内容。

(6)为每位研究参与者拟写一份个人结构描述。个人结构描述是对所发生的事情进行解释,内容可以包含访谈记录中的一些内容。个人结构描述根据个人文本描述和联想过程进行描述。

(7)针对每位研究参与者体验描述的意义和本质,写一份文本—结构描述。这份文本—结构描述是在前面几步的基础上形成的,目的是要揭示各个研究参与者的体验本质。

(8)得出该体验意义和本质的一般描述。这份描述展示的是所有研究参与者的体验。

5. 去伪存真,得出结论

现象学研究的最后一个步骤是,根据直觉把文本描述和结构描述结合起来,融合为一份对所体验对象本质的描述结论。胡塞尔认为,这是通向本质科学、建立本质知识的过程。在胡塞尔看来,本质指的是普遍的、共同的、没有它事物不能成为其本身的东西。

本章小结

(1)质性研究是以研究者本人作为研究工具,在自然情境下,采用多种资料收集方法(访谈、观察、实物分析),对研究现象进行深入的整体性探究,从原始资料中形成结论和理论,通过与研究对象互动,对其行为和意义建构获得解释性理解的一种活动。

(2)内容分析法兼具量化分析与质化分析的优势,能适用于多类型的研究工作,主要运用比较和推断的思维完成研究目的。旅游研究主要使用内容分析法来实现描述分析、趋势预测、比较分析、关系探索。

(3)案例研究法是通过对情景的深厚描述来陈述和解释在现实中的现象,用厚实的描述来构建整体的图景,主要目标是构建理论。

(4)扎根理论是深入情境收集数据,经由数据间的不断比较,对数据抽象化、概念化的思考与分析,从数据资料中提炼出概念和范畴,从而构建理论。通过数据收集、开放式编码、持续比较、选择性编码、理论备忘录、理论编码、延迟文献述评等主要步骤,形成一套完整和独立的研究方法论。

(5)现象学已成为一个极为复杂而多义的概念,不仅流派较多,还包含着感知现象学、想象现象学、现象学自我学、交互主体现象学、生活世界现象学、社会现象学、宗教现象学以及其他具体学科等,甚至包括现象学经济学和现象学建筑学。

核心关键词

内容分析	content analysis
案例分析	case study
扎根理论	grounded theory
现象学	phenomenology

思考与练习

1. 试述内容分析的旅游研究价值。
2. 试述案例分析的旅游研究价值。
3. 试述扎根理论的旅游研究价值。
4. 试述现象学方法的旅游研究价值。

案例分析　　　　旅游体验记忆结构分析

第六章

数量分析技术

学习引导

用数字来表示事物的属性水平,对真实的世界进行编码,有助于我们更直观地认识生活世界。让数字说话,曾经是改革开放时期的一种管理理念。数字是精准表现事物和现象属性、水平、结构、关系、规律的素材,还是实现预测的基础,应用统计分析方法探索数字背后的深层意义,是大学生应该掌握的基本技能。不同的统计分析方法适合解决不同的问题,每一种方法有着特定的前提条件与分析流程。通过本章的学习,让我们一起了解统计分析的奥妙,学习旅游研究中常见的量化分析手段。

学习重点

通过本章学习,重点掌握以下知识要点:

1. 缺失值处理的方法;
2. 数据标准化的方法;
3. 变量结构探索与验证的方法与原理;
4. 变量关系探索与验证的方法与原理;
5. 类群划分与判别方法与原理;
6. 类群差异分析方法与原理;
7. 趋势预测分析的方法。

定量分析是目前主流的研究手段,在旅游研究领域亦是如此。与质性资料不同,数量资料是以数值形式表现出来的研究数据,具有获取简易、形式统一、内涵收敛、操作便利、结果可比等特点,市场调研、实验观察以及官方统计是数量资料的三大来源。有效可靠的数据唯有通过正确的分析才能得到科学可信的结论,所以掌握处理数据的方法非常重要。

第一节 数据的初始处理

无论是通过抽样、实验等方式得到的一手数据资料，还是从官方统计部门等获得的二手数据资料，经常会存在部分数据缺失或异常、量纲不一致等情况，直接影响分析结果的准确性，所以统计分析前的数据初始处理（数据清理）是非常必要的，本节重点介绍缺失值处理以及数据标准化。

一、缺失值处理

1. 类型

缺失值（missing data）是指在研究过程中，应该从样本单元中得到而实际上却未得到的数据，也称缺失数据。在数据收集的过程中，缺失是一个普遍存在的问题，包括完全随机缺失（missing completely at random，MCAR）、随机缺失（missing at random，MAR）、非随机缺失（missing not at random，MNAR），具体见表 6-1。判断数据的缺失是否属于完全随机缺失，可采用单变量 T 检验。检验原理是，如果变量 X 的缺失值是完全随机的，那么在 X 上缺失和非缺失两组样本在第二个变量 Y 上的均值差异是不显著的，否则存在某种相关性。

> **知识关联**
>
> 某变量的数据存在缺失，该变量称为不完全变量，否则为完全变量。

表 6-1 常见的缺失类型

类型	特点	描述
MCAR	完全随机，与任何变量无关	因不可抗逆因素中止调研而发生的缺失属于 MCAR。大量实验数据表明，当 MCAR 少于 5% 时，对统计结果影响不大
MAR	不完全随机，与观测变量本身无关，但与其他变量有关	调研问卷中经常会有条件题项的设计，部分题项是针对满足某些条件的群体专门设置的，不满足条件的样本就会存在 MAR
MNAR	只与观测变量本身有关	问卷调研中，因敏感问题，或无解问题，或歧义问题，或操作不当等导致的缺失值均属于 MNAR。MNAR 会产生有偏估计，偏差程度难以把握，直接导致样本不能很好地代表总体，需要尽量避免

2. 处理方法

面对数据缺失，我们一般或删或补，是删？是补？如何补？视具体情况而定。

1）个案删除法

个案删除法是最简单的处理方法，具体的操作程序是，将变量数据存在缺失的个案直接删除。以减少样本量来换取信息的完备，会造成资源的大量浪费，丢弃了隐藏在删除个案中的其他信息。个案删除法不适合小样本，在样本量较小的情况下，删除少量样本就足以严重影响数据的客观性和结果的正确性。这种方法只限于在待删个案在总样本的占比较小的情况下使用,具体的占比临界值尚无定论,有人提出 5%,也有学者认为 20% 以下即可。

　　2)估计填补法

　　估计填补法是基于统计学原理而来的,用已有的数据来估计缺失数值,从而使信息完备。常用的填补方法有"0"填补、均值填补、回归替换、热卡插补、期望值最大化、多重填补、平均同质项目法等(见表 6-2)。

表 6-2　常用的填补方法

方法	具体操作	特点
"0"填补	将缺失值作为常数值"0"处理	最简单的填补; 在保证信息真实的前提下,避免有效信息的牵连式丢失; 缺乏相对科学统一的标准,主观性较强,容易引起严重的数据偏离
均值填补	对定距变量来说,以样本均值填补;对定类/定序变量来说,以众数填补	简便快速; 满足完全随机缺失; 不会影响变量的均值估计,但可能会造成变量的方差和标准差变小
回归替换	以变量间的回归关系预测缺失值	操作简单; 优点在于充分利用已知信息; 局限在于变量间的回归关系难精确、稳定表达,易忽略随机误差项,影响回归估计结果的单一性
热卡插补	选定与不完全变量 X 相似的完全变量 Y,根据 Y 取值大小进行个案排序,则变量 X 缺失前数值填补缺失值	计算简单,耗时较长; 难点在于确定不完全变量相似的完全变量; 优点在于保持数据本身的意义; 局限在于会模糊个案之间的差异,增大误差
期望值最大化	EM 迭代,即通过观测数据的边际分布对未知参数进行极大似然估计,然后估计缺失值	计算复杂,耗时长; 满足随机缺失; 优点在于充分考虑已知数据,寻求全局最优值
多重填补	用一系列可能的值来替换每一个缺失值,综合考虑替换后的统计结果,最后得到总体参数的估计值	计算复杂,实际难以实现; 满足贝叶斯假设; 优点有:充分考虑数据的不确定性,随机生成缺失值,更贴近统计推断;真实模拟缺失数据的分布,能够尽可能地保持变量之间的原始关系;在不舍弃任何数据的情况下对缺失数据的未知性质进行推断

续表

方法	具体操作	特点
平均同质项目法	假设个体在某一因子的某些条目上存在缺失值，可通过平均其他几个条目得分来填补缺失值	操作简易； 在小范围数据处理中很常见，但缺失值过多可能会对结果产生偏差

在实际的工作中，我们要根据实际情况正确选择解决方法。在数据样本大、缺失数据所占比例很小的情况下，可以考虑个案删除法；在数据缺失属于完全随机缺失且样本容量不大的情况下，可采用估计填补法。事实上，并不存在一种绝对完美、万能的处理方法。缺失值的存在或者不合适的处理都会影响统计分析结果，所以对缺失值的处理一定要慎重。

3. 预防与控制

没有任何一种处理方法能保证不会对研究结果产生丝毫偏差。因此，在数据收集前以及收集过程中，应该尽量避免数据缺失的发生。

1）事前预防

提升调查表的设计质量，合理安排调查项数目，问卷调查项由简单到复杂，由总体到局部，并减少界限模糊的题项；努力降低调查项目的敏感性，尽量采用常规的关键数据集，进而降低数据提供者的无回答率；加强调查员和数据录入人员的选拔和培训，增强他们的责任心和业务能力，以避免由此造成的数据缺失等。

2）事中控制

加强激励和宣传，在调查过程中利用自身和第三方力量，使被调查者了解调查内容及其重要性，提高被调查者的参与意识；直接面向被调查者采集数据，提高收集更完整数据的概率等。

二、数据标准化

数据标准化也称数据规范化，是指将数据按一定比例缩放，使之落入特定区间，旨在消除不同属性或样本间的不齐性。其中最典型的就是数据的归一化处理，将数据统一映射到 $[0,1]$ 区间上。

在多重指标综合评价体系中，由于各评价指标的性质不同，量表中可能出现正负项指标，或指标具有不同的量纲，如从旅游收入、旅游人次、资源数量、交通里程、酒店规模等多重指标来评价区域旅游经济基础。当各指标间的水平相差很大时，如果直接用原始指标值进行分析，就会突出数值水平较高的指标在综合分析中的作用，相对削弱数值水平较低指标的作用。因此，为了保证后续的数据分析工作，需要对原始指标数据进行标准化处理。

数据标准化的作用与意义主要表现在：其一，化解变量间的正负向矛盾，解决非同向数据间无法评测的问题；其二，对于性质和数据水平相差很大的变量，消除了变量间的量纲关系，解决了变量之间不可比的问题；其三，标准化处理之后的数据更加方便应用，提升数据处理效率。

1. 重要原则

原则一：同一变量内部相对差距不变原则。

任何标准化方法,都不能改变评价对象指标内部数据之间的相对差距。如果相对差距改变了,最终评价结果中评价对象间的差距就被扭曲了。

原则二:不同变量间的相对差距不确定原则。

所谓变量间的相对差距,是指在客观事物的发展过程中,不同变量的发展水平并不相同。有些变量发展比较快,总体水平可能较高;有些变量发展比较慢,总体水平可能较低。数据标准化必须体现出这种差距,为了简捷起见,可以用不同变量标准化后的极差来反映。

原则三:标准化后极大值相等原则。

既然是数据标准化,必须保证标准化后的极大值全部相等,否则就失去了标准化的意义。如果变量 A 标准化后的极大值小于 1,变量 B 与变量 C 的极大值为 1,那么 A 与 B 或 C 标准化之后的取值是不可比的。

2. 常用方法

数据标准化处理主要包括同趋化处理和无量纲化处理,标准化会对原始数据做出改变,因此需要保存所使用的标准化方法的参数,以便对后续的数据进行统一的标准化。

1) 同趋化处理

同趋化处理主要解决不同性质数据问题,对不同性质指标直接加总不能正确反映不同作用力的综合结果,须先考虑改变逆指标数据性质,使所有指标对测评方案的作用力同趋化,再加总才能得出正确结果,如量表中反义题项的数据处理。量表中有些是指标值越大评价越好的指标,称为正向指标;有些是指标值越小评价越好的指标,称为逆向指标。在进行综合评价时,首先必须将指标同趋化,一般是将逆向指标转化为正向指标,所以同趋化也被称为正向化。针对连续性变量,可以直接采用取负值和取倒数的方法;针对等级或顺序变量,如李克特量表,可对其进行反向计分处理(见表 6-3)。

表 6-3　同趋化处理方法

方法	转换公式	适用范围
取负值	新数据＝－(原始数据)	连续性变量,正负取值均有意义
取倒数	新数据＝C/原始数据(C 为常数,通常取 C＝1)	连续性变量,没有极端取值
反向计分	新数据＝(极大值＋1)－原始数据	等级或顺序变量,常用于量表反义题项处理

2) 无量纲化处理

具有不同量纲和量纲单位的变量是不具备可比性的。去除数据的量纲限制,将其转化为无量纲的纯数值,便于变量间的比较、加权,这一过程称为无量纲处理。与同趋化处理最大的区别在于,无量纲化处理之后的数据只有相对意义,没有绝对意义。具体应用时,应根据实际情况选择合适的方法。常见的无量纲化方法如表 6-4 所示。

表 6-4　常见的无量纲化方法

方法	特点	转换公式	适用范围
Min-max 标准化	基于极值的线性变换;简单易懂,且不会改变数据分布	新数据＝(原数据－最小值)/(最大值－最小值)	适用于原始数据的取值范围已经确定的情况,若最大值和最小值易变,容易使标准化结果不稳定

方法	特点	转换公式	适用范围
Z-score 标准化	基于均值与标准差的线性变换，不改变数据在原数据集中的位置；转化之后的数据集均值为 0，标准差为 1	新数据＝（原数据－均值）/标准差	适用于极值未知，或有超出取值范围的离群数据存在的情况，原始数据接近正态分布
小数定标标准化	基于极值的最大整数位数的缩放处理；直观简单，不改变数据分布，不消除属性间的权重差异	新数据＝原数据/（10×j） 其中，j 是原数据集的最大整数位数	适合数据初期探索

第二节　描述性统计

描述性统计，又称概括性度量，用于揭示数据分布特性，包括集中趋势、离散程度、分布形态分析以及可视化图表表达。

一、数据分布特征分析

1. 集中趋势

集中趋势（central tendency）是指一组数据向某一中心值靠拢的程度，反映了一组数据中心点的位置所在，分析统计量包括众数、中位数和平均数等（见表 6-5）。

表 6-5　常用的集中趋势分析统计量

统计量	内涵	特点	适用范围	生活世界的事例
众数（mode）	一组数据中出现次数最多的数值，即事物发展的多数情况；出现的次数越多，就越能代表数据集的整体状况	与数值大小无关，不受极端值影响，根据频次确定，众数是数据集中的某个数据，单位或量纲不变； 一个数据集中每一个数值出现的频次都相等，则该数据集不存在众数，所以众数可能是一个或多个甚至没有	在数据量较大的情况下，众数才有意义	在生活中，经常采用"举手表决"方式、依据"少数服从多数"来解决问题，即在统计出所有提议及相应票数的情况下，看最高票数是否超过总票数的一半，如果超过了总票数的一半，选择的最终答案就是这个众数

续表

统计量		内涵	特点	适用范围	生活世界的事例
中位数（median）		一组数据经排序后处于中间位置的数据，即事物发展中的中等水平	与数值大小有关，根据大小顺序确定，不受极端值影响；不能反映所有样本个体的信息，仅仅考虑的是在相对位置上中间的样本的信息。中位数具备唯一性，当数据集个数为奇数时，正中间的数据为中位数；当个数为偶数时，正中间的两个数据的均值为中位数	适用于有限样本；不适用于定类数据	在一个社会中，按照财富和社会地位进行排序，位于中间位置的是中产阶级。中产阶级的意见受到重视的社会是一个较为稳定的社会，是一个有了较高发展程度的社会
平均数（mean）	简单平均数	对未经分组的原始数据计算得到的平均数，即不考虑个案差异的整体平均水平	等权重假设，与取值大小有关，与数据集的每个数都有关系，受极端值影响，不考虑样本个案的特殊性，反映一组数据的平均水平，应用最广	适用于定距数据，不存在个别极端数据，样本个案无差异	
	加权平均数	对分组的数据计算得到的平均数，即考虑个案特殊性的整体平均水平	不等权重假设，与各组均值的大小和各组变量值出现频率的大小有关。如果某组的数据越多，频数越大，那么该组数据对平均数的影响就越大，反之则越小。反映了样本内所有个体的信息	适用于定距数据	绩点的计算就是一个典型的加权平均数求解过程

平均数说明整体的平均水平，反映了样本内所有个体的信息，包括简单平均数与加权平均数，前者与完全的平均主义、严格的每人一票、"全民公投"等相对应，后者则考虑个体的特殊性，赋予不同权重。众数着眼于对各数据出现的频数的考察，代表多数情况，出现次数最多的个体信息被表达出来，其他个体的所有信息完全被忽视。中位数在统计学分析中扮演着"分水岭"的角色，表示生活中的中等水平，并不能反映所有样本个体的信息，仅仅考虑的是在相对位置上中间的样本的信息，人们由中位数可以对事物的大体趋势进行判断和掌控。从信息的完整性来看，平均数优于众数、中位数，但是在个别的数据过大或过小的情况下，平均数代表数据整体水平是有局限性的，用中位数或众数作为表示这组数据特征的统计量往往更有意义。在统计学中，最理想的情况是反映集中趋势的三个统计量相互重合，即平均数、中位数和众数相等，即数据分布符合正态分布，当三个统计量不重合时数据分布呈现有偏分布，如单峰分布数据的众数、中位数和平均数具有如图 6-1 所示的关系。

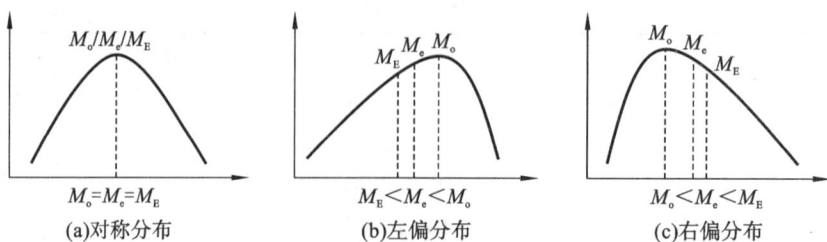

图 6-1　众数（M_o）、中位数（M_e）与平均数（M_E）的关系示意图

知识活页　　　　识记"平中众"顺口溜

分析数据平中众，比较接近选平均，相差较大看中位，频数较大用众数；
所有数据定平均，个数去除数据和，即可得到平均数；大小排列知中位；
整理数据顺次排，单个数据取中间，双个数据两平均；频数最大是众数。

2．离散程度

离散程度，也称离中趋势，反映各变量值远离中心值的程度。离散与集中相对，离散程度越小，集中趋势就越明显。离散程度的测度统计量包括异众比率、四分位差、极差、方差和标准差以及离散系数，不同类型数据适用不同的指标（见表 6-6）。

表 6-6　常用的离散程度分析统计量

统计量	定义	特点
异众比率（variation）	非众数组的频数占总频数的比率	异众比率用于衡量众数是否能代表一组数据的总体水平。 异众比率越大，说明非众数组的频数占总频数的比例越大，众数的代表性越差；反之则说明众数的代表性越好
四分位差（quartile deviation）	一组数据依次排序，处在 25% 和 75% 位置上的数值之差 $IQR = Q_3 - Q_1$	四分位差越小，说明数据越集中，反之说明数据越分散。 四分位差规避了极值的影响，但四分位差还是单纯的两个数值相减，并没有考虑其他数值的情况，所以也无法比较完整地表现数据集的整体离散情况
极差（range）	一组数据的最大值与最小值之差 $R = \mathrm{Max} - \mathrm{Min}$	极差越小，说明数据越集中，反之说明数据越分散。 极差是最简单的数据离散指标，计算简单，能从一定程度上反映数据集的离散情况，但因为最大值和最小值都取的是极端值，而没有考虑中间其他数据项，因此往往会受异常点的影响不能真实反映数据的离散情况

续表

统计量	定义	特点
方差 （variance）	各数据与数组平均值之差的平方的均值 $$\sigma^2 = \frac{\sum (x - \bar{x})^2}{n}$$	方差是最常用的离散统计量，用取平方的方式消除数值偏差的正负，反映一组数据波动的情况。 在样本容量相同的情况下，方差越大，说明数据的波动越大，越不稳定，数据越分散、差异越大。 方差使用均值作为参考系，考虑了数据集中所有数值相对均值的偏离情况，并使用平方的方式进行求和取平均，避免正负数的相互抵消
标准差 （standard deviation）	方差的算术平方根 $$\sigma = \sqrt{\frac{\sum (x - \bar{x})^2}{n}}$$	在样本容量相同的情况下，标准差越大，说明数据的波动越大，越不稳定，数据越分散、差异越大。 相比方差，标准差与反映数据集中的统计量属于同样数量级，便于比较。 基于均值和标准差就可以大致明确数据集的中心及数值在中心周围的波动情况，也可以计算正态总体的置信区间等统计量
平均差 （mean deviation）	各数据与数组平均值之差的绝对值的均值 $$MD = \frac{\sum |x - \bar{x}|}{n}$$	平均差用绝对值的方式消除偏差的正负性。 平均差相对标准差而言，更不易受极端值的影响，但是不如标准差的计算过程简单直接，平均差是一个逻辑判断的过程而并非直接计算的过程
离散系数 （coefficient of variation）	一组数据的标准差与其平均数的比值 $$CV = \frac{\sigma}{\bar{x}}$$	方差、标准差和平均差等都是数值的绝对量，无法规避数值度量单位的影响，往往需要结合均值、中位数才能有效评定数据集的离散情况，比如同样是标准差是 10 的数据集，对于一个数值量级较大的数据集来说可能反映的波动是较小的，但是对于数值量级较小的数据集来说波动可能是巨大的。 离散系数的优势就在于作为一个无量纲量，可以比较度量单位不同的数据集之间的离散程度的差异；缺陷也是明显的，就是无法反映真实的绝对数值水平，同时对于均值是 0 的数据集无能为力。 离散系数主要用于比较不同样本数据，离散系数越大，说明数据越离散；反之则说明数据越集中

3. 分布形态

要全面了解数据分布的特点，除了了解集中趋势和离散程度两个重要特征，我们还需要知道数据分布是否对称、倾斜方向和扁平程度究竟如何。常见的分布形态测度有偏态系数和峰态系数。

1）偏态

数据分布的对称程度和方向称为偏态，其度量值称为偏态系数（coefficient of

149

skewness，记作 SK）。

如果一组数据的分布是对称的，则偏态系数等于 0；如果数据分布不对称，则偏度系数大于 0 或小于 0。当偏度系数小于 0 时，分布图左边有一条长尾，称为左偏（或负偏）；当偏度系数大于 0 时，分布图右边有一条长尾，称为右偏（或正偏），如图 6-2 所示。

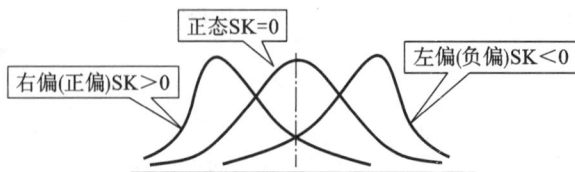

图 6-2　偏态示意图

偏态系数的绝对值越大，数据分布的偏斜程度就越大。偏态系数的绝对值大于 1，被称为高度偏态分布；绝对值为 0.5—1，被称为中等偏态分布；绝对值越接近 0，偏斜程度就越小。

2）峰态

数据分布的平峰或尖峰程度称为峰态，其度量值称为峰态系数（coefficient of kurtosis），用 K 来表示。

峰态通常以标准正态分布曲线为标准。如果一组数据分布服从正态分布，其峰态系数为 0；若分布形态比标准正态分布陡峭，则其峰态系数大于 0，数据分布更集中，称为尖峰分布；若分布形态比正态分布平缓，则其峰态系数小于 0，数据分布更分散，称为平峰分布（见图 6-3）。

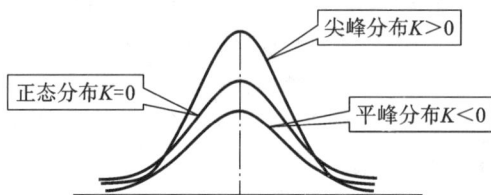

图 6-3　峰态示意图

需要注意的是，分组数据的峰态系数计算公式为：$K = \dfrac{\sum\limits_{i=1}^{k}(x_i - x)^4 fi}{ns^4} - 3$，该公式也可以不减 3，此时的比较标准是 3，即当 $K > 3$ 时为尖峰分布，当 $K < 3$ 时为扁平分布。

知识活页

经验法则表明，当一组数据对称分布时：
约有 68% 的数据在平均数加减 1 个标准差的范围之内；
约有 95% 的数据在平均数加减 2 个标准差的范围之内；

约有99%的数据在平均数加减3个标准差的范围之内。

一组数据中几乎所有的数据都位于平均数加减3个标准差的范围之内,位于范围之外的数据是很少的,我们将位于范围之外的数据称为异常值或离群点。

二、数据的可视化表达

图示是数据可视化表达(visualization of data)的重要工具,对时间、空间等概念和一些抽象思维的表达具有文字和言辞无法取代的传达效果。图形化显示已成为当前科研、商业等领域不可或缺的元素,以讲故事的形式向我们揭示数据背后的规律,为黑白数字世界增添一抹亮丽颜色。

1. 图形表达的基本特性

图形表达以能够清晰地展示数据、表达统计目的为最终目的,但是在实际应用中经常会遇到各种各样的问题,如词不达意、数图不匹配等。一张高品质的图讲究"神、形"俱备,主要有以下特性:一是表达的准确性,对所示事物的内容、性质或数量等表达准确无误,不同的数据适用不同的图表;二是信息的可读性,清晰地表达统计目的,图示意义通俗易懂,尤其是用于大众传达的图形,有助于洞察数据的本质;三是标注的不可或缺性,依据图示的展示目的,添加简短而必要的统计描述和文字说明;四是设计的艺术性,图示是通过视觉的传递来完成的,必须考虑人们的欣赏习惯和审美情趣,这也是其区别于文字表达的艺术特性。

2. 常见的图形

不同类型的图示具有不同的适用范围。使用图形表达时,首先要弄清楚面对的是什么类型的数据,想展示什么。图形的表达内容主要包括分布、构成、比较以及相关四大类,绘制图形的软件也有很多,如 Excel、Origin、Citespace、Matlab、Spss、Eviews、Ucinet、Visio、Arcgis 等,考虑到主要读者的需要,在此我们重点介绍 Excel 图示,为图形制作提供参考(见表 6-7)。

表 6-7　常用的图形

图形	特点	图示	图形	特点	图示
简单条形图	以宽度相同、高度不同的直条来描述数据分布。简单条形图是最基本的条形图,适用于显示一段时间内的数据变化或说明各类别之间的比较情况		堆积条形图	相对于简单条形图,堆积条形图反映单个类别与总体的关系,并跨类别比较每个值占总体的百分比,强调了样本总体的大小	

图形	特点	图示	图形	特点	图示
分组条形图	相对于简单条形图，分组条形图将数据按照类别划分为两个或多个类别，同时对比多个类别的多项数值		帕雷托图	从高到低反映了样本的频数分布	
饼图	圆代表样本总体，扇形面积表示各个类别占总体的比例大小，主要用于定类数据，实现构成分析。 饼图擅长表达某一占比较大的类别，但不适合对比。当类别过多，也不适宜在饼图上表达		环形图	环形图是对饼图的一种补充，不能直接反映具体的数量大小，但能同时展示多个样本构成，实现构成与比较分析，适用于定类与定序数据	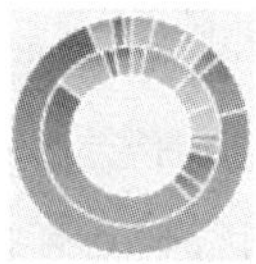
直方图	一系列连续、高度不等的纵向线段，适用于定序、定距数据。 直方图是条形图的特殊形式。直方图的数值坐标轴是连续的，用面积表示各组频次频率的多少，其高度和宽度均有意义		面积图	用面积来表现连续型数据的频数分布，面积越大，频数越大，反之亦然。 面积图反映了各类别样本数量、结构随时间变化的趋势，同时也能展现总体数据的数量变化，适用于定距数据的分析比较	
散点图	利用散点（坐标点）的分布形态反映变量统计关系，适用于大样本的定距、定序数据。 散点图能直观表现变量间的相关性和数据的整体分布，主要用于揭示变量间的关系，常用于相关、回归分析以及数据挖掘的聚类	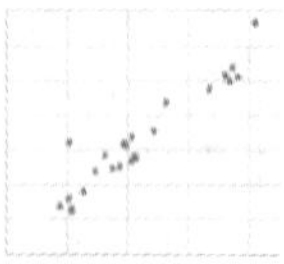	折线图	以折线方式显示数据的变化趋势，主要用于时间序列数据的分析，常以时间变量为横轴。 折线图可以实现相等时间间隔下的趋势对比分析。与简单条形图相比，折线图能够同时直观地对比多组数据	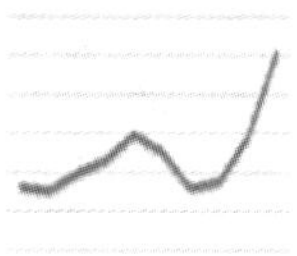

续表

图形	特点	图示	图形	特点	图示
气泡图	第一个变量为横轴，第二个变量为纵轴，第三个变量的大小用气泡的大小表示。气泡图常用于展示三个变量之间的相关关系	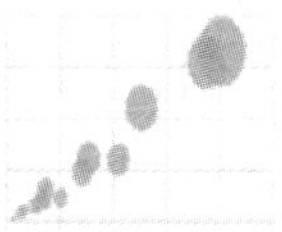	雷达图	适合用在固定的框架内表达某种已知的结果，在商务、财务领域应用广泛，常见于经营状况、财务健康程度等的数据分析。如利用雷达图可以清晰地分析某次旅行"吃住行游娱购"的费用预算和实际开销的维度对比	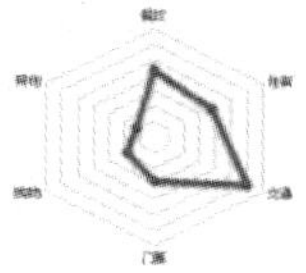
茎叶图	将样本数据分成高位数值的"茎节"和低位数值的"叶"两个部分，以"茎节—叶"的形式展示数据分布情况。 茎叶图类似横置的直方图，区别在于，茎叶图能保留原始数据信息，但局限于小样本的定距数据		箱线图	利用最小值、上下四分位数、中位数与最大值描述数据分布，适用于离散数据。 箱线图可以直观明了地识别数据中的极端值、异常值，判断和比较一组或多组数据的离散情况。同时也能清晰反映变量的实时变化以及类间对比	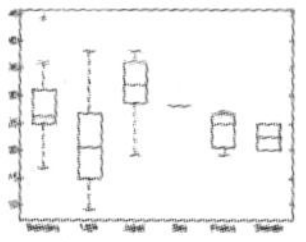

153

除了上述常见图表，还有其他很多经典：①地理图，主要展示空间关系，适用于空间属性变量的数据分析，可细至具体的某条街道，或宽至世界范围；②热力图，以高亮形式展现数据，最常见的就是用热力图表现道路交通状况以及网站/App 的用户行为分析；③关系图，展现事物相关性和关联性，适用于大数据分析，如利用 Citespace 的知识图谱、Ucinet 的语义网络分析图等；④矩形树图，常用于表达多类目数据，以面积表示数值，以颜色表示类目，在电子商务、产品销售等方面应用广泛；⑤桑基图，日常生活工作中应用较少，常用来表示信息的变化和流动状态，如用户行为及流量的分析图；⑥漏斗图，适用于固定流程的转化分析；⑦词云图，与关系图相似，依赖大数据，本身不存在维度，主要展示热点词汇，处理文字类素材；⑧K 线图，目前广泛地应用于股票、期货、外汇、期权等证券市场；⑨其他。

使用图表，不只是为了形式上的特色，更多的是直观简洁地表达数据分析结果。所以没有最好的可视化图表，只有更好的分析方法。

第三节　变量结构分析

实际研究中存在很多不能直接被测量的变量，往往会选择一组测试变量代之，无可避免，测试变量间或多或少存在相关关系，甚至信息重叠，所以人们希望通过克服相关性、重叠性，用较少的变量来代替原来较多的变量，以反映原来测试变量的大部分信息，探索存在于待测变量与测试变量间的潜在变量结构。变量结构分析包括探索与验证两个过程，前者侧重让数据"自己说话"，解答"变量的结构如何"，后者侧重让数据确定结构系数，解答"变量的结构是否如此"。结构验证的内容详见本章第七节，本节将围绕变量结构的探索性分析，重点介绍探索性因子分析方法的原理与步骤。

一、探索性因子分析概述

1904 年英国心理学家查尔斯·斯皮尔曼（Charles Spearman）发表《对智力测验得分进行统计分析》，首次提出因子分析，也是我们现在常说的探索性因子分析（exploratory factor analysis，EFA）。EFA 是一种降维、简化数据的技术，通过寻找众多变量的公因子来简化变量中存在的复杂关系，主要解决变量内在结构、因素赋权等问题，在心理学、社会学、经济学、管理学等领域中广泛应用。

在不断探索与发展中，EFA 的应用有了进一步的拓展与细分，形成了 R 型因子分析（R-EFA）与 Q 型因子分析（Q-EFA）两种类型，前者适合变量间相关关系的探索研究，后者适合样本个体间相关关系的探索，所以 R-EFA 适用于变量结构分析，Q-EFA 则适用于类群分析（详见第五节）。

1. 基本术语

学习 R-EFA 的第一步，是熟悉基础概念（见表 6-8）。

表 6-8　R-EFA 的基本术语

统计指标	统计学意义	特点
因子载荷 （factor loadings）	观测变量与公因子的相关系数	因子载荷表示观测变量对公因子的贡献程度。因子载荷越大，则表示该观测变量对某公因子的相对重要性越高，观测变量的贡献越集中，因子分析效果越好
特征值 （eigenvalue）	对应的公因子引起变异的方差	特征值是每个变量在某一公因子上的因子载荷的平方总和，特征值越大，对应公因子的独立性越高
变量共同度 （communality）	即变量方差，是每个原始变量在每个公因子的负荷量的平方和，也就是指原始变量方差中由公因子所决定的比率	变量共同度越大，则该观测变量对某因子的依赖程度越大，公因子的解释力越大，因子分析效果越好

续表

统计指标	统计学意义	特点
方差贡献率 （variance devoting rates）	每个公因子所解释的方差占所有变量总方差的比例	方差贡献率表示公因子对原始变量的解释力度，是衡量公因子相对重要性的指标。方差贡献率越高，则公因子的相对重要性越高
累积方差贡献率 （cumulative variance devoting rates）	一组观测变量提取的公因子的方差贡献率之和	累积方差贡献率代表公因子解释原始观测变量组的力度，如累积方差贡献率为68.5%，则提取的公因子能够解释原始变量68.5%的信息

2. 基本原理

EFA 主要适用于在没有任何前提预设假定下，通过共变关系的分解，进而找出最低限度的主要成分，进一步探讨这些主成分或共同因子与个别变量之间的关系，找出观察变量与其对应因子之间的强度，以说明因子与所属的观察变量的关系，最终找到观察变量因子结构或实现因子内容以及变量分类。

R-EFA，是针对变量所做的因子分析，其基本思想是通过对变量的相关系数矩阵内部结构的研究，找出能够控制所有变量的少数几个随机变量去描述多个随机变量之间的相关关系。然后再根据相关性的大小把变量分组，使同组内的变量之间的相关性较高，不同组变量之间的相关性较低。

二、探索性因子分析步骤

探索性因子分析是以一组观测变量为起点，通过随机抽样得到观测数据，由数据表征探索变量间的内在逻辑结构，最后达到降维的效果。所以量表的编制与抽样调查是探索性因子分析的基础（详见第三章与第四章）；初始量表的信度检验与因子适用性检验是探索性因子分析的前提条件；公因子提取与解释是探索性因子分析的主体环节；公因子量表的信度检验则是探索性因子分析的效果反映。图 6-4 所示为 R-EFA 流程图。

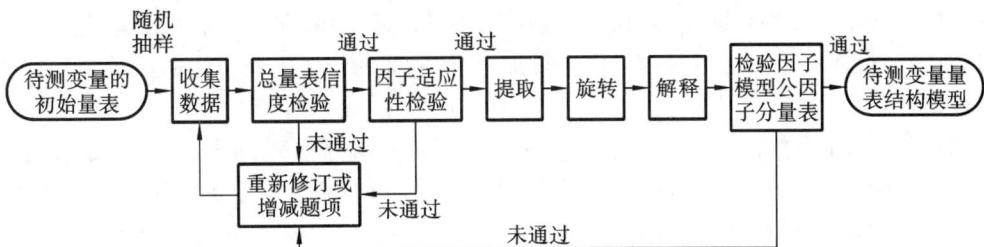

图 6-4　R-EFA 流程图

1. 因子适用性检验

因子分析是基于变量间的协方差矩阵，换而言之，即要求观测变量必须具有一定的相关性，如果变量间不存在相关性，或者相关性很小，那么因子分析将不是一种合适的分析方法。实际中，变量间的相关性往往是存在的，但是否达到适合进行因子分析的程度呢？除了直观的判定外，还存在一些客观的检验方法。

（1）KMO检验（Kaiser-Meyer-Olkin measure of sampling adequacy）。

KMO统计量代表变量间的偏相关程度，是简单相关量和偏相关量的一个相对指数，取值为0—1。当所有变量间的简单相关系数平方和远远大于偏相关系数平方和时，KMO值接近1；当所有变量间的简单相关系数平方和接近0时，KMO值接近0。KMO值越接近1，意味着变量间的相关性越强，越适合做因子分析；KMO值越接近0，意味着变量间的相关性越弱，原有变量越不适合做因子分析。一般认为KMO值大于0.9效果最佳，0.7以上时效果尚可，0.6时效果较差，0.5以下时不适宜做因子分析。

（2）巴特利特球形检验（Bartlett's test of sphericity）。

巴特利特球形检验是一种建立在协方差阵是单位阵（即变量间不相关）的假设基础之上的检验，以变量的相关系数矩阵为出发点。当巴特利特球形检验的统计量数值较大，且对应的相伴概率值小于用户给定的显著性水平（SPSS软件默认设定显著性水平为0.05）时，拒绝原假设，观测变量的观测数据库适合做因子分析。

2. 因子提取

1）提取方法

探索性因子分析的公因子提取方法包括主成分分析、最小二乘法、主轴因子分解法、极大似然法、Alpha因子分解法、映像因子分解法等。

（1）主成分分析。假设变量是各公因子的线性组合，从原始变量的总体方差变异出发，尽量使原始变量的方差能够被主成分（公因子）解释，并且使得各公因子对原始变量方差变异的解释比例依次减少，以达到数据压缩和数据解释的目的。主成分分析是实践中最常见的方法，计算相对简单，但存在一定的局限，主成分分析得到的各变量的特殊因子互不独立，可能会对因子载荷造成较大偏差。当公因子的共同度较大时，特殊因子的影响可以忽略不计。如果研究者关注的问题是，寻求尽可能少的因子来解释数据的最大方差，主成分分析是一种值得推荐的方法。

（2）最小二乘法。最小二乘法强调误差最小化，包括广义最小二乘法和未加权最小平方法。广义最小二乘法根据变量值进行加权，使实际的相关阵和再生的相关阵之差的平方和最小；未加权最小平方法不对变量值进行加权，使实际的相关阵和再生的相关阵之差的平方和最小。

（3）主轴因子分解法。主轴因子分解法从变量的相关系数矩阵出发，使原始变量的相关程度尽可能地被公因子解释，依据特征值大小依次提取公因子，重在解释变量的相关性，确定内在结构，所以当研究的目的重在确定结构，而对变量方差的情况不太关心时可以使用此方法。

（4）极大似然法。极大似然法是假定公因子和特殊因子服从正态分布，则能够得到因子载荷和特殊因子方差的极大似然估计。该方法不要求数据服从正态分布，在样本量较大时使用效果较好,特别是当样本量极大(1500以上)时,结果会更为精确。

(5)Alpha因子分解法。Alpha因子分解法将变量看成是从潜在变量空间中抽取出来的样本,在计算中尽量使变量的α信度达到最大,适用于小样本少变量的情况。

(6)映像因子分解法。映像因子分解法把一个变量表示成其他变量的多元回归方程,据此提取公因子,适用于小样本少变量的情况。

如果进行因子分析所采用的变量数和样本量都比较大,而且各原始变量之间的相关性较强,各种因子法提取的结果基本相同,区别仅仅在于各种方法的分析思想。

2)公因子的有效性指标

一组变量(n个)提取的公因子数范围在$[2,n-1]$,公因子的提取主要考虑以下三大指标。

一是特征值。公因子提取的先后次序是根据其特征值的大小,优先提取特征值较大的公因子。

知识活页

提取公因子有两个方式:一是设定特征值标准,SPSS分析软件默认设定"特征值≥1",这也是目前使用最多的,当然也可以考虑研究需要,人为设定临界值,尚未形成统一、权威的具体标准;二是确定公因子数量,主要考虑待测变量的逻辑结构,根据公因子的特征值,从大到小提取一定数量的公因子。

二是方差贡献率与累计方差贡献率。一般我们认为当累计方差贡献率达到50%,提取的公因子就能解释大部分原始信息,可以接受。

三是因子载荷。实际分析时,一个观测变量不可能只属于某一公因子,明确观测变量归属时,遵循"因子载荷最大"原则。考虑分析结果的绝对误差,一般设定因子载荷的下限为0.4,当然也可细致考虑实际的分析样本量,具体标准见表6-9。

表6-9　因子载荷临界值表

样本量	因子载荷临界值	样本量	因子载荷临界值
50	0.75	120	0.50
60	0.70	150	0.45
70	0.65	200	0.40
85	0.60	250	0.35
100	0.55	350	0.30

3. 因子旋转

在实际分析中,往往出现一个变量在多个公因子上均有较大的载荷,或者多个变量同时在某一公因子上的载荷比较大等情形，不利于统一的因子解释。

因子旋转（rotation of factors）是因子分析的核心技巧，是解决上述情况的有效途径。旋转的原理就是坐标变换，依据因子对变量进行更好的"聚类"，在于改变每个变量在各因子的负荷量的大小，解决变量同时对多个公因子有较大的贡献率的问题。因子旋转是建立在不影响共同度和全部所能解释的方差比例前提下的，其可行性由因子模型协方差结构在正交阵下的"不可识别性"决定。

因子旋转包括正交旋转（orthogonal rotation）和斜交旋转（oblique rotation）。

（1）正交旋转。正交旋转包括方差最大法、四次方值最大法、等量方差最大法，保持坐标轴的正交性（成直角），最大的特点是正交旋转之后的因子互不相关。

（2）斜交旋转。斜交旋转包括直接斜交转轴法、Promax 转轴法等，旋转坐标轴中的夹角可以是任意度数，旋转后的因子间保持相关性，能更好地捕捉数据维度，简化因子模式矩阵，提高因子的可解释性。从解释因子结构的角度，正交旋转是最容易解释的，但如果总体中各因子间存在明显的相关关系则应该考虑斜交旋转。图 6-5 所示为正交旋转与斜交旋转示意图。

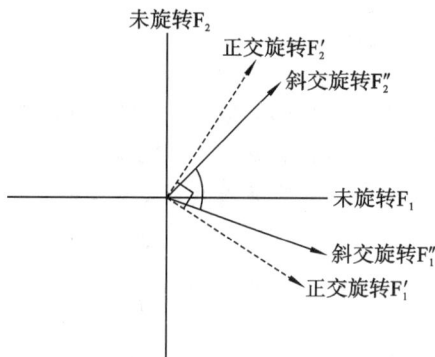

图 6-5　正交旋转与斜交旋转示意图

4. 因子解释与命名

因子解释是因子分析的重要环节，对所提取的公因子给出合理的解释，赋予数据结构以逻辑意义。因子解释主要依据公因子上具有较高载荷的变量的意义。需要注意的是，旋转后仍有可能存在一个因子的所有因子负载均较高的情形，这种因子通常可以称为一般或者基础性因子，一个合理的解释是它是由所研究的问题的共性决定的，而并不单一地取决于问题的某一个方面。此外，对于解释方差小、载荷低、难以解释或实际意义不合理的因子，通常予以舍弃。

因子命名是因子分析的必要环节，也是因子解释的一个重要体现。对于新因子变量的命名首先要根据公因子与原变量的关系，即观察旋转后的因子负荷矩阵中某个公因子能够同时解释多少原变量的信息。如果考虑公因子类属的所有变量的意义，可能很难或者无法提炼合适的因子名称，这时可以重点考虑载荷较大的变量的信息。因子命名对研究者的逻辑归纳能力有一定的要求，容易出现主观臆断的偏差，建议在实际操作中结合头脑风暴法、德尔菲法等方法进行。

5. 因子得分

因子得分是因子分析的最终体现,实现潜在变量的量化。公因子确定后,便可计算各公因子在每个样本上的具体数值,这些数值就是公因子的得分,公因子作为新变量加入,它和原变量的得分相对应。有了因子得分,在以后的分析中,就可以用公因子代替原有变量进行数据建模,或利用因子变量对样本进行分类或评价等研究,进而实现降维和简化的目标。

事实上,各观测变量可以表现为各公因子的线性组合,反之,各公因子也可以表现为各观测变量的线性组合。因子得分主要利用回归估计的方法通过观测变量的值而估计得到,表达式如下:

$$f_j = \sum_{i=1}^{n} \lambda_{ij} \cdot x_i$$

其中,f_j 为第 j 个公因子,x_i 为第 i 个原变量,λ_{ij} 为第 i 个原变量对第 j 个公因子的因子载荷,n 为原变量数。

6. 因子模型适合度检验

因子模型是否适合问题本身是一个重要的效果反馈指标,但在实际分析中并未被重视。因子模型的适合度判断是基于残差矩阵进行的。残差矩阵是公因子再生的观测变量的方差—协方差阵与实际观测到的方差—协方差阵之间的偏差,如果残差矩阵中的值都比较大,那么有理由认为因子模型并不是很适合;反之如果残差矩阵接近于零矩阵,那么显然公因子可以很好地解释变量的方差—协方差关系,模型是合适的。

7. 分量表信度检验

分量表信度检验,即检验所提取的公因子是否具有较高信度,为进一步分析提供基础,分量表信度检验步骤和总量表检验步骤一致,一般采用 α 信度系数法。

三、R 型聚类分析

除 R-EFA 外,R 型聚类分析(R cluster analysis,R-CA)也是一种变量结构分析方法,将对象(变量)按相似程度(距离远近)划分类别,使得同一类中的元素之间的相似性比其他类的元素的相似性更强,实现类内元素的同质性最大化和类间元素的异质性最大化。实际应用中,R 型聚类并不常见,且基本原理、分析流程与聚类分析(详见第五节)一样,所以此处不详述,简单描述一下 R-CA 与 R-EFA 的异同(见表 6-10)。

表 6-10　R-CA 与 R-EFA 的异同

内容	R-CA	R-EFA
基本原理	以变量之间的相似程度为基础,将变量分成不同级别的类或点群,直观地对变量进行分类	从众多相关的指标中找出少数几个综合性指标来反映原来指标所包含的主要信息
分析目的	通过把原来的对象集合分成相似的组或簇,来获得某种内在的数据规律	减少题项(变量)数目,寻求一组具有内在相关性的变量背后的潜在结构
分析结果	没有产生新变量;类内相似性较大,类间相似性较小	产生新变量;组内变量相关性较高,组间变量相关性较低

R 型聚类在实现变量分类之后,通过提取每一个类中的代表元来反映类中原始指标的信息,进而基于代表元建立更加简洁有效的变量体系,实现减少变量数量的目的。

第四节 变量关系分析

变量关系是科学研究的重要内容。当变量之间在逻辑上表现出某种关系时,在数值上也一定会表现出相应的数量关系;但是反过来,当变量表现出某种数量关系时,他们之间并不一定存在相应的逻辑关系。因为数据存在偶然性,所以变量关系分析必然是建立在严密的逻辑假设前提下的。

变量间关系主要存在三种情况:①无关关系,即变量的各自变化互不相关;②相关关系,反映现象间不严格的依存关系,是一种不确定的关系,即当一个或几个相互联系的变量发生变化,与之相关的其他变量值也发生变化,但其关系值不是固定的,往往按照某种规律在一定的范围内变化;③因果关系,反映现象间严格的依存关系,是一种单向的影响与被影响的关系,即当一个或几个变量取一定的值时,另一个变量有确定值与之相对应,反之不成立。

变量的相关关系分析对应相关分析技术,因果关系分析对应回归分析技术与结构方程技术,其中结构方程模型详见本章第七节。

一、相关分析技术

在数据处理中,一般将描述和分析两个或两个以上变量之间相关的性质及其相关程度的过程,称之为相关分析(correlation analysis)。相关分析的目的主要是力求通过具体的数量描述,呈现研究变量之间相关关系的密切程度及其变化规律,探求相互关系的研究模式,应用于统计预测和推断,为正确决策提供参考依据。

1. 相关关系

相关关系是一种非确定性的关系,例如,以 X 和 Y 分别表示一个人的身高和体重,或每公顷施肥量与水稻产量,则 X 与 Y 显然有关系,但没有明确两者之间稳定的有向关系,这就是相关关系。相关关系类型具体见表 6-11 与图 6-6。

表 6-11 相关关系类型

依据	类型	内涵
相关程度	不相关	两个现象之间互不影响,其数量变化各自独立
	完全相关	一种现象的数量变化完全由另一种现象的数量变化所确定
	不完全相关	两种现象之间的关系介于不相关和完全相关之间
相关方向	正相关	一个变量数值增加或减少时,另一个变量的数值也随之增加或减少,两个变量变化方向相同
	负相关	两个变量变化方向相反,即随着一个变量数值的增加,另一个变量的数值反而减少;或随着一个变量数值的减少,另一个变量数值反而增加

160

依据	类型	内涵
相关形式	线性相关	两个变量中的一个变量增加,另一个变量随之发生大致均等的增加或减少,近似地表现为一条直线
	曲线相关	当两个变量中的一个变量变动时,另一个变量也相应地发生变动,但这种变动不是均等的,近似地表现为一条曲线
相关变量数	单相关	两个变量之间的相关关系
	复相关	一个变量与两个或两个以上的其他变量的相关关系

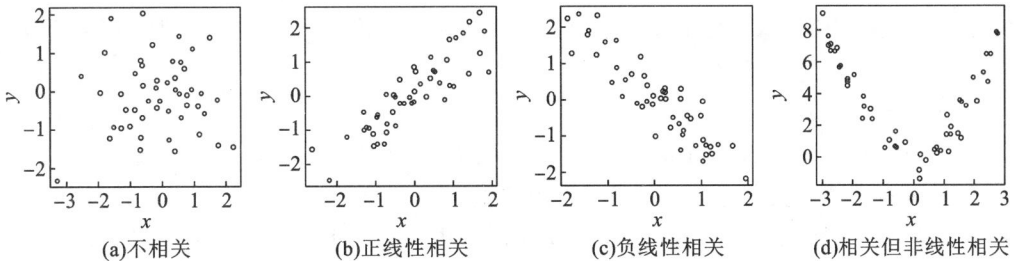

图 6-6　相关关系示例

2. 分析内容

相关分析的主要内容是研究现象之间是否存在某种依存关系,并对具体有依存关系的现象探讨其相关方向以及相关程度。

(1) 判断"是否有关系"。确定研究现象之间是否具有依存关系,这是相关分析的逻辑起点,也是我们研究各种现象之间相互关系的前提条件。因为只有确定了依存关系的存在,才有继续研究和探索各种现象之间相互作用、制约以及变化规律的必要和价值。

(2) 确定"什么关系"。在确定了变量之间存在依存关系之后,就需要明确体现变量相互关系的具体表现形式了。在此基础上,选择恰当的相关分析方法,才能确保研究目的的实现,获得预期的效果。否则,如果把非线性相关错判为线性相关,按照线性相关的性质选择相关分析的方法,就会导致错误的结论。

(3) 把握"关系强度如何"。变量之间的相关关系是一种不确定的数量关系,相关分析就是要从这种不确定的数量关系中,判断相关关系的方向和密切程度。

(4) 进行"深层分析"。相关分析不但可以描述变量之间的关系状况,而且可以用来进行预测。另外,相关分析还可以用来评价测量量表的信度、效度以及项目的区分度等。

3. 相关指标

提及相关分析时,考察的往往都是两个连续变量之间的相关关系,但实际上对于任何类型的变量,都可以使用相应的指标进行相关关系的考察。相关分析的考察对象包括计量变量(数值变量、连续变量、定距变量)、等级变量(有序变量、定序变量)和计数变量(分类变量、名义变量)三大类,其中,测量计量变量相关关系的常见指标有 Pearson 相关系数、Spearman

相关系数等,等级变量相关关系的测量指标主要有 Spearman 相关系数、Kendall 相关系数等,计数变量相关关系则常用 Kendall 相关系数表示。不同的指标有不同的计算方法、不同的适用范围,下面重点介绍 Pearson 相关系数、Spearman 相关系数、Kendall 相关系数的特点与区别。

1) Pearson 相关系数

Pearson 相关系数是简单线性相关系数,用来反映两个变量相似程度的统计量,记作 r。从数量关系来看,变量 X 与变量 Y 的相关系数 r 等于 X、Y 的协方差与 X、Y 方差积的比值,所以又叫皮尔逊积差相关系数(Pearson product-moment correlation coefficient)。

Pearson 相关系数要求变量的方差不能为 0,数据分布符合正态分布,适用于测度连续变量或等间距测度的变量间线性相关程度。当两个变量的线性关系增强时,相关系数 r 趋于 1 或 -1,其中正相关时趋于 1,负相关时趋于 -1。当两变量的相关系数 r 为 0 时,则两变量完全不直线相关(可能曲线相关);"不相关"并不一定等价于"独立",当两个变量独立时,相关系数 r 为 0,反之不成立。

2) Spearman 相关系数

Spearman 相关系数(Spearman 等级相关)用来度量顺序水准变量间的线性相关关系,利用两变量的秩次大小进行线性相关分析,是一种无参数(与分布无关)检验方法,用于度量变量之间联系的强弱。Spearman 等级相关对数据条件的要求没有 Pearson 相关系数严格,只要两个变量的观测值是成对的等级评定资料,或者是由连续变量观测资料转化得到的等级资料,不论两个变量的总体分布形态、样本容量的大小如何,都可以用 Spearman 等级相关来进行研究。Spearman 等级相关的应用范围要比 Pearson 相关广泛,但计算精度不高。

在没有重复数据的情况下,如果一个变量是另外一个变量的严格单调函数,则 Spearman 相关系数就是 +1 或 -1,称变量完全 Spearman 秩相关。这与 Pearson 完全相关是不同的,只有当两变量存在线性关系时,Pearson 相关系数才为 +1 或 -1。

知识关联

Spearman 等级相关是根据等级资料研究两个变量间相关关系的方法。它是依据两列成对等级的各对等级数之差来进行计算的,所以又称为"等级差数法"。

3) Kendall 相关系数

Kendall 相关系数是用于反映分类变量相关性的指标,适用于两个变量均为有序分类的情况。Kendall 相关系数包括 Kendall's tau-b 与 Kendall's tau-c。其中,Kendall's tau-b 主要用于将考虑在内的有序变量或排序变量的非参数相关性测量,Kendall's tau-c 主要用于忽略结的有序变量的非参数相关性测量。Kendall 相关利用变量的秩计算一致对数目和非一致对数目。如果两变量具有较强的正相关,则一致对数目应较大,相关系数趋向 1;如果两变量具有较强的负相关,则非一致对数目应较大,相关系数趋向 -1;若两变量相关性较弱,则一致对数目和非一致对数目应大致相等,相关系数趋向 0。

当资料不服从双变量正态分布或总体分布未知,或原始数据用等级表示时,宜用

Spearman 相关或 Kendall 相关;若非等间距测度的连续变量分布不明,可用 Spearman 相关、Kendall 相关,也可用 Pearson 相关,但对于完全等级离散变量必用 Spearman 相关、Kendall 相关;若不恰当使用 Kendall 相关分析,则可能得出相关系数偏小的结论。对默认数据服从正态分布的一般情况,常用 Pearson 相关。

知识活页　　　　使用相关系数应注意的问题

4. 分析技术

1）简单相关分析

简单相关分析,即线性相关分析,研究两个变量间线性关系的程度。简单相关分析通过计算相关系数 r 来测量变量间相关程度,相关系数 r 的符号表示方向,绝对值代表相关程度的高低。如果变量 X、Y 变化的方向一致,如身高与体重的关系,相关系数 $r>0$,X 与 Y 正相关;如果变量 X、Y 变化的方向不一致,如吸烟与肺功能的关系,相关系数 $r<0$,X 与 Y 负相关。相关系数与相关关系如表 6-12 所示。

表 6-12　相关系数与相关关系

相关系数	相关关系
$|r|=1$	完全线性相关
$0.95 \leqslant |r| < 1$	显著性线性相关
$0.8 \leqslant |r| < 0.95$	高度线性相关
$0.5 \leqslant |r| < 0.8$	中度线性相关
$0.3 \leqslant |r| < 0.5$	低度线性相关
$0 < |r| < 0.3$	线性关系极弱,认为无线性相关
$r=0$	无线性相关

2）复相关分析

研究一个变量 Y 与另一组变量（$X_1,X_2,\cdots,X_n$）之间的相关程度,称之为复相关分析。例如,旅游满意度同时受到一系列因素（住宿、餐饮、交通等）的影响,那么这一系列因素的总和与旅游满意度之间的关系,就是复相关。

复相关系数是测度一个因变量与多个自变量之间线性相关程度的指标，取值范围为0—1，相关系数越接近1，说明自变量和因变量之间的关系越密切；相关系数越接近0，说明自变量与因变量之间的关系越不密切。与简单相关系数不同的是，复相关系数恒为正值。

复相关系数的测定，可先求出 Y 对一组变量 $X_1,X_2,\cdots,X_n$ 的回归直线，再计算 Y 与用回归直线估计值之间的简单直线回归，计算表达式如下：

$$Y' = \sum_{i=1}^{n}\alpha_i \cdot X_i + \beta'$$
$$Y = \alpha \cdot Y' + \beta$$

其中，α_i 为自变量 X_i 的拟合回归系数，β、β' 为常数项，Y' 为回归估计值，Y 为因变量，α 为复相关系数。

3）偏相关分析

简单相关分析的前提假设是影响变量关系的因素不存在，但现实中事物之间的联系会受很多因素的影响。例如，景区年度收入、广告投入和设施投入的关系，简单相关分析得到广告投入、设施投入和景区收入均存在较强的线性相关。但当景区年度收入相同时，广告投入越多，设施投入并不一定越多。广告投入与景区年度收入有线性关系，设施投入与景区年度收入有着线性关系，由此得出了广告投入与设施投入之间存在较强的线性关系的错误结论。

当我们处理变量 X 和变量 Y 之间的相关性，可是变量 Z 与 X、Y 都有密切相关，因此 Z 的存在会影响 X 和 Y 之间真实的相关性，因此，需要控制 Z 后，研究 X 和 Y 之间的相关性。偏相关分析就是在简单相关分析的基础上考虑了两个因素以外的各种作用，或者说是在扣除了其他因素的作用大小以后，重新来测度这两个因素间的关联程度。偏相关，又叫净相关，最大的特点在于消除了其他变量关联性的传递效应。

4）距离分析

简单相关、复相关和偏相关分析有一个共同点，那就是对所分析的数据背景有一定程度的了解，用统计学语言来说，就是在分析前已经形成了原假设。但在实际中经常会遇到一种情况，分析前对数据所代表的专业背景知识尚不充分，本身就属于探索性的研究，需要对各指标或实例的差异性、相似程度进行考察，先对数据有一个初步了解，然后再根据结果考虑如何进行深入分析。

距离分析是对变量之间相似或不相似程度的一种测度，主要利用变量间的相似性测度和不相似性测度度量研究对象之间的关系。距离分析可对变量内部各观测值之间进行距离相关分析，以考察相互间的接近程度，也可对变量间进行距离相关分析，常用于考察预测值对实际值的拟合程度，也可用于考察变量的相似程度。在前面介绍的因子分析以及后面章节要讲到的聚类分析就应用了距离分析技术。

二、回归分析

现实生活中的许多现象之间存在着相互依赖、相互制约的关系，这些关系在量上主要表现为不确定关系或确定关系。不确定关系，即变量间虽有密切关系，但却无法用确定的函数关系表达，表现为一种相关关系；确定关系，即我们所熟悉的变量间的函数关系，表现为一种精确的因果关系。前面介绍的相关分析研究的就是变量间的不确定关系，不区别自变量或因变量，两个变量是对等关系。回归分析（regression analysis）则要分析现象之间相关的具体形式，确定其因果关系，并用数学模型来表现其确定关系。相关分析是回归分析的基础，回归分析是相关分析的继续。例如，通过相关分析得知"体验价值"和"游客满意度"变量密切相关，但是这两个变量之间到底是哪个变量受哪个变量的影响，影响程度如何，则需要通过回归分析来确定。

回归分析是通过预设因变量和自变量的因果关系，建立回归模型，并根据实测数据来求解模型的各个参数，然后评价回归模型是否能够很好地拟合实测数据；如果能够很好地拟合，则可以根据自变量进行进一步预测。所以，回归分析的意义主要表现在两个方面：一是事物影响因素分析，遵循一定的理论路径，利用观测数据，拟合回归模型，将变量间的影响与被影响的关系数量化、精准化表达；二是事物的预测分析，明确目标事物与关联事物的变化联系规律，通过关联事物来预测目标事物。

1. 线性回归

线性回归（linear regression analysis）是最常见的回归建模技术，是建立在因果关系明确，且变量间为线性关系的假设上，利用自变量与因变量的观测数据进行拟合，通过线性回归模型拟合指标、模型的误差项、回归系数来说明回归模型的有效性、变量因果关系大小与方向。

线性回归使用拟合直线（回归线）建立因变量 Y 和自变量 X 之间的联系，其中 Y 是连续的，X 可以是连续的也可以是离散的，基本的表达式为 $Y = k \cdot X + b + \varepsilon$，$Y$ 为回归估计值，X 为自变量，k 表示回归系数，正负代表影响方向，b 为常数项，ε 为误差项。线性回归包括一元线性回归和多元线性回归，两者的区别在于，多元线性回归有一个以上的自变量，而一元线性回归通常只有一个自变量。

在实际问题的研究中，经常需要研究某一现象与影响它的某一最主要因素的影响。一元线性回归是在排除其他影响因素或假定其他因素确定的条件下，分析某一个因素（自变量）如何影响另一事物（因变量），适用于主要因素之外的因素影响可以忽略不计的情况，一元线性回归模型表达为 $y = \beta_0 + \beta_1 x + \varepsilon$，其中，$y$ 是估计值，x 是自变量，ε 是误差项，β_0 和 β_1 称为模型参数，β_0 表示回归直线在纵轴上的截距，β_1 是回归系数，表示当自变量 x 变动一个单位所引起的因变量 y 的平均变动值。

在现实情境中，某一现象往往是受多个因素共同影响的，分析一个因变量与多个自变量的线性关系的方法称为多元线性回归。描述因变量 y 如何依赖于自变量 $x_1, x_2, \cdots, x_n$ 和误差项 ε 的方程，称为多元线性回归模型，基本表达式为 $y' = \varepsilon + \beta_0 + \beta_1 \cdot x_1 + \beta_2 \cdot x_2 + \cdots + \beta_n \cdot x_n$，其中，$\beta_0, \beta_1, \beta_2, \cdots, \beta_n$ 是模型未知参数，ε 为误差项，系数 β_n 表示在其他自变量不变的情况下，自变量 x_n 变动一个单位时引起 y' 的平均变动单位。从几何意义上讲，多元线性回归方程是多维空间上的一个平面。

2. 非线性回归

事物发展是复杂的，变量之间的关系并非都是简单的直线关系，大多情况下呈现为非线性关系。非线性回归分析（nonlinear regression analysis）是对具有非线性关系的因变量与自变量进行的回归分析，是针对线性回归无法直接解决的非线性问题而提出的一个通用的模型框架，采用迭代方法对研究预设的各种复杂非线性模型进行拟合，扩展了残差的定义，具有极为强大的分析能力。非线性回归分析的基本路径为，根据理论或经验，预设因变量与自变量之间的非线性表达式，根据最小二乘法原理利用变量的观测数据拟合估计系数，得到非线性回归模型（nonlinear regression model）。

线性回归分析法是最基本的分析方法，遇到非线性回归问题大多时候都是借助数学手段转化为线性回归问题处理，一般先将其转化为线性模型，然后再用最小二乘法求出参数的估计值，最后再经过适当的变换，得到所求回归曲线。本书重点介绍线性回归分析技术。

3. 基本环节

1）理论模型构建

回归分析研究一个事物如何随其他事物的变化而变化，因此第一步应确定哪个事物是需要被解释的、哪些事物是用于解释的，即解释变量（自变量）与被解释变量（因变量）。回归分析研究的是一种确定的因果关系，既是验证因果关系存在，同时也解答因果关系的强度。所以，研究前必须通过已有研究、理论的推导假设因果关系存在。

回归分析是通过理论模型与实际观测数据的拟合来估计参数，以此明确变量之间因果关系的方向与强度，不能直接基于实际观测数据来生成因果模型，研究者必须对自变量将如何影响因变量有一个预先的设定，具体表现为确定回归方程式。当自变量与因变量之间表现为线性关系时，构建变量的线性回归模型；但当自变量与因变量之间表现为本质线性关系时，可以通过曲线直线化，构建线性模型；但当自变量与因变量之间表现为非本质线性关系时，必须构建非线性回归模型，但是选择哪一种形式的回归方程才能最好地表示出一种非线性关系往往不是一个简单的问题。在可能的方程之间，以吻合度而论，也许存在着许多吻合得同样好的曲线方程。确定曲线类型一般从两个方面考虑：一是根据专业知识，从理论上推导或凭经验推测；二是在专业知识无能为力的情况下，通过绘制和观测散点图确定曲线大体类型。非线性模型的线性转化如表 6-13 所示。

知识关联

本质线性关系是指变量关系形式上虽然呈非线性关系（如二次曲线），但可以通过变量变换转化为线性关系，并最终进行线性回归分析建立。非本质线性是指变量关系不仅形式上呈非线性关系，而且也无法通过变量变化转化为线性关系，是线性回归不能解决的。

表 6-13　非线性模型的线性转化

模型名	回归方程	变量变换后的线性方程
二次曲线（quadratic）	$y = \beta_0 + \beta_1 x + \beta_2 x^2$	$y = \beta_0 + \beta_1 x + \beta_2 x_1 (x_1 = x^2)$
复合曲线（compound）	$y = \beta_0 \beta_1^x$	$\ln(y) = \ln(\beta_0) + \ln(\beta_1) x$

续表

模型名	回归方程	变量变换后的线性方程
增长曲线（growth）	$y = e^{\beta_0 + \beta_1 x}$	$\ln(y) = \beta_0 + \beta_1 x$
对数曲线（logarithmic）	$y = \beta_0 + \beta_1 \ln(x)$	$y = \beta_0 + \beta_1 x_1 (x_1 = \ln(x))$
三次曲线（cubic）	$y = \beta_0 + \beta_1 x + \beta_2 x^2 + \beta_3 x^3$	$y = \beta_0 + \beta_1 x + \beta_2 x_1 + \beta_3 x_2 (x_1 = x^2, x_2 = x^3)$
S 曲线（S）	$y = e^{\beta_0 + \frac{\beta_1}{x}}$	$\ln(y) = \beta_0 + \beta_1 x_1 (x_1 = 1/x)$
指数曲线（exponential）	$y = \beta_0 e^{\beta_1 x}$	$\ln(y) = \ln(\beta_0) + \beta_1 x$
逆曲线（inverse）	$y = \beta_0 + \beta_1 / x$	$y = \beta_0 + \beta_1 x_1 (x_1 = 1/x)$
幂函数（power）	$y = \beta_0 (x^{\beta_1})$	$\ln(y) = \ln(\beta_0) + \beta_1 x_1 (x_1 = \ln(x))$
逻辑函数（logistic）	$y = \dfrac{1}{1/\mu + \beta_0 \beta_1^x}$	$\ln\left(\dfrac{1}{y} - \dfrac{1}{\mu}\right) = \ln(\beta_0 + \ln(\beta_1) x)$

2）参数估计

最小二乘法是回归分析中最常用的参数估计方法,统计学原理是使因变量的观察值 y 与估计值 $\hat{y}$ 之间的离差平方和达到最小来求解参数。以一元线性回归分析（式1）为例,介绍参数估计的过程。

$$y = \beta_0 + \beta_1 x + \varepsilon (y \text{ 为因变量}, x \text{ 为自变量}, \beta_0 \text{、} \beta_1 \text{ 为参数}, \varepsilon \text{ 为误差项}) \quad （式1）$$

分别求数学期望和方差,根据回归模型中的假定,ε 的期望值等于 0,得到一元线性回归方程:

$$E(y) = \beta_0 + \beta_1 x \quad （式2）$$

通过 n 组样本观测值 $(x_i, y_i)(i = 1, 2, \cdots, n)$ 对 β_0 和 β_1 进行估计。用样本统计量 $\hat{\beta}_0$ 和 $\hat{\beta}_1$ 代替回归方程中的未知参数 β_0 和 β_1,这时就得到了估计的回归方程（式3）,即根据样本数据求出的回归方程的估计。对于一元线性回归,估计的回归方程的形式为:

$$\hat{y} = \hat{\beta}_n + \hat{\beta}_1 x \quad （式3）$$

利用最小二乘法,寻找一条直线,使所有点到该直线的垂直距离的平方和最小,即垂直方向的离差平方和最小。

$$\sum_{i=1}^{n} (y_i - \hat{y})^2 = \sum_{i=1}^{n} (y_i - \hat{\beta}_0 - \hat{\beta}_1 x)^2 = \min_{\beta_0, \beta_1} \sum_{i=1}^{n} (y_i - \beta_0 - \beta_1 x)^2 \quad （式4）$$

最小二乘法被广泛用于回归模型参数的估计,主要原因有:首先,根据最小二乘法得到的回归直线能使离差平方和达到最小,虽然这并不能保证最佳,但保证与数据拟合良好;其次,由最小二乘法求得的回归直线可知 β_0 和 β_1 的估计量的抽样分布;最后,在某些条件下,β_0 和 β_1 的最小二乘估计量同其他估计量相比,其抽样分布具有较小的标准差。

3）结果诊断

回归分析的目的是理解、解释、预测某个问题,能否很好达到目的很大程度受自变量影响,但事实上,选择一组优质的自变量并不是那么容易。通常可以依据常识经验判断、理论研究、专家意见、参考文献等来确定初始自变量,再进行自变量的筛选。因此,回归分析的结果诊断包括两个方面:一是自变量与因变量是否具有预期的关系（回归关系检验）,二是自变量对模型是否有帮助（回归系数检验）。如果参数估计值的符号和取值范围与其相对应的实质性科学理论以及世界经验的结论不一致，说明回归方程不能很好地解决现实现象，不能通过经济意义检验。所以如果某自变量的回归系数非常不符合逻辑，可以考虑剔除。当某变量的系数在95%置信度上不具有统计显著性，则代表自变量对模型没有帮助。

当回归模型中使用两个或两个以上的自变量时，这些自变量彼此相关，提供多余的信息，这种现象称为多重共线性。具体地说，如果出现模型中各对自变量之间显性相关、模型的线性关系显著但回归系数不显著、回归系数的正负号与预期的相反等情况，则暗示存在多重共线性。检测多重共线性的方法有多种，其中最简单的一种方法是计算模型中各对自变量之间的相关系数，并对各相关系数进行显著性检验。如果有一个或多个相关系数显著，就表示模型中所使用的自变量之间相关，因而存在着多重共线性问题。多重共线性的检验指标与标准如表6-14所示。

表 6-14　多重共线性的检验指标与标准

指标名称	检验标准
容忍度（tolerance）	若某自变量容忍度小于0.1，则存在共线性问题
方差膨胀率（VIF）	容忍度的倒数，越大，共线性问题越严重
特征根（eigenvalue）	若多个维度的特征根等于0，则可能存在共线性问题
条件指数（condition index）	若某个维度的条件指数大于30，则可能存在共线性问题

多重共线性会增加系数估计值的方差，使得估计值对于模型的轻微变化异常敏感，结果就是系数估计值不稳定。解决多重共线性问题最简单的方式就是将一个或多个相关的自变量从模型中剔除，使保留的自变量尽可能不相关。

4）模型评估

拟合优度（goodness of fit）检验就是要检验样本数据聚集在样本回归直线周围的密集程度，从而判断回归方程对样本数据的代表程度。

判定系数（coefficient of determination，记为 R^2）是最常用的拟合优度度量指标，说明回归方程对样本观测值拟合程度的好坏。在数值上，判定系数等于回归平方和（SSR）与总平方和（SST）的比值。若所有观测点都落在回归线上，残差平方和 SSE＝0，$R^2＝1$，拟合是完全的；如果因变量的变化与自变量无关，自变量完全无助于解释因变量的变差，因此因变量的理论回归值等于其样本均值，则 $R^2＝0$。

估计标准误差（standard error of estimate，记为 S_e）表示回归线估计值与因变量的实际观测值的绝对离差大小，测度各实际观测点在回归线周围的散布状况。在数值上，估计标准误差对误差项 ε 的标准差 σ 的估计，S_e 越小，回归拟合越好。若样本观察点全部落在直线上，则 $S_e＝0$，说明样本实际值与估计值没有差别。

知识关联

因变量的实际观测值与均值之差的平方和称为总平方和（SST）；理论回归值（预测值）与均值之差的平方和称为回归平方和（SSR）；实际观测值与理论回归值之差的平方和称为残差平方和（SSE）。其中，总平方和（SST）＝回归平方和（SSR）＋残差平方和（SSE）。

5）残差分析

在利用回归方程做分析和预测之前，应该用残差图诊断回归效果以及样本数据的质量，检查模型是否满足基本假定，以便对模型做进一步的修改。所谓残差是指由回归方程计算所得的预测值与实际样本值之间的差距，用 e 表示。残差总体上应服从以零为均值的正态分布，并且相互独立。

第五节　类群分析

"物以类聚，人以群分"，不同类群的人或物往往会呈现出不同的属性特征。基于性别的人群分类（男性和女性）是一种传统的定类划分方法，其分类结果客观，过于强调个体独立性，而忽略了个体间联系。旅游研究的类群分析不局限于客观属性，更加重视心理、行为等层面的因素，在旅游市场细分、旅游精准营销等领域应用广泛。聚类分析是重要的类群分析方法，特别是 Q 型聚类，前文因子分析部分提到的 Q 型因子分析也适用于类群分析，另外判别分析也比较常见，本节将一一介绍其主要内容。

一、Q 型聚类分析

聚类分析（cluster analysis），又称群分析、点群分析，是根据研究对象本身特性进行分类的一种分析技术。聚类分析的基本原理是，把一些相似程度较大的样本（或变量）聚合为一类，把另外一些相似程度较大的样本（或变量）聚合为另一类；关系密切的聚合到一个小的分类单位，关系疏远的聚合到一个大的分类单位，直到把所有的样本（或变量）聚合完毕。

Q 型聚类（Q-CA），即样本聚类，根据分类变量分析两个样本间的对应程度或联系紧密程度，并以此分类。Q-CA 的基本思想是，采用多变量的统计值，定量地确定相互之间的亲疏关系，考虑样本在多变量维度上的联系，按它们亲疏差异程度，归入不同的分类中的一类，使分类更具客观实际并能反映事物的内在必然联系。Q-CA 前所有个体或样本所属的类别是未知的，类别个数一般也是未知的，分析的依据就是原始数据，没有任何事先的有关类别的信息可参考。所以，Q-CA 并不是纯粹的统计技术，不需要从样本去推断总体，从本质上来说是一种探索性的分析手段。

1. 相似性度量

聚类分析是一种根据变量域之间的相似性而逐步归群成类的方法，使同一类别内的个体具有尽可能高的同质性，而类别之间则应具有尽可能高的异质性。所以相似性度量是聚类分析的核心内容。聚类分析样本或变量之间相似性测度主要有三种方式：一是距离指标，描述个体之间的接近程度，距离越小，个体越具有相似性；二是相关系数指标，适用于定距数据和定序数据，相关系数越大，个体间越具有相似性；三是关联测度指标，适用于定类数据。

1）距离指标

距离常用于样本相似性度量，距离越大，则样本相似性越低。样本 i 与样本 j 的距离 d_{ij} 满足四个基本条件：当样本 i 与样本 j 的各聚类变量值相同时，$d_{ij}=0$；距离是无向指标，$d_{ij}=d_{ji}$；距离指标为非负量，$d_{ij} \geqslant 0$；直线距离最短，$d_{ij} \leqslant d_{ik}+d_{kj}$。计算聚类的距离指标的方法非常多,可按照数据的不同性质和测算适用条件选用不同的距离指标(见表6-15)。

表 6-15　距离指标

指标	定义	特点及适用条件
欧氏距离	欧式距离是测算两个个体之间变量差值平方和的平方根	欧式距离是聚类分析中用得最广泛的距离,但是其测算受变量量纲影响大,未考虑指标间的相关性,也未考虑各变量方差的不同,使用前需进行变量的标准化和变量相关性测度
欧氏距离的平方	欧式距离的平方即两个个体之间变量差值的平方和	欧式距离的平方因为不再计算平方根,大大提高了计算机运算速度
绝对值距离	绝对值距离,即布洛克距离,又叫曼哈顿距离,是指两个个体之间变量差值的绝对值之和	绝对值距离是另一个应用很广泛的距离。它在欧式距离的基础上考虑了更多实际因素,不再仅仅计算两点间的"直线距离",而是可以沿着线画出的格子行进。在使用时要注意一个问题,绝对值距离的测算是假设变量之间是不相关的,如果变量之间相关,则会影响聚类结果
切比雪夫距离	切比雪夫距离是指两个个体之间的变量差值绝对值的最大值	切比雪夫距离是向量空间上的一种度量,由于加入了优化的成分,通过最值来定义距离,它的方向性选择更多。像曼哈顿距离一样,需要将空间划分成网格,然后以网格为单位来进行度量
明考斯基距离	明考斯基距离是测算两个个体之间的变量差值的 k 次方之和的 k 次方根	明考斯基距离不是单个距离,而是一组距离的定义。其中 k 是一个可变参数,当 $k=1$ 时,就是曼哈顿距离;当 $k=2$ 时,就是欧氏距离;当 $k \to \infty$ 时,就是切比雪夫距离。根据变参数的不同,明考斯基距离可以表示一类的距离

2)相关指标

相关指标主要用于变量相似性的测量,关注于变化的相似性,不受绝对数值大小的影响,常用于 R-CA。相关指标包括 Pearson 相关系数与夹角余弦。

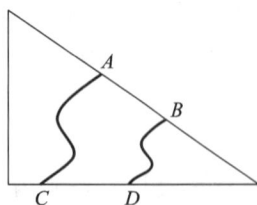

（1）夹角余弦。

夹角余弦法是依据相似原理而来,如图 6-7 中曲线 AB 和 CD 长度不一,但形状相似,因此可以定义一种相似系数使得 AB 和 CD 呈现比较密切的关系。

（2）Pearson 相关系数。

相关系数是将数据标准化后的夹角余弦。记两变量分别为 x_i 和 x_j,则可以用这两个变量的样本相关系数 r_{ij} 作为

图 6-7　夹角余弦示例

它们的相似性度量,也可以用两个变量的夹角余弦 r_{ij} 来定义它们的相似性度量,在 R 型聚类分析中,大多采用相关系数矩阵进行变量聚类。两种方法的相似性度量都应具有以下两个性质:

①$|r_{ij}| \leqslant 1$,对于所有的 i, j;

②$r_{ij} = r_j$,对于所有的 i, j。

$|r_{ij}|$ 越接近于 1,x_i 和 x_j 越相关或越相似;$|r_{ij}|$ 越接近于 0,x_i 和 x_j 相似性越弱,差别

越大;当$|r_{ij}|=1$,说明变量 x_i 和 x_j 完全相似,当$|r_{ij}|=0$,说明变量 x_i 和 x_j 完全不一样。据此,把比较相似的变量聚为一类,把相似性不大的变量归到不同的类。

3) 关联指标

关联指标常用于样本聚类,适用于聚类变量为分类变量的情形。样本间相似程度越高,关联指标数值越接近 1;相似程度越低,关联指标数值越趋近于 0。这里介绍三种关联测度系数,即简单匹配系数、Jaccard 系数和 Gower 系数(见表 6-16)。

表 6-16　距离指标

指标	定义	特点及适用条件
简单匹配系数	两个样本在所有的聚类变量上答案相同的频率	简单匹配系数是最简单的关联测度指标,核心出发点是估计研究对象在回答这些问题时的一致程度,主要用于二分类变量。 简单匹配系数无法分辨两个样本相似是因为共同拥有的某些特征,还是都缺乏某些特征
Jaccard 系数	两个样本在所有的聚类变量上答案为"是"的频率	Jaccard 系数是简单匹配系数的一种改进,把两个样本都回答"否"的部分去掉,只考虑回答"是"的部分,在一定程度上排除了两个样本是因为同时缺乏某些特征的情况
Gower 系数	两个样本在所有的聚类变量上答案相同与答案不同的频率差与 1 之差的绝对值	Gower 系数要优于前面两个关联测度系数,它允许聚类变量是名义变量、序次变量或间距测度变量,因此应用较前两者更为广泛

2. 基本步骤

Q-CA 包括选择聚类变量、聚类运算以及结果表达与检验三个步骤。

1) 选择聚类变量

一组表示个体性质或特征的变量,称之为聚类变量。一般来说聚类变量的组合都是由研究者规定的,不是像其他多元分析方法那样用估计推导出来的。

一般选择聚类变量有三个基本考量。一是根据聚类目的,确定聚类变量范畴。例如,基于消费行为特征的旅游市场细分,聚类变量应该从消费行为特征的指标库中选择。二是遵循变量间的逻辑关系。特征指标应该是有逻辑关联的,否则聚类结果不能实现理论收敛。三是经验判断具有区分效应的变量组合,忽略被包含的变量,重视多个变量组合后产生的新意义。

另外,聚类变量的基本特征有:一是与聚类分析的目标密切相关;二是反映待聚类对象的特征;三是不同研究对象的取值具有明显差异;四是变量间不应该高度相关。

由于选择高度相关的变量进行聚类分析相当于给这些变量进行了加权,所以应尽量避免选择高度相关的变量。对于高度相关的变量有两种处理方法:一是在聚类之前,首先对变量进行聚类分析,从聚类所得的各类中分别挑选出一个代表性的变量作为聚类变量;二是通过主成分分析或因子分析来给变量降维,产生新的不相关变量,然后将其作为最终分类变量。

2）聚类运算

聚类运算是聚类分析的核心环节，主要涉及两个问题：一是明确聚类方法，包括相似性指标的选择与计算方法；二是确定类目数量，Q-CA 是一种探索分析技术，聚类运算能够得到不同聚类结果以及相应的指标值，最终的聚类方案是取决于研究者的，聚类正确率、类间样本分布等统计结果是聚类方案优选的依据，但是研究者的聚类目标才是关键。所以一般需要研究者根据研究目的不断尝试，根据聚类结果最终选择一个合适的聚类数目。表 6-17 所示为类间距离测算的方法。

表 6-17　类间距离测算的方法

方　法	定　义	特　点	示意图
平均连接法	把两类之间的距离定义为两类中所有案例之间距离的平均值，包括两种方式：组间连接法（只考虑两类之间个案间的距离的平均）、组内连接法（考虑两组所有个案之间的距离）	平均连接法不再依赖于特殊点之间的距离，将方差小的个案聚到一起	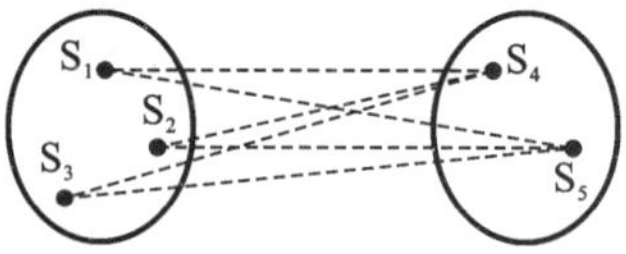
最近邻法或最短距离法	根据距离最短原则，合并最近或最相似的两项	样本有链接聚合的趋势，这是其弊端，除去特殊数据外，对于一般数据的分类处理不提倡用这种方法	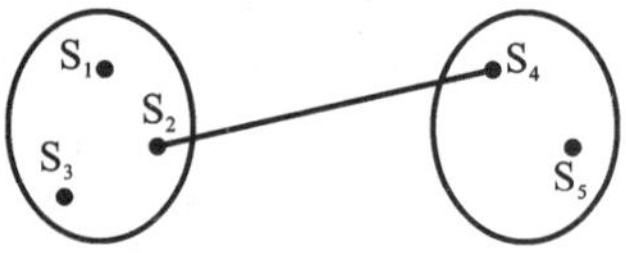
最远邻法或最长距离法	用两类之间最远点的距离代表两类之间的距离，也称之为完全连接法	受异常值的影响较大，应先排除异常值对测算的影响	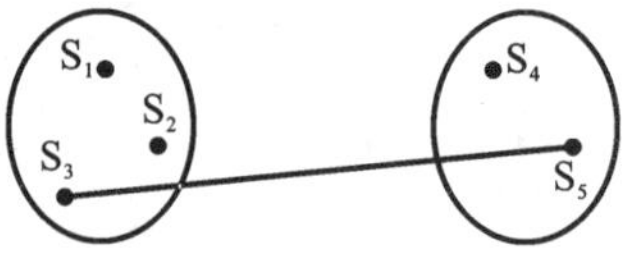
重心聚类法	两类间的距离定义为两类重心之间的距离	对样本分类而言，每一类中心就是属于该类样本的均值	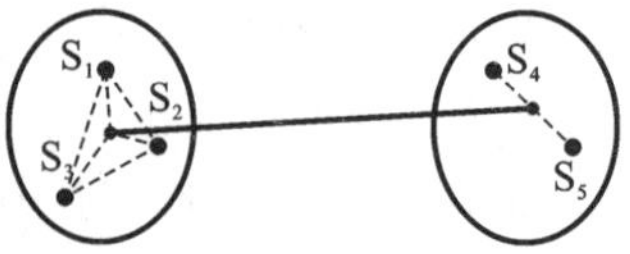

续表

方　法	定　义	特　点	示意图
离差平方和法	同一类内案例的离差平方和应该较小,不同类之间案例的离差平方和应该较大。求解过程是首先使每个案例自成一类,每一步使离差平方和增加最小的两类合并为一类,直到所有的案例都归为一类为止	基于方差分析思想,如果分类合理,则同类样本间离差平方和应当较小,类与类间离差平方和应当较大。实际应用中分类效果较好,应用较广;要求样本间的距离必须是欧氏距离	

3) 结果表达与检验

聚类运算后就是结果解读,包括四个方面。第一步是判断样本的分布是否合理,根据经验准则,当某类群样本量小于总样本的 10％时,则考虑这部分样本是否存在异常值,异常处理后再次聚类。第二步计算判别正确率,基于聚类结果进行判别分析,判别正确率越高,则聚类结果越好。第三步描述类群特征,一般是计算各类群分类变量的均值,以此区分类群特征,并进行类群命名。第四步聚类结果再检验,将原始样本分为两组分别聚类,比较结果,或者尝试采用不同的方法重复聚类,不同样本或方法下的聚类结果并不存在显著差异,则在一定程度上说明结果的科学性与可推广性。聚类分析主要应用于探索性的研究,其分析的结果可以提供多个可能的解,选择最终的解需要研究者的主观判断和后续的分析。

3. 标准聚类

1) 快速聚类

快速聚类,又叫 K 均值聚类、K-means 聚类、迭代聚类,是将数据看作 K 维空间上的点,以距离为标准进行聚类分析。快速聚类的思想是:将样本分为 K 类,根据距离最小的原则将各个观测量分配到这 K 个类中;然后将每一个类中的观测量计算变量均值,这 K 个均值又形成新的 K 个聚类中心点。以此类推,不断进行迭代,直到达到分析者的要求为止(见图6-8)。

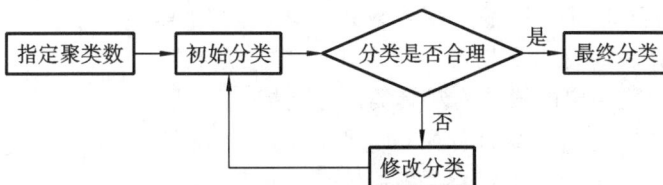

指定聚类数 → 初始分类 → 分类是否合理 → 是 → 最终分类

否 → 修改分类

图 6-8　快速聚类分析过程

快速聚类适用于大样本,尤其是对形成的类的特征(各变量值范围)有了一定认识时,它是能够快速将个体划分到不同的类群。快速聚类的特点就是以牺牲多个解为代价来获得较高的执行效率,事前必须指定类群数目,对初始中心点的选择比较敏感,如果初始值选择不当,将会收敛成为一个局部最小的准则函数,直接影响后续样本的类别划分。另外快速聚类对异常数据很敏感。

2) 分层聚类

分层聚类,也称系统聚类、谱系聚类,它是先计算样本之间的距离,每次将距离最近的点

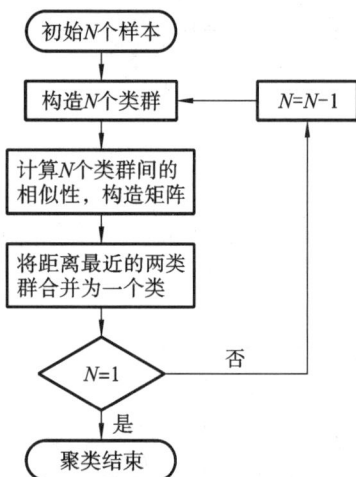

图 6-9　分层聚类分析过程

合并成一个类,然后再计算类与类之间的距离,将距离最近的类又合并为一个大类,直到合成一个类。分层聚类法的具体算法是:令 N 个样本自成一类,计算出 N 个类间的相似性测度,此时类间距离与样本间距离是等价的,把测度最小的两个类合并;然后按照某种聚类方法计算类间的距离,再按最小距离准则并类;这样每次减少一类,持续下去直到所有样本都归为一类为止(见图 6-9)。分层聚类最终形成聚类谱系图。

分层聚类是应用最为广泛的一种聚类方式,其聚类过程是按照一定的层次进行的。分层聚类最明显的特点是单向聚类,易受异常值干扰,特别是采用最长距离法的情形。为了减轻异常值的影响,研究者需要反复试分析,剔除可能的异常样本。相对快速聚类,分层聚类运算复杂,借助计算机软件运行时也耗时较长。

3）二阶聚类

二阶聚类又称为两阶段聚类,顾名思义其聚类过程是分为两步进行的:首先通过聚类特征(cluster feature,CF)对簇类的信息进行汇总描述,构造聚类特征树(cluster feature-tree,CF-tree),然后通过"信息准则"自动确定最优分组个数对各个节点进行分组(见图 6-10)。

图 6-10　两阶段聚类分析过程

二阶聚类的第一步是采用 BIRCH 聚类算法,这种算法是把层次聚类方法与其他聚类技术相结合以进行多阶段的聚类。BIRCH 聚类算法的特点是构建一个多水平结构的聚类特征树,通过这种高度稳定的树结构对簇类进行概括:先是最大数值的进入,再依次一个个处理样本以选择接近它的枝节或是节点上,否则形成新的节点;第二步进行正式聚类,具体方法是采用对数似然函数作为距离的测量公式,利用前一步的结果对每一个样本进行聚类分析,这一步采用的是层次聚类的方法。

与快速聚类、层次聚类分析法不同,二阶段聚类采用对数极大似然估计值度量类间距离,具有以下特点:能够处理数值变量和分类变量,不必对分类变量作连续化处理;可自动确定最优分类个数,也可以指定分类个数;占用内存资源少,对于大样本数据运算速度较快。但是采用二阶段聚类必须满足两

知识关联

二阶聚类所采用的信息准则是最常用的两种衡量模型优良的算法:贝叶斯信息准则(Bayesian Information Criterion,BIC)或赤池信息准则(Akaike Information Criterion,AIC)。

个条件:变量之间不存在多重共线性、样本服从正态分布。

二、Q 型因子分析

Q 型因子分析(Q-EFA)是分析存在于多个样本之间关系的一种多元统计方法,其目的是从一批同属性的样本中挑选出少数并且具有实际意义的、独立的互不相关的、有代表性的典型样本,用典型样本的信息来代表(或解释)这批样本所包含的样本信息。Q-EFA 是针对样品所做的因子分析,它的思路与 R-EFA 相同,只是出发点不同而已。Q-EFA 在计算中是从样品的相似系数矩阵出发,而 R 型因子分析在计算中是从样品的相关系数矩阵出发的。Q-EFA 对数据标准化不作要求,且具体操作时,Q-EFA 比 R-EFA 多一步"数据转置",其他分析步骤基本一致,此处不再重复,详见第三节。

当研究的样本量较大,需要对大样本进行选择且要求选择出来的样本具有代表性和完整性时,可以采用 Q-EFA 进行样本筛选,用典型样本来代表所有样本。

三、判别分析

判别分析(discriminate analysis),又称分辨法,是市场研究的重要分析技术,是在分类确定的情况下,根据某一研究对象的各种特征值判别其类型归属问题的一种统计分析方法。市场细分研究个体所属类型的判别问题、客户的信用预测问题、潜在客户判断问题等均可通过判别分析解决。

判别分析与聚类分析相对应,后者是在不知类别归属的前提下进行的探索性分析,前者则是在明确类别后进行的验证性分析,基于分类结果拟合构建判别函数,既判断已知类别是否合理,同时也可以对新进入的个案进行分类判断。

判别分析的具体路径是,按照一定的判别准则,建立一个或多个判别函数,根据原始数据确定判别函数中的待定系数,并计算判别指标,据此即可确定某一样本属于何类。

1. 确定预测变量

判别分析是基于已知类别结果进行的,已知类别的分类变量是判别函数的自变量,也是判别分析的预测变量,表现为定量变量,如属性的评价得分;已知类别则作为结果变量,表现为定性数据,如品牌。

2. 选定判别准则

常用的判别准则有距离判别法(马氏距离)、贝叶斯判别法(Bayes 判别法)和费舍尔判别法(Fisher 判别法)(见表 6-18)。

表 6-18　判别准则

方法	特点
距离判别法	比较新进入样本与已知样本类群重心之间的距离,新样本归属于距离最小的类群。距离判别的特点是直观、简单,适合对自变量均为连续变量的情况,且对变量的分布类型无严格要求

方法	特点
贝叶斯判别法	根据总体的先验概率,使误判的平均损失达到最小进行的判别。贝叶斯判别法可以用于多组判别问题,但是前提假设严格,各种变量必须服从多元正态分布,各组协方差矩阵必须相等,各组变量均值均有显著性差异
费舍尔判别法	亦称典则判别,根据线性费舍尔函数值算出各个观测量在各典型变量维度上的坐标并得出样本距离各个类中心的距离,以此距离作为分类依据。费舍尔判别法引入投影思想,将多维问题简化为一维问题来处理,优势在于对变量数据分布、方差等没有任何限制,应用范围比较广

3. 建立判别函数

通过已知所属分类的观测量来构建判别函数,包括线性判别函数和典则判别函数两种。判别函数的一般形式为 $Y = a_1 X_1 + a_2 X_2 + \cdots + a_n X_n$($Y$ 为判别得分,X 为预测变量,a 为判别系数),新样本归为得分高的类群。根据预测变量的处理方式,判别函数模型主要包括全模型和逐步判别模型,前者对应一般判别分析,后者对应逐步判别。

1)一般判别分析

一般判别分析目前使用最为广泛,已知分类,假设所有自变量都能对分析单元特性提供丰富的信息,所有自变量一次性进行判别分析,建立全模型,以期将分析单元归入已有类别。

2)逐步判别分析

逐步判别从没有变量开始,每一步都对模型进行检验,采用有进有出的方法,把判别能力强的变量引入判别式的同时,将判别能力最差的变量剔除,最终在判别式中只保留数量不多而判别能力强的变量。当不认为所有自变量都能对分析单元特性提供丰富的信息时,选择使用逐步判别分析。一个变量的判别能力的判断方法有很多种,主要利用各种检验,例如 Wilks' Lambda、Rao's V、The Squared Mahalanobis Distance、Smallest Fratio 或 The Sum of Unexplained Variations 等检验。表 6-19 所示为变量判别能力检验。

表 6-19　变量判别能力检验

方　法	含　义
最大似然法	Wilks' lambda 统计量最小的进入判别函数,适用于自变量均为分类变量
未解释方差	使各类不可解释的方差和最小的变量进入判别函数
马氏距离	使靠得最近的两类间的马氏距离最大的变量进入判别函数,适合自变量均为连续变量的情况,对变量的分布类型无严格要求
最小 F 值	能使任何两类间的最小 F 值最大的变量进入判别函数
Rao's V	使 Rao's V 增加最大的变量进入判别函数

4. 归类判别与验证

根据新进入样本的各预测变量观测值,计算新样本的判别得分,以此预测样本类型。判别函数的预测效果也是我们非常关注的,效果验证的常用方法包括自身验证、外部数据验证、样品二分法、交互验证、Bootstrap 法等。

第六节　类群差异分析

"世界上没有完全相同的两片叶子",事物间的差异是绝对存在的,但是很多时候我们难以准确感知,于是我们开始寻求统计学上的答案,利用 U 统计量、T 统计量、F 统计量等,遵循小概率原理,通过不同事物/同一事物不同节点在某些属性上的观测值来分析它们的差异是否具有统计学意义。类群差异分析主要包括 Z 分布、U 分布、T 分布、F 分布、χ^2 分布等非参数检验方法以及均值、方差统计量等参数检验,本节重点介绍 T 检验与方差分析。

一、T 检验

1908 年,统计学家威廉·戈斯特(W. S. Gosset)在观测酿酒质量时首次提出了一种差异分析方法,并以他笔名"Student"命名为 T 检验(Student's Test)。T 检验是以 T 分布理论为基础,通过推断差异发生的概率,以判定两个样本均值或样本均值与总体均值是否存在显著差异的检验方法。T 检验开创了利用小样本计量资料进行统计推断的先河,是统计学跨里程碑的一个杰作。

T 检验必须满足变量数据符合正态分布的条件,适用于小样本,同时也适用于总体方差未知但样本方差已知的情况,主要用于计量资料分析。T 检验包括样本与总体的均数间、两样本均数间、配对资料间比较三种,即单样本 T 检验、独立样本 T 检验和配对样本 T 检验。

1. 单样本 T 检验

在某大学 2021 级新生中随机抽取 30 名学生的身高,判断样本学生的平均身高与医学预测身高是否相同。已知研究总体均值,随机抽样满足样本数据正态分布假设,检验样本均数与总体均数是否存在显著差异,可以运用单样本 T 检验。

单样本 T 检验是最简单的 T 检验,其基本思路是,用样本均值代表的未知总体均值和已知总体均值进行比较,来观察此组样本与总体的差异性。应用单样本 T 检验必须满足以下条件:①研究总体均值已知;②数据满足正态分布,单样本 T 检验对于数据的正态性有一定的耐受能力,如果数据只是稍微偏离正态,则结果仍然是稳定的,但若偏离太远,可以考虑用变量变换或非参数方法加以分析。

知识关联

小概率理论:对于一个小概率事件而言,其对立面发生的可能性显然要远大于这一小概率事件,可以认为小概率事件在一次试验中不应当发生。

177

知识关联

T 分布理论:T 分布是一簇以 0 为中心,左右对称的单峰分布的曲线,其形态变化与 n(确切地说与自由度 df)大小有关。自由度 df 越小,T 分布曲线越低平;自由度 df 越大,T 分布曲线越接近标准正态分布曲线。

知识活页　　　　U 检 验

　　已知某学校男生某次体育成绩的平均分，随机抽取该校一年级男生的体育成绩，判断该一年级男生的体育成绩与全校男生的体育成绩是否存在差异。已知研究总体的方差，需要检验总体均值与样本均值是否相等，所以可以选择 U 检验来帮助判断两组数据是否存在差异，进而判断其对应的两个总体间的关系。

　　U 检验是服从 U 分布统计量检验统计假设，在已知一个满足正态分布的总体的方差前提下，对给定的一组样本，检验总体均值 μ_2 是否等于已知常数 μ_1 的统计检验法。U 检验适用于样本含量 n 较大（一般超过 40）的样本且样本数据服从正态分布。

　　因为 U 检验在计算中需要使用总体标准差，而实际工作中一般仅能已知样本标准差而非总体标准差，使得 U 检验不如 T 检验使用广泛。

2. 独立样本 T 检验

　　在某校同一年级随机抽取相同人数的男生和女生的身高，判断该样本男生的平均身高和女生的平均身高是否相同。样本随机抽取，满足样本相互独立的条件，比较两个独立样本均值是否存在显著差异，适用独立样本 T 检验。

知识活页　　　　正态分布检验的"三大路径"

　　独立样本 T 检验，主要用于完全随机的两组样本比较，检验两个独立样本是否来自具有相同均值的总体。相对单样本 T 检验，独立样本 T 检验对研究总体均值是否已知并没有要求，但是进行对比的两个总体是相互独立的，所以代表总体的样本同样需要满足相互独立的条件，另外独立样本 T 检验同样要求数据满足正态分布。

　　值得注意的是，独立样本 T 检验因样本方差是否相等而不同，所以方差齐次性检验是独立样本 T 检验的一个必要环节。当两样本方差齐性时，且经过 T 检验所得两个样本所属

知识关联

独立样本指样本取值是相互独立的，不存在对应关系。

总体平均数差异显著,这种差异归结于两个总体所属类群的差异;当两样本方差不齐性,则需要考虑样本方差差异带来的影响。

当两样本方差齐性:

$$T = \frac{(\bar{x}_1 - \bar{x}_2) - (\mu_1 - \mu_2)}{s_0 \sqrt{\dfrac{1}{n_1} + \dfrac{1}{n_2}}}$$

当两样本方差不齐性:

$$T = \frac{(\bar{x}_1 - \bar{x}_2) - (\mu_1 - \mu_2)}{\sqrt{\dfrac{s_1^2}{n_1} + \dfrac{s_2^2}{n_2}}}$$

知识活页 　　方差齐性检验的方法

179

3. 配对样本 T 检验

随机抽取某校若干名学生开展安全教育培训,比较这些学生培训后其安全知识水平是否有显著提升,可以进行配对样本 T 检验。配对样本 T 检验主要用于检验两个相关的样本是否来自具有相同均值的总体,或两个有联系的总体均值是否存在显著差异,或配对样本的差值的总体均值是否为 0。配对 T 检验属于双样本 T 检验,与独立样本 T 检验最大的不同在于,后者要求独立样本,前者要求相关样本。

知识关联

方差齐性表示两个样本的方差相等。

相关样本的配对设计主要有四种方式:①同一样本试验处理前后的对照,推断试验处理效果是否明显,例如游客观看旅游宣传片前后的出游意愿对比;②同一样本两个部位的对照,例如凤凰游客样本的住宿、餐饮满意度对比;③同一样本两种处理后的对照,推断哪种试验处理效果更明显;④配对的样本分别接受两种处理后的对照,属于异体配对设计,人为进行样本配对。

二、方差分析

1923 年,英国统计学家费希尔(R. A. Fisher)在分析农业田间试验数据时提出一种新的统计分析技术——方差分析(analysis of variance,ANOVA)。方差分析是在 T 检验的基础上发展起来的另一种类群差异分析方法,统计学意义在于检验多个总体均值是否相等。

类群差异分析包括三种情况，一是研究总体与已知总体的比较，二是两个研究总体的比较，三是两个以上研究总体的比较。第一种情况是最简单的，U 检验、单样本 T 检验都适用；第二种情况涉及两个样本，可以使用 Z 检验、T 检验等；第三种情况相对复杂，T 检验一次只能处理两个样本，多次的两两比较操作繁杂，且提高第 I 类错误概率，相比较而言，方差分析能快速、直接地比较两个及两个以上的总体。例如，比较某旅游目的地男性游客与女性游客的满意度，可以采用前文介绍的独立样本 T 检验，若是分析不同年龄层游客（层级＞2）满意度的差异，则应该选择方差分析。

方差分析研究的是分类型自变量对数值型因变量的影响。不少学者认为方差分析是回归分析的特殊情形，即解释变量全为分组哑变量（dummy）的回归分析。方差分析得到的是自变量（类群）对总量是否具有显著影响的整体判断，回归分析得到的是在不独立的情况下自变量与因变量之间的更加精确的回归函数式。

1. 基本原理

方差分析所分析的并非方差，而是数据间的变异。在方差分析中观测变量值的变化受两类因素的影响，第一类是控制因素不同水平所产生的影响，第二类是随机因素所产生的影响，前者引起的变异称为系统误差，后者引起的变异称为随机误差。方差分析把因变量随着自变量的不同而得到的变化进行分解，使得每一个自变量都有一份贡献，最后剩下无法用已知的原因解释的变化则看成随机误差的贡献；然后用各自变量的贡献和随机误差的贡献进行比较，以判断该自变量的不同水平是否对因变量的变化有显著贡献。

方差分析是 F 检验，统计量 F 在数值上表现为组间误差（SSA）与组内误差（SSE）之比。当统计量 F 值接近 1 时，即组间变异接近组内变异，说明自变量对因变量没有显著影响；当统计量 F 值大到某种程度，即组间变异显著高于组内变异，说明组间变异除了随机误差外，还存在因自变量不同导致的变异，表明至少有一对样本的均值差异达到显著水平。

2. 基本假定

1）独立性——观测变量相互独立

变异分解思想是方差分析的基础。各组观察数据是从相互独立的总体中抽取的，只有满足独立的随机样本，才能保证变异的可加性。

2）正态性——各总体服从正态分布

F 分布是在正态分布的基础上推导出来的，方差分析要求因变量数据服从正态分布。遵循中心极限定理，大样本近似服从正态分布。对于偏态分布的小样本，可以考虑非参分析过程，或通过数据转换，以改善其正态性。

知识关联

相关样本是指样本取值存在某种对应关系。

知识关联

第 I 类错误——拒绝了实际上成立的，为"弃真"的错误；第 II 类错误——不拒绝实际上不成立的，为"存伪"的错误。

3）方差齐性——各总体方差相等

等方差假定是方差分析最重要的前提条件。当最大方差与最小方差之比超过一定比例（经验值为 3）时，由于增大了第 I 类错误的概率，会严重影响对方差分析结果的判断。所以当各组内方差不相等时，经过 F 检验所得多个样本所属总体均值差异显著，可能有一部分归因于各组内总体方差不同所致。只有当各组内方差在总体上相等时，才能有效地分析各组平均值之间的差异。当各组内总体方差不相等时，可以通过方差稳健性变换加以改善，或者选择均值相等的健壮性检验替代方差分析。

3. 基本流程

方差分析的最终目的是研究不同自变量水平的因变量是否存在显著差异，遵循"预设假设——基本假定检验——F 检验——检验假设"的技术路线。方差分析预设的原假设为"不同自变量水平的因变量不存在显著差异"，随机抽样保证独立性假定，因变量数据满足正态分布或正态转换以符合正态性假定，因变量等方差性检验决定差异分析方法，方差不相等则进行均值相等的健壮性检验，方差相等则接受 F 检验，最后看统计量大小与发生概率检验假设真伪。当统计量达到某程度，且为大概率发生事件，则证明原假设为真，接受原假设；否

知识关联

组内误差（SSE）——同一水平下数据误差的平方和，是随机因素的影响，称为随机误差。

组间误差（SSA）——来自不同水平（总体）之间的数据误差，既包括可能由于抽样的随机性所造成的随机误差，也包括自变量不同水平所造成的系统误差。

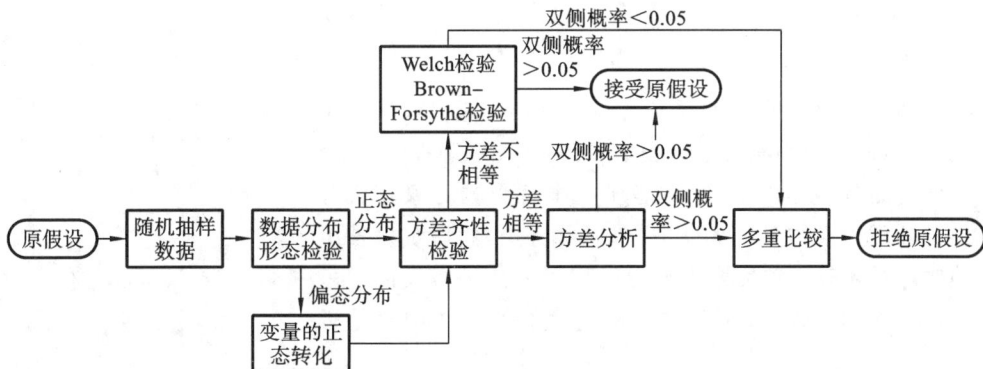

则，则原假设证伪，拒绝原假设，不同自变量水平的因变量存在显著差异，并可以进一步多重比较，明确控制变量的不同水平对观测变量的影响程度如何，哪个水平的作用明显区别于其他水平，哪个水平的作用是不显著的等。方差分析技术的操作过程如图 6-11 所示。

图 6-11　方差分析技术的操作过程

知识活页　　均值相等的健壮性检验

①阿斯平-威尔士检验（Aspin-Welch 检验）：计算 Welch 统计量以检验组均值是否相等。Welch 分布近似于 T 分布，当方差相等的假设不成立时，这种统计量优

于 F 统计量，适用于总体方差不相等的独立样本。

②布朗检验（Brown-Forsythe 检验）：对方差分析的一种改良，计算 Brown-Forsythe 统计量以检验组均值是否相等。Brown-Forsythe 分布近似于 F 分布，对正态性、独立性、等方差性没有严格要求，比方差分析的适用范围更广。

知识活页　　　多重比较（Post Hoc Tests）

4. 常见的方差分析

根据自变量的数量，方差分析分为单因素方差分析、多因素方差分析；因素相互不独立且对因变量具有交互作用的多因素方差分析又称为协方差分析。根据因变量的多寡，方差分析分为一元方差分析、多元方差分析。多自变量多因变量的方差分析，称之为"X 因素 Y 元方差分析"，如二因素二元方差分析，通常简单统称为多元方差分析。

1）单因素方差分析

检验多类旅游服务的市场满意度是否存在差异，只涉及"旅游服务"，适合单因素方差分析（one-way ANOVA）。单因素方差分析的基本原理是，在试验研究中将受试对象随机分配到一个处理因素的多个水平中去，以此分组，然后观察各组的试验效应并比较。单因素方差分析用于完全随机设计的多个样本均数间的比较，推断各样本所代表的各总体均数是否相等。

2）多因素方差分析

单因素方差分析只是考虑一个分类型自变量对因变量的影响，在对实际问题的研究中，有时需要考虑几个因素对观测变量的影响，例如分析影响游客体验满意度的因素时，需要考虑经济、社会、文化、生态等多因素的影响，当研究两个或两个以上因素对观测变量的影响时就是多因素方差分析（multi-factor ANOVA）。多因素方差分析是对一个独立变量是否受多个因素或变量影响而进行的方差分析，在这个过程中可以

知识关联

完全随机设计不考虑个体差异的影响，仅涉及一个处理因素，但可以有两个或多个水平，所以亦称单因素试验设计。

随机区组设计考虑了个体差异的影响，可分析处理因素和个体差异对试验效应的影响，所以又称两因素试验设计，比完全随机设计的检验效率高。

分析每一个因素的作用,也可以分析因素之间的交互作用以及各因素变量与协变量之间的交互作用,进行协方差分析(analysis of covariance,ANCOVA)。

多因素方差分析适用于随机区组设计的多个样本均数比较,不但可以分析单个因素对观测变量(因变量)的影响作用,也可以对因素之间的交互作用进行分析,进而找到有利于观测变量的最优组合。值得注意的是,同一受试对象不同时间(或部位)重复多次测量所得到的资料称为重复测量数据(repeated measurement data),对该类资料不能应用随机区组设计的多因素方差分析进行处理,需用重复测量数据的方差分析。

协方差分析是将线性回归分析与方差分析结合起来的一种统计分析方法,调节协变量对因变量的影响效应。当研究者知道存在影响因变量的协变量,但不能够控制和不感兴趣时,往往在实验处理前予以观测,然后在统计时运用协方差分析来处理。例如,研究旅游满意度对游客忠诚的影响,游客个体特质因素就是协变量。

知识关联

协变量(covariate)是一个独立变量(解释变量),不为试验者所操纵,但仍影响试验结果。协变量与因变量线性相关,并影响自变量与因变量的关系。

第七节 结构验证性分析

结构验证性分析是当代心理学、管理学等领域量化研究中常用的方法,近年来在旅游中的运用也越来越广泛。从统计学角度来讲,结构验证性分析融合了传统多变量统计分析中的"因素分析"与"线性回归分析",系统检验观察变量与潜变量、潜变量与潜变量之间的关系,包括因素结构验证与关系结构验证。

一、结构方程模型概述

结构方程模型(structural equation modeling,SEM)是通过对变量协方差进行关系构建,综合运用多元回归分析、路径分析和验证性因子分析(confirmatory factor analysis,CFA)方法而形成的一种统计数据分析方法。它能够对抽象的概念进行评估与鉴定,而且能够同时进行潜变量的估计与复杂自变量-因变量预测模型的参数估计,广泛应用于心理学、经济学、社会学、行为科学等领域的研究。

结构方程模型功能强大,适用范围宽广,可用于:①复杂变量的概念模型,可以为难以衡量的概念提供一个概念化建模及验证过程,如测量"游客满意度";②检验测量的信度、效度及解释测量中的一些问题,为检验观察数据与基本行为结构之间的关系提供有效的方法;③模型优化,结构方程模型会提出数个不同的可能模型,从各模型拟合样本数据的优劣,选择可取模型;④中介变量的检验,用以阐明各变量之间的作用机理。

与传统的路径分析和因子分析相比,结构方程模型具备很多优势:①可同时考虑和处理多个因变量;②容许自变量和因变量含有测量误差,而目前一般应用的主成分评价法、因子分析法、数据包络分析法、层次分析法、多因素综合评价法、模糊曲线法等统计分析方法的共同缺点是，假定所有的变量都能直接测量，没有误差，变量间只有单向的因果关系等，而这些假设在现实中都是很难满足的；③与 R-EFA 相似，SEM 容许潜变量（不能直接测量或观测的变量）由多个观测指标构成，并可同时估计各指标的信度和效度，不同的是，R-EFA 中观测变量对所有公因子均有贡献，公因子数是未知的，使用 SEM 的验证性因子分析（CFA）时观测变量只在特定因子上有载荷；④SEM 可采用比传统方法更有弹性的测量模式，如某个观测指标可同时从属于两个潜变量，但在传统方法中一个指标大多只依附于某一个因子变量；⑤研究者可设计出潜变量之间的关系，并估计整个模型与数据的拟合程度。

结构方程模型分为测量方程和结构方程两类。测量方程描述潜变量与指标之间的关系，即因素结构；结构方程则反映潜变量之间的关系，即关系结构。无论是因素结构验证性分析还是关系结构验证性分析，都是从一种假设的理论架构出发，具有高度的理论先验性。因此，理论分析框架是在验证分析前发生，而验证结论的可靠性大小，则与构建具有良好信度和效度的测量指标密切相关。

二、概念模型的构建

概念模型，即理论模型，在已有理论的支撑下，以因果假设的方式严谨呈现事物的客观状态。概念模型的构建极度依赖理论，可以说理论就是模型的生命。所有模型汇总的因果关系是依据理论来铺成的，理论不仅可以界定模型的策略，也可以界定模型中的因果弧度、因果方向、间接关系与直接关系等。因此，概念模型构建首先是明确理论基础，然后结合理论与研究内容确定研究路径，最后沿着路径，在已有研究与理论指导下推导变量间的因果假设关系，完成模型界定的过程。

概念模型包括因素概念模型和关系概念模型。因素概念模型，即观测变量（即指标，通常是题目）与潜变量（即因子，通常是概念）的关系模型，旨在建立测量变量与潜在变量间的关系，主要通过 CFA 分析模型的效度结构，详细构建过程可参考《结构方程模式理论与应用》（黄芳铭，2005）。关系概念模型，即各潜变量间的相互关系（指定哪些因子间有相关或直接效应）模型，旨在考验潜在变项间的因果路径关系，主要针对潜在变量进行路径分析，以考验结构模型的适配性，详细构建过程可参考《结构方程模型的理论、建立与应用》（吴兆龙、丁晓，2004）。图 6-12 所示为 SEM 概念模型。

三、因素结构验证性分析

因素结构验证性分析主要是用来检验一组观测变量与一组可以解释观测变量的因素构念间的关系，即检验因素结构的关系。因素结构验证性分析的具体路径为，基于已有理论构建出因素构成的概念模型，随机抽样获得基础数据，探究实际收集的数据是否与事先构建的因素结构模型相契合，基于模型拟合指标判断因素结构模型所包含的因素是否与最初探究的构念相同，指标变量是否可以有效作为潜在变量的观测变量。

1. 违规估计检验

如果模型内的估计系数存在负的误差变异数，或超过或太接近1（通常以 0.95 为标准），或存在太大的标准误差，这说明模型输出结果有违规估计，须加以处理，否则随后的检验无

(a)关系概念模型　　　　　　　　(b)因素概念模型

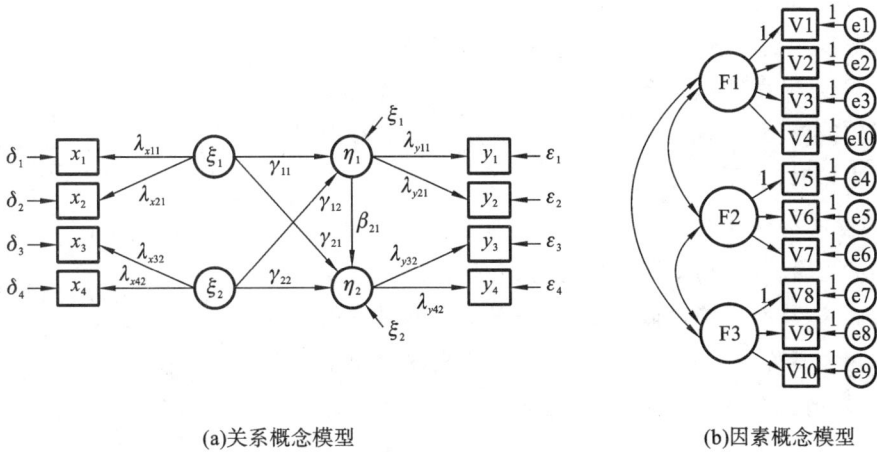

图 6-12　SEM 概念模型

效。如果没有妨碍现象产生,就可以进行随后的模型信度检验和效度检验。

2. 参数检验

参数检验是模型评价的第一步,只有该检验通过,才能进行后续的模型评价。模型参数检验主要是进行参数的显著性检验和参数的合理性检验,以评价参数的意义以及合理性。

因素结构模型的参数主要是观测变量的因子载荷。一般来讲,若临界比值 CR 大于 1.96,表示估计值达到 0.05 显著水平,则参数检验通过,说明假设模型中对该参数进行自由估计是合理的;否则是不合理的。参数合理性检验是检验得到的参数估计值是否有合理的实际意义。这一检验包括,参数的符号是否符合理论假设,如估计的方差、标准误差是否为正;因子之间是正的影响关系,而估计得出的参数为负;参数的取值范围是否合理,如没有互通的路径系数是否为零,相关系数是否在 -1—1,标准化系数是否超过或太接近于 1 等;参数是否可以得到合理解释,如参数与假设模型的关系有无矛盾等。

3. 模型的信度检验

模型的信度主要通过模型中各潜变量的组合信度和克朗巴哈 α 信度系数、各测试指标的多元相关的平方来判断。判别标准为:组合信度大于 0.7,克朗巴哈 α 信度系数介于 0.5 至 0.95 之间,多元相关的平方大于 0.5 时,表示模型的信度良好。

4. 模型的效度检验

模型的效度包括聚合效度(convergent validity)与区分效度(discriminant validity)。

聚合效度主要考察各测试语句对理论所属构念的贡献大

小,通过各测试指标的标准化回归系数、T 值及显著性水平,各潜变量的平均提取方差来判断。判别标准为,标准化回归系数为 0.50—0.95,T 检验值较大,在 P 值为 0.01 的水平下

知识关联

组合效度反映潜变量的各观测变量间的一致性。

显著,且平均提取方差大于 0.5 时,聚合效度较好。

区分效度主要考察各测试语句对理论所属构念之外的建构的相关程度,相关程度越低,说明模型的区分效度越高。一般认为,当各潜变量之间的相关系数的平方小于各潜变量的平均提取方差时,表明区分效度较好。

5. 模型的拟合检验

模型的拟合检验,用来评价模型与数据的拟合程度,主要从三个方面来反映:①绝对拟合度,用来确定模型可以预测协方差阵和相关矩阵的程度;②简约拟合度,用来评价模型的简约程度;③增值拟合度,理论模型与虚无模型的比较。每一个指标都存在一定的局限,最好综合各种指标进行判断,其中 CFI、AGFI、RMSEA、TLI 是相对可靠的指标。表 6-20 所示为拟合指标与判断标准。

知识关联

平均提取方差反映了潜变量的各观测变量对该潜变量的平均差异解释力,即潜变量的各观测变量与测量误差相比在多大程度上捕捉到了该潜变量的变化。

表 6-20　拟合指标与判断标准

性质	指标	经验性评价	标准
绝对拟合	卡方值	卡方值易受样本量影响,样本量越大,越容易达到显著。样本容量很小时,容易接受劣势模型;样本容量大时,容易拒绝所有拟合很好的模型。在多个模型比较分析时非常有用	不显著,接近 0,表示假设模型与观察数据适配
	GFI 值	在最大似然和最小二乘法中比较稳定。在 CFA 中,当 Factor Loading 和样本容量较低时,容易接受模型。参数估计值比较低时,容易接受模型	≥ 0.90,适配良好
	AGFI 值	可以按照模型中参数估计总数的数量对 GFI 进行调整。估计参数相对于数据点总数越少或自由度越大,AGFI 越接近 GFI	
	RMSEA 值	基于总体差距的指数,最常用拟合指数;比较敏感;用于惩罚复杂模型。小于 0.01,适配效果极佳;为 0.01—0.05,适配效果佳;为 0.05—0.08,适配效果良好;为 0.08—0.1,尚可接受	≤0.1,尚可接受
增值拟合	NFI 值	对数据非正态和小样本容量非常敏感;不能控制自由度;不常使用	≥0.90,适配良好
	IFI 值	在应用最小二乘法估计模型时,优于 TLI、NNFI。在最大似然估计时,在小样本和偏差大的模型估计中,容易错误惩罚简约模型,奖赏复杂模型,因此不常使用	
	TLI 值	在最大似然估计时使用有较好稳定性,能正确对复杂模型进行惩罚,准确区分不同的模型;在应用最小二乘法估计模型时比较差;可以用于比较嵌套模型。缺点:估计值变化很大,有时可以超出 0—1 的范围	

续表

性质	指标	经验性评价	标准
增值拟合	CFI 值	应用不同的模型估计方法时很稳定；即使是对小样本模型拟合时表现也很好；在嵌套模型比较时很有用	≥0.90,适配良好
简约拟合	NC 值 χ^2/df	接近 0,拟合极佳；为 1—2,拟合较佳；为 2—3,拟合良好；为 3—5,基本拟合；为 5—10,拟合情况不好；大于 10 表示无法拟合	≤5,基本拟合
	PGFI	属于依照简约原则调整后的指数,为原来的指数乘以省俭比率；模型越简单,越不被惩罚。受样本容量、以上相对应指标、估计参数与饱和参数值的影响	≥0.50,基本可接受
	PNFI		

四、关系结构验证性分析

关系结构验证性分析主要涉及潜变量之间以及与潜变量测量指标以外的观测变量之间的关系,主要处理不同概念之间假设的因果关系,如游客满意与游客忠诚之间的关系,并用来验证所假设的模型是否与实际数据吻合。

关系结构验证与因素结构验证的违规估计、参数检验、信度与效度检验以及拟合检验的原理与标准是一样的。最大的区别体现在,首先是概念模型的差异(见前文),其次就是模型修正。

1. 模型修正的意义

模型修正是基于已有的数据,探讨假设模型是否需要修正,如果需要并且可以修正,应在哪些方面修正以及如何修正。通过模型修正的过程,可以发现数据采集中的问题,特别是量表设计存在的问题。其意义在于,用所获得的数据考察依据相关理论提出的初始假设模型。如果假设模型偏离数据所揭示的情况,则需要根据数据所反映的情况对初始模型进行修正,不断重复这个过程,直到得到一个与数据拟合较好,模型总体的实际意义、模型变量之间的实际意义和所得参数都有合理解释的模型为止。

2. 模型修正方向

若发现初始模型与样本数据无法适配,研究者可以根据初始模型的参数显著性结果和 Amos 提供的模型修正指标对模型进行修正。模型修正有以下两个方向。

一是模型限制,删除或限制一些路径,使模型变得简洁,主要依据临界比率(critical ratio,CR)。在模型假设下,CR 统计量服从正态分布,所以可以根据 CR 值判断两个待估参数间是否存在显著差异。若两个待估参数间不存在显著差异,则可以限定模型在估计时对这两个参数赋以相同的值。

知识关联

临界比率(CR)为模型中的每一对待估参数(路径系数或载荷系数)之差,除以相应参数之差的标准差。

187

二是模型扩展，释放一些路径的限制或添加新路径，使模型结构更加合理，提高模型的拟合程度，主要依据修正指数（modification index，MI）。使用修正指数进行修正时，原则上每次只修改一个参数，并从最大值开始估算。但在实际中，也要考虑是否有理论依据。

显然，两者不能同时兼有，但无论怎样修正其最终目的都是获得一个既简约又符合实际意义的模型。

第八节　预 测 分 析

辩证法把自然界看成是一种不断运动、不断变化和不断更新的状态，某些东西在产生或发展，某些东西则在衰萎或消亡。不论是由物质组成的单体事物还是由行为、运动形成的单体事物，在时空的积淀下，都将表现出它们自有的规律。发现事物的规律，预测事物的趋势，也是我们在学习、工作、生活中经常会遇到的挑战，特别是在做出重大决策的时候。本节将介绍几种常见的预测分析技术。

微课：
中介效应

一、概述

预测分析，是指以历史资料为基础，运用社会、经济和数理统计方法，通过分析客观事物发展的历史与现状，进而对其未来发展方向、规模等特征进行预测。

预测分析需要两大必不可少的基础：①真实的历史基础，资料是预测的依据，对过去、现在的情况了解越充分，对未来的预测也将越精准；②成熟的理论基础，理论是预测的基础，是变量以及变量之间的关系假设的前提，在成熟理论指导下，得到的预测数据才兼具统计学意义与专业实际内涵。

预测分析类型多样。根据预测方法可分为定性预测和定量预测，按预测对象的尺度范围可分为宏观预测和微观预测，按预测时间的长短可分为短期预测、中期预测和长期预测。预测范围越大，预测期限越长，预测结果的精确度越低。短期预测、中期预测、长期预测的精确度依次降低，宏观预测的精度又低于同时间阶段的微观预测的精度。一般而言，对社会个别经济单位进行的小范围经济活动的预测或预测精度要求比较高的预测，常采用短期预测或中期预测；而对社会宏观经济部门、地区经济的预测则常采用长期预测。表 6-21 所示为预测方法的类型及特点。

表 6-21　预测方法的类型及特点

依据	类型	特点
预测方法	定性预测	预测者依据资料着重对事物发展的趋势、性质方向和重大转折点进行预测，主要凭借的是预测者的丰富经验、业务水平及综合分析能力。 灵活性大、简单且省时，但主观性强，很难实现精准预测
	定量预测	使用统计学方法、统计资料推算事件未来发展的具体数值。 侧重事物属性的数量变化，以客观数据为依据拟合事物发展规律，但往往容易忽略数字变化背后的因素

依据	类型	特点
预测对象的尺度范围	宏观预测	是指以国民经济部门、地区经济活动为范围的预测。多见于政府部门,是政府制定方针政策、编写计划、调整经济结构的重要依据
	微观预测	是指对社会个别经济单位的经济活动,及有关指标变量的预测。多见个体经济单位,主要用来指导经营活动
预测时间长短	短期预测	宏观预测中的短期预测为1—2年,微观预测中的短期预测为0—0.5年
	中期预测	宏观预测中的短期预测为3—4年,微观预测中的短期预测为0.5—2年
	长期预测	宏观预测中的短期预测为5—10年,微观预测中的短期预测为2年以上

二、定性预测

1. 对比类推法

对比类推法,是指利用事物之间的相似特点,将类似事物的发展过程对比类推目标事物,预测目标事物的发展趋势。根据类比目标类型的不同可分为产品类推法、地区类推法、行业类推法和局部总体类推法。

1)产品类推法

产品类推法是指用市场上的同类产品或类似产品在发展中所表现出的特征规律,来类推目标产品的发展趋势,特别适合对新产品开发的预测,如某企业计划在某地新开发主题公园项目,在预测项目收益时,可以参考同级别城市同类型主题公园的收益情况。

2)地区类推法

地区类推法是指通过分析事物在先发展地区的状况类推后发展地区的情况;预测的空间尺度越大,因素越复杂,预测精准度越低;同理,参照地数量越多,综合状况与预测地区越相似,其预测结果越科学;地区类推法适合预测事物在某新地区的发展状况。

3)行业类推法

行业类推法是指根据同一事物在先行行业中所呈现出的特性,类推该产品在其他潜在行业的发展趋势;适合对新引入行业的产品/技术做预测。

4)局部总体类推法

局部总体类推法即以局部推断总体,指以某一个单位事物的抽样调查资料为样本,分析其变化发展动态规律,进而判断、预测大范围或全局的变化。由于时间、经费、人力等主客观条件的限制,采用普查的可行性不强,局部总体类推法正好弥补了这种局限。

无论哪种类推法,其核心在于参照物的选择与确定,参照物的选择标准一般根据目标事物的属性及其影响因素来确定。此外,对比类推法建立在事物发展变化的相似性基础之上,但在实际预测中,我们很难找到非常相似的两个事件。所以类推法并不是一种严格的预测方法,是一种探索性预测技术。

2. 专家预测法

专家预测法（expert forecast method），是指由专家来进行预测的一种方法。它的特点在于参加预测的人员必须是与预测问题有关的专家，这些专家要有丰富的专业知识、精通业务、在某些方面积累丰富经验，并富有创造性和分析判断能力。专家预测法在一些重大问题的预测方面较为可行可信，具体可分为集体经验判断法和德尔菲法两类。

知识活页

集体经验判断法：在个人判断的基础上，以会议、小组讨论形式将各专家个人的见解综合起来，进行集体的思考分析与判断，最终寻求较为一致的结论的预测方法。

德尔菲法：采用背对背的通信方式，调查人员多次向专家小组成员征询并反馈意见，使专家预测意见趋于集中，做出符合事物未来发展趋势的预测结论的方法，是一种反馈匿名函询法。

集体经验判断法与德尔菲法的主要区别在于，集体经验判断法采用公开形式，讨论各专家的预测方案，在预测中，职位的高低直接决定成员在判断时的影响力，职位越高越容易左右集体判断结果的走向。而德尔菲法则采用匿名发表意见的方式，即专家之间不得互相讨论，不发生横向联系，只能与调查人员发生关系，使每一位专家独立地做出自己的判断，既不会顾虑经验人士的权威，也不会因面子问题而拒绝修改自己原来不全面的意见。

专家预测法将不同知识结构、教育背景、思维方式的专家集中起来，所拥有的信息量远远大于个人拥有的信息量，能凝聚众多专家的智慧，避免个人判断不足；同时这种综合整理得出的结论因可以代表各层次水平专家的意见，易于被其他同行或应用者认同。但这种方法也存在两点不足：一是要有足够的、合适的不同职业背景、知识结构、经验的专家参与判断，避免判断结果的非正常高度一致性；二是专家选择没有明确的标准，最后趋于一致的预测结果缺乏严格的科学分析。

三、定量预测

定量预测通过统计学方法、统计资料，预测事件未来发展的具体情况，包括时间序列预测、回归预测等。其中，回归预测注重分析影响预测对象的各因素所造成的影响，而时间序列预测则根据预测对象本身的历史数据来预测其未来。

1. 时间序列预测法

时间序列预测法（time series prediction method），是一种通过编制和分析时间序列数据，得出有关事物随时间变化而变化的发展过程、方向及规律或模式，以此类推或延伸，预测事物趋势的方法，以平均法、指数平滑法、趋势外推法、季节指数法较为常见（见表6-22）。

表 6-22　时间序列预测法

方法		适用时间尺度	预测对象
平均法	简单平均法	短期	内部稳定性较强的事物
	简单移动平均法		发展平稳具有水平趋势的事物
	加权移动平均法		发展平稳具有水平趋势的事物
指数平滑法	一次指数平滑法	短期	呈水平趋势且无明显季节性的事物
	二次指数平滑法		呈线性趋势且无明显季节性的事物
	三次指数平滑法		呈非线性趋势或具有明显季节性的事物
趋势外推法		中期、长期	呈上升或下降趋势、无明显季节性的事物
季节指数法		中期、长期	呈明显季节性、循环性的事物

1）平均法

平均法包括简单平均法、简单移动平均法、加权移动平均法（见表 6-23）。

表 6-23　平均法类型

类型	内容	特点
简单平均法	将过去若干单位时期的平均水平，作为预测期的水平 $$\hat{y}_{t+1} = \frac{1}{t}(y_1 + y_2 + \cdots + y_t) = \frac{1}{t}\sum_{i=1}^{t} y_i$$	假设未来环境、条件都与现在保持一致，操作简单，适用于内部稳定性较强的预测对象
简单移动平均法	每当得到一个新单位时期的数据，就剔除最早单位时期的数据，并重新计算新的平均值以预测下一单位时期，以此递推，得到一个新的时间序列 $$\hat{y}_{t+1} = \frac{1}{k}(y_t + y_{t-1} + \cdots + y_{t-k+1})$$	考虑时间因素，消除预测中的随机波动，适用于发展稳定具有水平趋势的事物/现象。项数越大，修匀作用越强。两点局限：一是即期预测，只用到近期的 k 个数据，没有充分利用全部数据信息；二是认为参与计算的 k 个数据的重要性是均等的，而事实上，近期数据对于未来的发展趋势包含更多信息
加权移动平均法	将各个时期的历史数据按近期和远期进行加权，近期数据权数高于远期数据，赋权加总求均，作为下期预测值 $$\hat{y}_{t+1} = \frac{a_0 y_t + a_1 y_{t-1} + a_2 y_{t-2} + \cdots + a_{k-1} y_{t-k+1}}{a_0 + a_1 + a_2 + \cdots + a_{k-1}}$$	引入权数思想，兼顾时间因素，认为近期比远期对未来影响更大，克服了历史数据重要性均等的局限。不足之处：一是权数的确定具有一定的主观性；二是当项数 k 较大时，对 k 个数据做加权计算会比较复杂

2）指数平滑法

指数平滑法（exponential smoothing method）是将本期指数平滑值作为下期的预测值的方法。指数平滑法是在移动平均法基础上发展起来的，其原理是，任一期的指数平滑值都是

本期实际观察值与上期指数平滑值的加权平均。指数平滑法兼简单平均和移动平均所长，不舍弃过去的数据，但随着数据的远离，权数逐渐收敛为0，常用于生产预测及中短期经济发展趋势预测。

根据平滑次数的不同，可分为一次、二次、三次、高次指数平滑法等，这里简单介绍一次、二次、三次指数平滑法（见表6-24）。

表 6-24　指数平滑法类型

类型	内容	特点
一次指数平滑法	$\hat{y}_t=\alpha y_t+(1-\alpha)\hat{y}_{t-1}$，其中，$\hat{y}_t$ 为 t 期的平滑值，即下期$(t+1)$的预测值；y_t 为 t 期的实际观测值；$\hat{y}_{t-1}$ 为上期的平滑值，t 期的预测值；α 为平滑系数，取值范围为$[0,1]$	操作简便，适用于呈水平趋势且无季节变动的平稳时间序列的短期预测
二次指数平滑法	若时间序列呈直线趋势，一次指数平滑法预测存在明显的滞后偏差。对一次指数平滑值再进行一次平滑，就是二次指数平滑法。预测公式为：$S_t^{(2)}=\alpha S_t^{(1)}+(1-\alpha)S_{t-1}^{(2)}$，其中，$S_t^{(1)}$ 为一次指数平滑值，$S_t^{(2)}$ 为二次指数平滑值	二次指数平滑法不能单独地进行预测，必须与一次指数平滑法配合，建立预测的数学模型，适用于呈线性变动趋势且无季节波动的序列
三次指数平滑法	若时间序列的变动呈现出非线性增长的二元次曲线趋势，需在二次指数平滑法的基础上再进行一次平滑，即三次指数平滑法，又称二次曲线指数平滑法，预测公式为：$S_t^{(3)}=\alpha S_t^{(2)}+(1-\alpha)S_{t-1}^{(3)}$，其中，$S_t^{(3)}$ 为三次指数平滑值	三次指数平滑法操作相对复杂，但适用范围广，考虑了线性增量、二次抛物线的增长因素，适用于趋势性序列以及具有明显季节性波动或非线性趋势的序列

平滑系数 α 的确定是指数平滑预测的关键步骤。系数 α 决定了平滑水平及对预测误差的响应速度，其取值范围为$[0,1]$，α 越接近于1，远期观测值对本期平滑值的影响程度下降越迅速，预测模型灵敏度越高。在实际应用中，预测者结合预测对象的变化规律，即时间序列的平稳情况做出判断，确定 α 的大致取值范围，然后计算不同 α 值下的预测误差，考虑到预测灵敏度和预测精度是此消彼长关系，必须将二者考虑清楚，采用折中的 α 值。

知识活页

α 取值的一般性规律：

①对较稳定的时间序列，α 取值$[0.05,0.20]$。

②对有波动，但长期趋势的时间序列，α 取值$[0.1,0.4]$。

③对波动很大，呈现明显迅速的上升或下降趋势的时间序列，α 取值$[0.6,0.8]$。

④对上升或下降的发展趋势序列，α 取值$[0.6,1]$。

3）趋势外推法

当预测对象随时间变化呈现某种上升或下降趋向，且这种趋势能够延伸到未来，没有明显的季节或循环变动时，可以考虑趋势外推预测。

趋势外推预测的实质是，基于预测对象与时间的关系来预测未来的趋势，以时间 t 为自变量，预测对象 y 为因变量建立数学函数预测模型。从形式上看，趋势外推预测模型与回归模型相同，但模型变量间的实质关系是不一样的，回归是建立在因果联系上的，但趋势外推反映的是事物随时间推移而变化的事实。

趋势外推模型利用数学模型对原时间序列配合适当的趋势线进行修匀，从而显示序列基本趋势。由于现象的发展变化有的呈直线趋势，有的呈非线性趋势，还有的是直线和曲线相结合的趋势，所以在选用模型时，需对原时间序列进行分析，了解它的变化类型，然后再确定预测的原模型。

知识活页

常用的趋势外推模型：

一次线性模型：$y_t = a + bt$　　指数模型：$y_t = ae^{bt}$

二次抛物线模型：$y_t = a + b_1 t + b_2 t^2$　　修正指数模型：$y_t = a + bc^t$

三次抛物线模型：$y_t = a + b_1 t + b_2 t^2 + b_3 t^3$　　对数预测模型：$y_t = a + b\ln t$

n 次抛物线模型：$y_t = a + b_1 t + b_2 t^2 + \cdots + b_n t^n$　　皮尔曲线预测模型：

$$y_t = \frac{L}{1 + ae^{-bt}}$$

龚珀兹曲线预测模型：$y_t = ka^{b^t}$　　其中，a、b 为常数，t 为时间，y_t 为预测值

193

4）季节指数法

旅游业、服装业等具有明显的季节性特征，对有季节变动的变量进行预测，需采用季节指数法。季节变动是指变量属性水平随着季节交替呈现规律性的周期性变动，表现为淡季和旺季，常用季节指数表示。季节指数法就是根据时间序列中的数据资料所呈现的季节变动规律，对预测目标未来状况做出预测的方法。

若不考虑季节变动和不规则变动，季节指数＝各年同月或同季观察值的平均值/历年间所有月份或季度的平均值；考虑本书的受众群体，本节的季节指数不考虑季节变动与不规则变动，更为精确的求解过程参见《应用统计学》（朱建平、孙小素，2009）。

根据一年或两年的历史数据计算而得的季节指数往往含有很大的随机波动因素，故在实际预测中通常需要掌握和运用三年以上的分季历史数据，时间单位可以是季度或月度，变动循环周期为 4 季或是 12 个月。

季节指数预测模型：$Y_i = (a + bT)C_i$。

式中，Y_i 为预测期第 i 月度（季度）的销售量，C_i 为第 i 月度（季度）的季节指数，T 为月

度（季度）数（包括历史数据时期），$(a+bT)$代表长期趋势值，a、b 为待定系数。例如，某景区旅游收入的第一季度的季节指数为 120%，这表明该景区第一季度的旅游收入通常高于年平均数 20%，属旺季，若第三季度的季节指数为 70%，则表明该景区第三季度的旅游收入通常低于年平均数 30%，属淡季。

2. 回归预测法

已知时间及对应的事物属性水平时，用时间序列法可以解决大部分问题。但当事物属性与时间变化并没有明显的规律，和其他非时间因素存在某种确定关系时，可以考虑回归预测法。

回归预测法是通过建立回归模型预测事物未来变化趋势的方法。与时间序列预测法的区别在于，时间序列预测法是以时间为自变量，回归预测的自变量不局限于时间。因此，回归预测法不仅可以依据时间变化预测未来，还可以通过相关事物的回归关系间接预测难以直接测量的事物，也可以进行条件预测，预测当某种条件出现时预测对象的变化，拓宽了预测范围与深度。

回归预测法包括线性回归预测、非线性回归预测。当预测对象与预测变量之间存在显著的线性关系时，使用线性回归预测；当两者关系为非线性时，则使用非线性回归，具体操作原理详见第四节回归分析部分。在不能确定变量间的函数关系时，当只有一个自变量时，可以绘制散点图来确定关系，但若自变量有两个或两个以上，往往需要根据理论或过去的经验进行初始判断。

194

知识活页

常用的非线性预测模型：

①幂函数：$y = ax^2$，适合数据增长或降低速度持续加快且增加幅度比较恒定的事物。

②指数函数：$y = ae^{bx}$，适合数据增长或降低速度持续加快且增加幅度越来越大的事物。

③对数函数：$y = a + b\lg x$，适合数据增长或降低幅度由大逐渐趋于平缓的事物。

④抛物线函数：$y = a + bx + cx^2$，适合数据增长或降低幅度波动较多的事物。

⑤S形函数：$y = \dfrac{1}{a + be^{-x}}$，适合数据呈 S 形发展的事物。

以上预测模型中，a、b、c 为未知参数。

四、组合预测

组合预测是一种将不同预测方法所得的预测结果组合起来形成一个新的预测结果的方

法。理论和实践研究都表明,在诸种单项预测模型各异且数据来源不同的情况下,组合预测模型可能获得一个比任何一个独立预测值更好的预测值,组合预测模型能减少预测的系统误差,显著改进预测效果。组合预测包括两种基本形式:一是等权组合,即各预测方法的预测值按相同的权数组合成新的组合预测值;二是不等权组合,即赋予不同预测方法的预测值的权数是不一样的。

1. 定性预测和定量预测的综合应用

定性预测擅长于预测趋势的转折及其影响,定量预测则只有在趋势能延续下去的前提下才有效,更具客观性,成本低,适于反复预测。定性预测与定量预测并不是相互排斥的,各自存在优点和缺点,如何发挥各种不同方法的长处,克服其不足之处,是做好预测工作的一个重要环节。

1) 方法或模型科学性

选择不同方法或模型会对预测结果产生明显的影响,做出模型或方法抉择之前必须全面分析。完全依赖统计分析选择定量预测方法或模型,容易造成严重偏差;不同的定性预测方法可能得到完全不同的预测结果。预测现有趋势延续或转折的能力有效的办法就是,先假设趋势不会发生变化,用定量预测方法进行分析预测,然后采用定性预测方法进行修正,判断其趋势的转折是向上还是向下,最后再做综合预测分析。

2) 信息应用充分性

定量预测不能充分运用历史数据所包含的信息;定性预测可以充分利用各类信息,但这种信息的提供必须全面准确,如提供所有有关环境信息、过去类似案例及其失误等,并提供及时的反馈信息,检验预测人员预测转折的能力,帮助其减少预测偏差。

3) 转折预测精准性

定量预测不能预测转折的发生,不同方法的修正能力不一样;定性预测可以预测转折的发生,评估转折的影响,修正预测结果,但转折也可能被忽视或夸大。某些定量预测(如回归预测)方法对于趋势转折的反应特别迟钝,这就必须借助于定性预测方法进行修正,但是,也有另外一些定量预测方法(如自适应过滤法)能较快适应趋势的转折。定性预测主要依赖个人的判断能力,可以辨析出趋势转折的影响,但个人也可能不能及时发现趋势的转折,甚至不肯承认趋势已经发生转折,这就必须借助于一些预警系统。

4) 预测的客观性

定量预测可以保证预测结果的客观性,只是精度的选择具有一定的主观性。定性预测较易受各种主观因素的影响。

5) 估计未来的不确定性

定量预测与定性预测都可能低估未来的不确定性程度。

6) 连续反复预测

定量预测能保证连续反复预测的一致性;定性预测主要依靠人的主观判断能力进行预测,当个人被要求做连续不断的反复预测时,由于人易疲倦于这种枯燥的反复预测而不能保证连续反复预测前后结果的一致性。

7) 预测成本

由于计算机技术的发展,定量预测具有低廉的成本;由于会议和聘请专家费用高,导致

定性预测的成本较高。

2. 典型的组合预测模型

1）线性组合模型

线性组合模型，顾名思义就是用一系列简单线性回归模型组合而成，基本表达式为 $y_{ct} = W_1 y_{1t} + W_2 y_{2t} + \cdots + W_n y_{nt}$，其中 y_{ct} 为 t 期的组合预测值，$y_{1t}, y_{2t}, \cdots, y_{nt}$ 为 n 种不同单项预测模型在 t 期的预测值，$W_1, W_2, \cdots, W_n$ 为相应的 n 种组合权数。线性组合预测模型的关键在于确定合理的权数 W，W 依据组合预测误差的方差最小原则加以确定。

2）最优线性组合模型

最优线性组合模型是广义的线性组合预测模型，利用样本期的实际值和各单项预测模型的拟合值，进行线性回归，得到组合权数，然后利用线性回归模型，以原方案的预测值作为外生变量进行外推预测。最优线性模型的一般表达式为 $y_t = a + b_1 y_{1t} + \cdots + b_n y_{nt}$，其中，$y_t$ 为样本期实际值，$y_{1t}, y_{2t}, \cdots, y_{nt}$ 为样本期 n 个不同模型得到的预测值。

3）贝叶斯组合模型

贝叶斯组合模型也是线性组合模型的特例。在 n 种单项预测模型中选择一种为主要方案，由这一方案得出的预测值为原预测值。然后，取其他 $n-1$ 种预测方案在某一时点上的预测值分布的均值和方差，代入公式 $\hat{Y}_{t+1} = (Y_{t+1}/s_{y,t+1}^2 + \bar{Y}_{t+1}/s_{y,t+1}^2) / \left(\dfrac{1}{s_{y,t+1}^2} + \dfrac{1}{s_{y,t+1}^2} \right)$（其中，$\hat{Y}_{t+1}$ 为贝叶斯组合预测值，Y_{t+1} 为原预测值，$\bar{Y}_{t+1}$ 为其他 $n-1$ 种预测值分布的均值，$S_{y,t+1}^2$ 为其他 $n-1$ 种预测值分布的方差，$S_{y,t+1}^2$ 为原预测值的方差），就得到贝叶斯组合模型。

五、预测精度评估

预测精度，即由预测模型所产生的预测值与历史实际值拟合程度的优劣。模式或关系的识别错误、模式或关系的不确定性、模式或现象之间关系的变化性是影响预测精度的重要因素。如何提高预测精度是预测研究的一项重要任务。对预测用户而言，过去的预测精度毫无价值，只有预测未来的精确度才是最重要的。

预测精度具体表现为预测值与实际值的误差大小，误差越大，精度越低。预测误差分为绝对误差与相对误差，利用均值来衡量预测误差的平均水平，利用方差或标准差反映预测误差相对于 0 误差的波动情况。表 6-25 所示为预测误差评估指标。

表 6-25　预测误差评估指标

评估指标	表达公式	含义
平均误差（ME）	$ME = \dfrac{1}{n} \sum\limits_{i=1}^{n} y_i - \hat{y}_i$	误差的算术平均值。局限在于存在误差正负抵消的情况
平均绝对误差（MAD）	$MAD = \dfrac{1}{n} \sum\limits_{i=1}^{n} \lvert y_i - \hat{y}_i \rvert$	误差绝对值的算术平均值。误差绝对值化，不会出现正负相抵消的情况，更好地反映预测值误差的实际情况

续表

评估指标	表达公式	含义
平均相对误差（MPE）	$MPE = \dfrac{1}{n}\sum_{i=1}^{n}\dfrac{y_i - \hat{y}_i}{y_i}$	误差与观测值的比的算术平均值。相对ME,解决了不同量纲的影响,但局限在于存在误差正负抵消的情况
平均相对误差绝对值（MAPE）	$MAPE = \dfrac{1}{n}\sum_{i=1}^{n}\left|\dfrac{y_i - \hat{y}_i}{y_i}\right|$	误差与观测值的比的绝对值的算术平均值。优点在于不存在量纲问题以及误差正负抵消情况
预测误差方差（MSE）	$MSE = \dfrac{1}{n}\sum_{i=1}^{n}(y_i - \hat{y}_i)^2$	误差平方和的算术平均值。预测误差的方差比平均绝对误差或平均相对误差绝对值能更好地衡量预测的精确度。但是与预测数据不属于同一数量级
预测误差标准差（SDE）	$SDE = \sqrt{\dfrac{1}{n}\sum_{i=1}^{n}(y_i - \hat{y}_i)}$	误差平方和的算术平均值的算术平方根。与预测数据属于同一数量级

（注：n 代表预测样本（变量）数量，y_i 为第 i 个样本（变量）的预测值，$\hat{y}_i$ 为第 i 个样本（变量）的实际观测值，$y_i - \hat{y}_i$ 表示误差。）

没有任何一种预测方法或预测模型是绝对的最优选择,不同的预测方法之间并不存在明显优劣,只是不同方法具有各自不同的特点。进行因果预测的时候,我们有一个误解,认为引入自变量越多,因变量的预测越准。其实大型模型的预测精度并不比小型模型的预测精度高。大型的回归模型能提供更多信息,更好地解释预测对象变化的原因,但是变量也更多,关系也更复杂,不确定性更高,发生偏差的概率相应更大。提高模型的复杂程度后,其预测精度并不会自动提高,模型简单并不是缺点,而是一个优点。所以如果预测精度只是选择预测方法的重要标准之一,则可以考虑选择小型的回归模型。时间序列预测模型一般都比较简单且成本较低,如果用户选择预测方法的标准是追求预测精度的极大化,则最好选择时间序列预测模型。

本章小结

（1）缺失值是指在研究过程中,应该从样本单元中得到而实际上却未得到的数据,也称缺失数据。

（2）数据标准化也称数据规范化,是指将数据按一定比例缩放,使之落入特定区间,旨在消除不同属性或样本间的不齐性。

（3）集中趋势是指一组数据向某一中心值靠拢的程度,反映了一组数据中心点的位置所在,分析统计量包括众数、中位数和平均数等。

（4）离散程度也称离中趋势,反映各变量值远离中心值的程度。

（5）在数据处理中,一般将描述和分析两个或两个以上变量之间相关的性质及其相关程度的过程,称之为相关分析。

核心关键词

缺失值处理	missing data handling
数据标准化	normalization of data
集中趋势	central tendency
离散程度	dispersion
分布形态	distribution
数据可视化表达	visualization of data
探索性因子分析	exploratory factor analysis
验证性因子分析	confirmatory factor analysis
相关分析	correlation analysis
回归分析	regression analysis
聚类分析	cluster analysis
T 检验	student's test
方差分析	analysis of variance
预测分析	predictive analysis

思考与练习

1. 比较因子分析与聚类分析的异同。
2. 试述相关分析与回归分析的关系。
3. 试比较方差分析与回归分析。
4. 查阅资料，从方法论的视角，谈谈国内外旅游定量研究进展。

案例分析　　主成分分析法案例

第七章 →

表达研究成果

学习引导

研究成果按照研究进程来分类，一般有前期成果、中期成果、最终成果三种形式，前期成果是确定问题、设计研究方案，是将问题正式提出来，呈请领导关注，申请科学研究基金资助的申请书，也包括各种类型的学位论文的开题报告。中期成果是大型课题研究项目常有的，是研究工作中取得的阶段性成果，一般以学术论文和专题研究报告的形式表现，也有成果要报的形式。最终成果是研究任务完成后，系统总结围绕研究目标所取得的成果，学位论文、系统的研究报告是主要形式，也有以系列论文为最终成果的。通过本章的学习，让我们一同了解一些常见的成果表达形式。

学习重点

通过本章学习，重点掌握以下知识要点：

1. 课题申报的内涵；
2. 开题报告的内容；
3. 学术论文的表达；
4. 研究报告的表达；
5. 学位论文的表达。

研究工作是一个不断探索的过程，研究成果在不同阶段以不同的形式表现。每位旅游管理类本科同学必定会遇到的毕业论文，就是研究过程的系统培育形式，几乎所有本科学校都以全程监察的考核方式，培养学生的毕业论文的写作水平。一般都设有开题和答辩两个大的考核环节，开题是考核开题报告的水平，答辩是考核毕业论文的整体水平。在职场的各种研究性工作中，也需要对研究问题有明确的认识，提出解决问题的方案，领导评估后确定研究任务，交给专业人员形成研究报告。大学和研究机构向科研管理部门申请研究任务，需要填写申报书，经过专业评估后，获得课题立项的研究人员，按照研究目标从事研究的工作，完成承诺的学术论文和研究报告。

第一节　旅游问题研究的前期成果表达

旅游问题的前期研究，就是发现问题并设计研究方案。最常见的前期研究工作成果，是为了向主管部门报告所需要解决的问题的研究意义或者研究价值，具体研究的方案，所需要的资源，预判问题解决后可能形成的成果的种类和效益。最常见的旅游问题研究的前期成果，是课题申报书和开题报告书。

一、旅游问题研究的前期成果的类型

1. 课题申报书

课题就是要研究和解决的问题，也就是研究问题。课题申报是一种对应于课题发布和招标的带有投标性质的工作，也就是相关部门和单位，根据自己工作的性质或者事业发展需要，向特定单位的具有一定专业能力的特定群体，公开发布要约性质的课题指南或者招标文件，提出具体应约要求，甚至发布申报书格式和具体内容的提纲，有的还直接发布评分规则。

知识关联

课题申报书，就是按照课题发布（招标）方的要求，做出前期研究的报告，提出承担研究任务的请求，表达研究的基本要求的文件形式。

课题申报是目前一个特别常见的工作，在大学本科学习过程中，不同学校都会面向本科学生设立一定的社会实践、能力培养等方面的带有一定研究性质的项目，有各级团委资助的，也有各专业设置的，还有企业家针对人才培养设立的，从旅游管理类专业的情况来看，还有协会设置的项目。

进入职业生涯阶段，只要是技术工作岗位的，都有可能接触各种研究项目申报的任务。在教育部门，各种教改项目、科学研究项目，几乎每年都由主管部门定期发布指南。在相关事业单位，甚至在旅游企业工作，也有主管部门、行业协会的各种研究项目申报的机会。

课题申报书是一个大类，不同类型的课题申报书，各种要求存在明确的区别。对于科学研究基金的申请，自然科学基金和哲学社会科学基金课题的申请书，填报的内容和风格存在明显区别。对于开发项目的申请，不同的主管部门，势必带有行业特色，也会出现要求上的明显差距。

2. 开题报告书

开题是每一位旅游管理类本科大学生将会遇到的，本科毕业论文写作的第一个考核阶段，就是毕业论文开题。在各类研究生培养过程中，学位论文乃至博士后出站的研究报告，都设有开题考核环节，一般需要提交开题报告书，同时组织专业教师论证考核，提出修改意见，审核通过。一些省级以上的重大研究课题，在确定研究任务承担主体后，要求做出开题报告，甚至要求召开专门的开题报告会，组织相关专家进行研究方案的科学性、先进性和针对性论证。

开题报告书是一种科技写作文体,这种文字体裁是随着现代科学研究活动计划性的增强和科研选题程序化管理的需要而产生的。开题报告书的要求,也存在一些明显的区别。从学位论文的开题报告书的要求来看,本科毕业的学士学位开题报告,各大学略有区别,但是基本上是一张表格,主要包含了选题意义、研究现状、自己的见解、写作提纲、参考文献、调研方案、进度安排等基本内容;硕士学位论文的开题,最终上交的也是表格,但是内容就丰富多了,要求完整表达选题依据、研究方案、写作计划等内容,选题依据要求有理论意义和实践价值,以及细致的综述来评述研究现状,并列出主要参考文献;研究方案要求从研究目标、研究内容、研究方法、研究的技术线路、技术方案的可行性、特色与创新来分述;博士学位论文在深度上有更多的要求,内容要求就更接近国家哲学社会科学的基金课题申报书的内容框架,对内容表述要求更详细,篇幅也更多。

知识关联

开题报告是研究者确定了研究问题和研究目标后,报告系统研究的前期工作成果和进一步研究计划的文件形式。

微课:
本科毕业论文开题报告书的写作问题

二、前期研究成果的内容

在很大程度上,课题申报与开题报告的研究深度都是停留在确定研究问题,设计研究方案的基础上,所要准备的研究工作是有共性的。一般来讲,课题申报书是更基础的前期工作,理论上开题报告应该更加具有完善的研究内容和十分严密的研究设计。但是高层次的自然科学基金课题和哲学社会科学基金课题的申报要求,已经十分接近开题要求。下面简要介绍旅游问题前期研究应该具有的主要内容。

1. 研究问题的选题

1)标题的讲究

标题包含两个方面的问题,其一是作为研究课题的选题的优劣水平,无论是申报基金课题还是学位论文,都需要保证新意避免重复,同时要注意回避过泛、过大的问题,应集中在解决旅游管理领域的某一问题上,命题必须确切。选题可基本反映申报者对旅游管理学科基本理论与专业技能的掌握程度,实验技术与操作能力的熟练程度,科学思维和分析能力的强弱程度,知识结构和知识范围的深度和广度。其二是标题对研究问题表达的精准水平,既要涵盖研究问题的体系,又要突出核心价值,更要明确表达创新。从最近国家哲学社会科学基金委员会对申报课题的标题的要求看,不主张主副标题的结构,尤其不主张设置以什么为例、基于什么理论或者方法的标题格式。并列式标题成为主要的表现形式,一般表现两个致力解决的重点问题。例如,国家哲学社科基金立项课题"红色旅游共生发展机理及其绩效研究"是面向红色旅游融合发展两个应用经济学问题的选题,具有引入共生理论来研究融合现象的新意,同时彰显了从共生机理及其绩效两个方面重点突破的内容框架;湖南省哲学社会科学基金首个旅游经济学重大项目的招标课题"湖南旅游产业转型及其结构优化升级研究",就是并列式表达的形式。

2）研究现状的把握

全面把握研究问题的研究历程和最新进展，才能把握课题的研究指向，保证研究质量。较大的攻关、招标课题申报和学位论文开题工作，都要求对课题的国内外同行研究的现状进行阐述和评价。一般情况下，硕士和博士学位开题报告、自然科学基金申报书中的课题研究现状，可以详细描述并评价；哲学社会科学基金课题申报书限制字数，需要先详细综述，然后摘要表达在申报书中。学术史的简要回顾的表达，特别考验学术修养和文字表达能力。

知识活页　学术领域研究不足与研究项目攻关目标的对应

3）研究价值的把握

应该围绕理论价值和应用价值两个方面来介绍，既要坚持精要表达，又要力图全面表现。从表达技巧来看，往往按照自然顺畅的原则来实现，如果课题是按照两条以上的研究主线展开的，可以从研究主线来分别表达理论价值和应用价值；如果是一条研究主线展开的研究，就可以分别表达理论价值和应用价值。理论上，突出学科建设方面的意义，是填补空白还是丰富学科领域的内容，方法上，突出特色就可以，当然也可以创新研究方法，也可以借用相关学科领域的方法，能够改良一下方法的相关环节，对相关参数做出修正，就是很理想的方法贡献了。

2. 研究内容的展示

1）研究对象的阐释

确定好研究对象，是明确研究内容的重要前提。研究对象的介绍，主要是揭示研究问题的学术蕴含和学术载体。研究对象介绍一般包含两个层面的内容，第一个层面是学术蕴含的表达，是研究问题的阐述，明确核心问题假设，也就是清楚表达要解决的核心学术问题。第二个层面是承载研究问题的具体事物和现象，是研究问题的实际对象，很多情况下是一个具体区域、一些具体企业，需要明确其具有研究关注事物和现象的典型性和代表性。

2）总体框架的展现

从哲学社会科学基金申报书的角度看，总体框架是集中展示研究问题的主要内容，旅游管理学领域和旅游经济学领域，经常是从理论和实践结合的方面，表现旅游发展的具体问

知识关联

对象是客体事物不以人的意志为转移而又与人的存在相关联的某种规定性。研究对象就是研究客体，是研究关注的事物和现象。

题,多数围绕申报课题的主题,将具体的研究问题控制在4个左右。学位论文则直接表达写作提纲,不能只是标题的集合,一般细化到内容要点,表现研究工作的深度、广度和创新性。

3)重点难点把握

重点一定要聚焦,不能把所要解决的问题都看成重点,一个课题一般只突出一个重点,哪怕是复杂的重大攻关课题,也不能列出太多的重点。难点是表现研究难度的关键点,一般是理论方法层面的,是研究攻关的问题,也是理论方法创新的最重要方面。难点可以多于重点,但也不能分列过多。重点和难点重合的可能性也是有的,当课题就是为了解决一个重要的难题,很可能重点就是攻坚克难。

4)研究目标的明确

研究目标是研究任务描述的重要方面,直接关系到参与论证的同行专家对课题价值的判断。要客观描述研究目标,对所研究问题的逻辑上的成果做出一个实事求是的设定,不可以夸大也不可以故意谦虚,应该与课题的研究价值和将要描述的创新一脉相承。对于旅游管理学科,一般可以从理论、方法、应用三个维度来明确研究目标,具体表达可以根据课题的特色来确定,旅游管理问题理论方法贡献难度大,可以一起表述,应用维度则可以从政府管理和企业管理角度分开描述,这样则有理论方法、实践应用、政策规范三个方面。理论方法上,厘清课题的核心概念内涵及其外延特征,揭示研究对象发展演变的规律和动力机制,提出相关绩效评价方案等一些要解决的理论方法问题。实践应用上,直接针对作为研究对象的旅游事象,明确相关事象的类型,提出解决问题的方案,总结发展经验并描述推广方案,针对研究的具体对象来设定。政策规范上,深入研判现有产业政策,评估并改进研究对象发展的促进政策。结合政府管理理念和产业发展实际需要,提出政策建议。

3. 思路方法的介绍

1)基本思路的介绍

由于要系统表述基本思想,可以先谈一下总体的研究风格,然后展开研究思路,描述研究问题的内部结构,理清各种具体研究问题之间的关系,理清解决问题的具体方法之间的关系,构建各种关系的网络图,系统表达"问题—方法"逻辑关系体系。事实上,这就是技术线路,图文结合来表达,效果最佳。

2)研究方法的梳理

旅游发展现实问题总是理论与实践结合的问题,需要将问题摆出来,分段描述分别采用的研究方法,也就是系统描述用什么方法分析什么问题,得到什么类型的结果,对应研究框架和基本思路,完整表达解决问题的具体方法。

3)研究计划的把握

对于一项比较系统的研究,延续的时间比较长,这样就需要分阶段来落实,注意到研究内容和方法结合并表现其时间顺序上的逻辑关系,然后对研究方案的可行性做出描述,人才配备是不是合理,主要研究人员是否具备研究经验,具有相关理论和方法论方面的修养情况;调研条件和实验条件,数据分析的设备条件和软件支持情况。要充分注意根据实际情况选择切实可行、力所能及的课题,避免好大喜功的冲动。

4. 研究创新的凝练

无论是基金项目还是学位论文,最重要的就是创新性,这是学术研究的最突出特点。学

术创新总是表现为前人没有研究过的或是在已有的研究基础上的再创造。应该在新思想、新观点、新发现、新设想、新见解上突破，向着建立新理论、发明新技术、构建新方法或开拓新领域几个方面努力，也可以结合实践从制度、政策等方面创新。

1) 学术思想的表述

学术思想往往是高层次的哲学层面的基础学术理论的描述，是思想方法范畴。在国家哲学社会科学基金项目中开始要求阐述学术思想时，不少学者感觉很有难度，不少博士也议论，如果答辩时老师问及学术思想，还真不好回答。旅游问题跨学科色彩明显，以什么样的学术思想作为指导，全面展开学术研究，需要明确介绍。学术思想可以是很成熟的思想，例如，系统论、控制论等基本思想；也可以是比较偏重方法论的学术思想，如现象学方法论、扎根理论方法论。根据研究课题的特殊性，选定学术思想，展开课题的思维模式。从创新的角度来论述学术思想，要凸显思想的新意，在普遍意义的基础理论指导下，突出特色，就是研究构思的高水平了。

2) 学术观点的分列

表现报告者对课题核心问题的深度思考，反映前期研究的新思想，要求围绕课题内容，精要阐述创新点。学术观点应该紧贴课题的题目，与研究内容框架一脉相承。学术观点是在大量综述的基础上，明确主要成就和明显局限，展开研究构思，确定一些亟待解决的焦点问题，针对焦点问题所形成的带有创新色彩的学术预判。学术观点的正确性，一定要有充分把握。

3) 研究方法的突破

并不是所有的课题可以在方法上突破，但是，对于旅游方面的研究问题，常常多学科交叉进行，根据问题展开的情况，可能对相关学科的方法兼容并包，这样一来，组合型创新就比较多。另外，引入相关学科的方法，很可能需要针对旅游问题的独特性，进行优化和改良，这在方法上已经是明显创新的表现了。

5. 预期成果的承诺

1) 中期成果的承诺

作为系统研究的高级别自然科学基金和哲学社会科学基金项目，一般要求整理研究过程中的支持性、相关性、枝节性问题的研究成果，一般表现为学术论文、研究简报、专题研究报告。作为学位论文的研究，不同国家甚至是同一国家的不同学校，乃至同一学校的不同学科专业的要求不尽相同，但是都有成果形式、水准、数量的要求。

2) 最终成果的承诺

一般是研究报告、著作、系列论文；如果是针对计算机应用的课题，可能是应用软件；如果是工程技术问题的研究课题，可能还有专利。对最终成果的承诺，一定要量力而行。经常遇到的问题是，为了获得相关基金的立项支持，申请者喜欢承诺两项以上最终成果形式，不少是研究报告和论文集，有的是著作和论文集，以至于任务太重，不能准时完成。

3) 成果去向的说明

根据研究课题所产生的系列成果的性质，无论是旅游管理学还是旅游经济学的研究课题，总是同时带有理论和应用的双重色彩，所获得的研究成果，经常可以转化为旅游产业发展的生产力，应该更多考虑学术成果的转化。旅游研究成果去向一般会有这样一些方面，作为学术论文或者学术专著发表，与学术同行交流，为学科建设贡献力量。作为应用成果，提交给政府部门，为地方旅游业发展贡献力量，也可以根据研究成果的具体问题，提供给旅游企业，解决企业发展的实际问题。

6. 研究基础的介绍

无论是基金课题申报，还是学位论文的开题，都需要介绍研究基础。研究基础介绍一定要注意相关性，忌讳随意扩大研究基础的范围，将不相关的成果全部列入。研究基础的理想境界是，已有研究成果与正要研究的问题是一脉相承的系统化的研究工作，是一种累进式的创新。

1）成果的类型分布

作为研究基础的成果，可以是多种形式的研究成果。旅游管理科学总体上是工商管理类的学科，既需要理论和方法的创新，更需要贴近经济社会发展实践，在成果类型上，可以全面介绍围绕课题研究所形成的著作、论文、研究报告等。

2）成果的学术影响

主要关注同行引用的情况，引用情况特别是理论影响力，是同行专家特别看重的内容。这种影响力主要表现在，理论成果提出后，引发大量应用研究。也有另一种情况，就是理论研究引发讨论，导致学术争论。当然，还有一种就是学术争论中，做出了大家公认的结论性成果，在以后研究中直接作为共识引用。成果学术影响最具有说服力的就是高级别政府奖，如果获得过哲学社会科学优秀成果等级奖，就是学术影响大的重要表现。当然，有其他学术机构给予的奖励，也可以视情况考虑影响力的大小，这种学术机构给予的奖励，不同学科不同的学术机构，公信力不完全一样。

3）成果的核心观点

简要介绍成果的创新性观点，既可以看出研究者的研究功力，又可以判断已有成果与将要研究的问题的关联。核心观点需要精简提炼，要特别关注理论方法的创新，要精准表达创新点和创新程度。

第二节　旅游问题研究的专题成果表达

专题研究成果，是相对于系统研究成果而言的，专题研究成果本身是完整的，自成体系的，只是研究问题相对单一。在研究成果的话语体系中，越来越清楚地区分着专题研究与主体研究之间的界限。在博士学位论文的研究工作中，在学位论文完整体系框架的范畴之外，一些支持性和相关性的研究，常常以学术论文或者是研究报告的形式发表，就是中间成果或者称为中期成果。中期成果究竟应该有多少类型、多大数量才合适，完全是因具体课题而异的。作为基金课题和学位论文，基本上都要求有一定的学术论文作为中期成果，同时哲学社会科学基金课题，很重视成果要报，特别是对领导决策有参考价值的成果，一旦有高级别领导的肯定性批示，就是重大成果了。由于不同形式的中期成果写作风格差别突出，采用分别介绍的方式比较好。

一、学术论文

学术论文作为成果的一种表达形式，必然有着自身的规范性要求，当然也有着生动活泼的表现手法。但是，精准表达学术创新，是学术论文最大的任务。

1. 学术论文的基本属性

学术论文首先是学术性，应该是理论研究和应用理论研究成果的表达，其他属性的科技应用文，不属于学术论文的范畴。学术论文必定具有明显的理论方法创新点，这也是学术价值的观察点。学术论文是全面反映研究工作的文件，由于学科研究方法和学科问题的独特性，不同学科采用不同的思维模式研究，会形成风格不同的学术论文。当然学术论文的表达仍然会遵循学术思想，依据研究思路的展开方式，来建构文章框架。

1) 综述类论文

综述是所有研究都必须要做的一项基础工作，选择将一段时期内的相当数量的一个特定专题的文献资料，经过分析研究，选取有关情报信息，进行归纳整理，写成学术文章，最主要是回顾学术进展，反思研究局限，指明下一阶段的发展方向和主要任务具有特殊的意义。从这个意义上看，好的综述类学术论文是总结学术成就并指引学术发展方向的重要文献。最需要做综述研究的状态是，新学术方向渐渐形成的萌芽期，总结成就讨论发展方向很重要；学科发展出现的新机会或者新挑战，需要动员学术共同体扬长避短应对时，综述的独特作用不可替代，是明确优势、细察劣势的方法。综述不应是材料的罗列，而是对亲自阅读和收集的材料，加以归纳、总结，做出评论和估价，并由提供的文献资料引出重要结论。一篇好的综述，应当是既有观点，又有事实，有骨又有肉的好文章。最近几年，综述类论文也出现了一些新的表现方式，特别是分析软件的利用，网络分析技术开始普遍应用到了综述论文中，可以分析研究内容之间的复杂关系，也可分析作者的联系和合作，还可以做学术共同体的结构及其研究成就的关系等，软件还可以将关系做出图件，可视化表达的效果好。但是，述评是软件不能很好替代的工作，结合传统综述技术和现代综述技术，优势互补，是形成更好综述成果的工作方法。

2) 思辨类论文

思辨式的研究范式，是哲学社会科学研究的传统，在学科基本概念辨析中，在学科性质的确定工作中，在学科研究范畴的划定中，具有不可替代的价值。思辨研究难度大，需要很好的哲学功底，对基础理论良好的把握能力，功力不足十分容易显出浅薄。作为一个理论基础十分薄弱的不成熟学科，旅游管理应该更重视理论思辨，理清一些重要概念之间的关系，避免随意的"我的理解是"，而应该经过思辨研究后，形成旅游学界的确定的内涵和外延清晰的共同话语，这样才能渐渐建构理论体系。总体上，旅游管理学科领域内，思辨类学术论文较少，高水平的就更少了。在 20 世纪，旅游科学体系的构建，一度是研究热点，但是，经过几轮思辨研究发现,学科理论大厦的建立,需要大量的从旅游发展实践中产生的理论探索的基础构件,旅游管理的应用理论过度贫乏,旅游开发建议类、设想类议论文章盛行,学术思辨缺乏的基础,很难跨越实证研究的积累一蹴而就。21世纪初期,规范的实证研究被摆到了旅游学术界空前重要的地位上,快速改变了学术氛围,强化了学术规范,提升了学术水准,也极大地丰富了理论创新,当然,21世纪一直就有以谢彦君为代表的一批学者在坚持基础理论的思辨。在近些年,思辨研究之风在旅游研究中又开始兴起,《旅游学刊》还组织了旅游哲学专题研究,2015年到2016年,学者们还极力论证旅游管理学科作为一级学科的学理基础。思辨类论文也常常表现为学术批评和论争,这种争论一直都间或出现,旅游界对"旅游(地)产品生命周期"的讨论和论争,就是以思辨论证形式展开的。也有学者对一些普遍存在的概念误用做出学术批评,给出正确的学术概念并渐渐成为学术共识的,例如李天元教授的《是市场定位还是形象定位》针对旅游界一个普遍存在的概念误读做出了思辨,对定位概念做了正本清源的工作,产生了十分积极的学术影响。参与学术争论,特别要凸显学品和人品,作为批评者要有无所畏惧的精神,但也要特别注意尊重被批评的文章的作者和作品,仔细品读全面准确理解原作思想内涵,不可以横加指责,更不可以借助批评著名学者来提高自己的影响力。作为被批评者,也不可以有"老虎屁股摸不得"的心理,应该抱有"有则改之无则加勉"的心态。

3)实证类论文

20世纪下半叶,随着改革开放的深入发展,学术思想开始活跃,学术界也提出了"少一点思辨,多一点实证"的呼吁,积极与国际流行的实证研究规范接轨,成为迅速兴起的文章格式。在实证研究快速兴起并充分发展之后,对实证研究局限的反思也开始出现。实证主义哲学指导下的实证研究,依据一般理论构建先验模型,引入数理逻辑严密论证方案,在变量丰富和修改等细节上完善的工作多,理论创新受到局限。实证类论文有相对固定的写作模式,一般由六个部分组成:引言、文献回顾、理论模型和假设、研究设计与数据采集、数据分析、结论和讨论。另外,同其他类型论文一样,参考文献、附录和摘要也是实证类论文重要的组成部分。

2. 主要内容的表达技巧

写好学术论文需要专门训练。一是学术论文的写作并不是全部都采用同样的模式,即使基本框架一样,写作风格和表达技巧,也精彩纷呈。二是作为主要服务于旅游管理类大学生的教材,前面章节内容,就是重点针对学士学位论文写作的研究步骤所需的知识和能力展开的。这些知识和能力是论文写作的基础。三是学术论文撰写成文前应先拟提纲,决定先写什么,后写什么,哪些应重点阐明,在哪些地方融入自己的观点,哪些地方可以省略或几笔带过。重点阐述处应适当分几个小标题。拟写提纲时开始可详细一点,然后边推敲边修改。多一遍思考,就会多一分收获。

1)引言

引言是文章的开头语,主要围绕研究什么、为什么研究、如何研究来简要介绍。引言一般不作为论文的第一章,不再分列小标题阐述。这部分的重点是介绍论文的选题,回答到底研究什么的问题,突出研究课题和研究问题两个要点。作为旅游研究课题,通常选择旅游管理学科专业领域的热点话题,当然一定是新问题;介绍研究课题一般从解释论文标题和摘要

中的关键词入手，同时简单介绍研究课题产生的现实背景，表明旅游业发展实践对课题研究需要的紧迫性。研究课题的实践价值是论文价值的重要方面，应该贴近客观现实，揭示新形势下产生的新问题，确定旅游业发展的难点痛点。研究问题是围绕研究课题展开的，是课题本身所包含的具体问题，必须以特殊疑问句的形式提出，是研究必须解决的问题。研究问题不宜过多，一般以 2～4 个为宜，要能体现研究的重点和特色，而不应也不可能面面俱到。每个问题只关注一个焦点，最好不要一词多问；问题之间应为并列或递进关系，相互之间不可交叉或包含。

2）分析研究现状

分析研究现状的目的是说明为什么只有进行当前的研究才能解决所提出的问题，也是论文学术价值的重要表现。研究现状需要客观介绍相关研究的基础，指出相关研究存在的不足，也就是"理论缺口"。总体上有三种情况：所提出的问题尚未有研究成果，亟待创新；研究方法存在局限、研究深度不足，有必要补充完善；也有可能相关学科有类似研究，能否引入旅游领域为其所用，很有必要通过实证研究来验证，以便改良引入旅游管理领域以解决实际问题。

3）文献回顾

文献回顾就是综述，是综述论文的精要版，应该非常聚焦。综述内容要针对研究问题展开，应该切中要害。尽可能全面、客观地对相关研究的内容、方法和结论等进行评价，明确指出相关研究的主要贡献和不足之处。评价要以"为我所用"为出发点，具体论述相关研究与当前研究的关联。特别需要注意有效区隔同类综述的表述方式，对于同一文献，看待问题的角度不同、研究的侧重点不同，评价角度和内容就会不一样。也就是说，即使跟别人引用同样的文献，综述内容也应有自己的特色。撰写综述要深刻理解参考文献的内涵，做到论必有据，忠于原著，让事实说话，同时要具有自己的见解。切不可盲目地大篇幅引用已有研究的观点而没有自己的主见，更不可做出与研究文献所表现的内容不相关的评价。文献回顾，文献资料是基础，应注意历时性和时效性，既要简要反映学术历程，更要注重最近进展。参考文献必须是直接阅读过的原文，不能根据某些文章摘要而引用，更不能间接引用（指阅读一篇文章中所引用的文献，并未查到原文就照搬照抄），以免对文献理解不透或曲解，造成观点、方法上的失误。

4）理论模型与研究假设

实证研究应该有理论基础的支持，研究的各个环节都离不开基础理论的支撑，应该明确基础理论到底是什么、有何作用以及应用效果如何等内容。选用理论模型需要精准，一般一个问题选用一个基础理论来支持就可以了，切忌罗列一堆没有实际相关性的"空头"理论。论述基础理论时必须简要，多数情况下只需要指出是依据什么理论来研究就可以了，例如态度理论、社会交换理论等，是旅游管理领域常用的基础理论，不必详细介绍。如果是全新问题采用了新理论支持研究，就要介绍选用基础理论来解决问题的优越性。选用基础理论模型，可以依据理论模型展开研究问题，依据已有研究成果或者事实依据，做出研究假设。

知识关联

研究假设作为两个或多个变量之间可供验证的陈述性系统，必须依据基础理论以及相关研究成果来做出。

5）研究设计与数据采集

研究设计最主要是设计问卷，实现数据采集。问卷作为数据收集工具，就是要将假设所关涉的变量，全部转变成可以测定的观测变量。研究假设中的变量，包含着一些潜变量，必须发展成为量表，才能成为观测变量。这样，问卷或量表中的题目、访谈中的条目以及观测指标等就确定了下来。接着是确定调查对象，确定什么地点、什么人作为抽样对象。然后就是确定抽样方案并实施，介绍什么时间通过什么方式抽样调查得到了什么数据。如问卷的收发、录入和观察记录的整理和转写（录像转为文字等），要详细描述数据的采集过程，说明数据采集过程能否说明数据真实、有效且充足。然后说明无效数据是如何判定和剔除的，主要指标如何处理作废试卷、无效问卷、不相关记录等。最后必须证明剔除无效数据后有效数据的数量仍然重组，能够满足实证研究的需要。

6）数据分析

整理数据编制数据库，介绍数据分析方法的选用依据。需要说明的主要问题为：分析方法是否适用于解决当前的问题？使用该方法的前提条件是否能够得到满足？每种分析方法都有其特定的功能，并对数据的类型、分布、分组等有一定的要求。应该根据研究问题的需要和具体数据的特征，确定到底该使用哪种方法，并检验前提条件是否得到满足。这要求有较为扎实的统计学知识和丰富的统计实践经验。

7）结论与讨论

得出结论并讨论是论文的核心，是整个研究的价值和意义所在。主要任务就是报告数据结果、对结果做出解释并进一步展开讨论三个方面，主要回答做了什么、如何做的、有何发现、有何不足等问题。值得特别指出的是，必须实事求是地剖析自己完成的研究工作的不足，细致反思研究所未考虑到但值得考虑的问题，研究过程中可能出现的各种失误，这种考虑并非质疑和否定自己的研究，而是为了进一步明确自己未来的研究方向，同时也为他人提出忠告。必须讲到点子上，如果做不到这一点，则说明对自己所完成的研究认识不足，对相关问题的理解和认识尚不够透彻。严格来说，扎根理论等质性分析方法，也是实证研究的范畴，很有可能基于研究过程和研究结论做出某些推理或假说，要考虑到学理上的严密程度和同行专家所能接受的程度，可提出自己的看法，或作为问题提出来讨论，然后阐述存在问题和展望。

知识活页　　　　学术写作的几点忠告

第一，既尊重基本范式又避免呆板的程式。要致力于标新立异，并且发挥想象力，避免对方法和技巧的盲目崇拜。致力于创建自己的方法论，建构自己的理论。

第二，既遵循严密逻辑又避免空洞的做派。要简明陈述观点，只有当你确信运用复杂的术语才能扩大影响范围，增加论述的准确性和推理深度时，才能较多地使用。不要故弄玄虚以晦涩难懂的表述来装作高深。

第三，既敢于大胆假设又避免奇思妙想。尽可能地总结出规范的理论和构筑各种模型，仔细地考察琐细的事实及其间的联系，同时也要考察那些重大的独一无

二的事件。但是不要突发奇想，使所有这些研究持续地、紧密地与历史显示的层面相联系。把确定历史真实性作为一项任务，根据它所包含的术语来梳理问题，以便解决它们，从而解决由它们所带来的争论和麻烦。如果没有根据充分的事例，不要随意发挥。

第四，既善于微观细究又避免视野局限。不要仅仅沉迷于一个又一个的小情境研究，要关注将各种情境组织起来的社会结构。通过对这些大的结构的研究，选择合适的情境以从事细节研究，并且要从理解情境与结构间相互作用的角度进行研究。对处于不同时间截面的研究，也要用类似的方式进行。不要仅仅将细微的研究嵌入刀锋般细屑且静态的时刻或某一极短的时段上，而应该将时间跨度扩展到人类历史的发展过程，并且包括星期、年和各个时代。

（资料来源：作者根据（美）米尔斯著，陈强和张永强译的《社会学的想象力》的相关内容改写.）

3. 学术影响

学术论文是学术研究的成果表达，有研究才有成果，有成果才需要表达。严格意义上讲，学术论文的学术影响由研究的水准决定，不由表达技巧来衡量。但是，学术论文的影响与学术界的研究氛围密切相关，与研究热点密切相关，不完全是学术水准的表现。

学者的学术影响力，主要依靠研究成果的学术影响力来衡量。从 2013 年开始，旅游界就有学者在国家哲学社会科学基金的资助下，对旅游学术共同体的发展格局展开系统研究，利用学术期刊大数据对代表性学者、主要的科研教学单位做了学术影响力的排名，评价学者的学术影响，在全国范围内将学者的影响力做出排名，自然也引发了一些讨论。

学者的学术影响力可以设定一定的时间段内，用核心期刊或者 CSSCI 论文的数量来衡量，有的直接用公开发表的全部文章来衡量，是一种最初的评判方式，后来国际上有了具有共识的 H 指数评价方法，更加突出学术论文在同行中的引用频次，纠正过分注重学术文章数量的局限。当然，学术影响力评价的客观方法还在不断发展。对学术界的学者做学术影响力的评估，一般都说明数据来源和评价方法，而且也基本上在一个学科范围内。在 2017 年长安大学的《中国哲学社会科学最有影响力学者排行榜研究报告：基于中文论文的研究（2017版）》发布后，不少学者便觉得有些疑惑，因为范围涉及整个中国哲学社会科学的所有学科，没有细致说明评价方法。事实上，2013 年张凌云等就首次利用 2003—2012 年学术期刊论文的发表量，在《旅游学刊》第 10 期撰文，对学者的学术影响力做出了排名；在 2014 年又应用 H 指数在《旅游学刊》第 6 期撰文，客观地评价了我国旅游研究者 2003—2012 年间的学术影响力，后又改进评价方法做了进一步评价，得到了系列成果，受到好评；2017 年，杨勇等分别应用 H 指数和 Ht 指数在《旅游学刊》第 9 期撰文，对 CNKI 数据库中 1994—2014 年旅游

知识关联

H 指数是美国物理学家 Hirsch 提出的用于评价研究者学术影响力的文献计量学指标，在数值上等于某研究者至多有 H 篇论文分别被引用了至少 H 次，H 指数越高，表明研究者所发表论文的影响力越大。

研究领域 129 位学者的引文数据进行统计分析,测度了我国旅游学者的学术影响力,按照 H 指数排名前 10 位的依次是保继刚、吴必虎、陆林、卞显红、张捷、孙根年、张凌云、许春晓、马耀峰、谢彦君;按照 Ht 指数排名前 10 位的依次是保继刚、陆林、吴必虎、卞显红、张捷、马耀峰、董观志、朱竑、孙根年、许春晓;特别值得指出的是,中国旅游研究院(文化和旅游部数据中心)也于 2021 年发布了"旅游论文作者学术影响力 TOP100(1978—2018)",排名前 10 位的分别是保继刚、吴必虎、张广海、汪德根、王兆峰、陆林、孙九霞、许春晓、卞显红、白凯。总体上,评估原则不一样,评价方案不一样,排名次序有一定区别,但是无论哪种排名都可以在一定程度上反映我国旅游学术研究的概况和特征,也有一定的局限。

学者学术影响力的评价是一个难题,每一种评价结果,都只是评价时段内,按照评价方案所得到的一个结果,无疑是一种客观的影响力测度。但是学者的学术影响力,应该放到历史的长河中来考量,真正的学术遗产,是论文本身的原创和对真理的接近程度。所有其他测度方案,都只是一套可以排名的客观评估方案,不是真正意义上学术水准的准确衡量。我们不要因为自己某次某机构的学术影响力排名靠前,就过分引以为傲。

二、成果要报

成果要报,即对研究进程中的重要发现做出简要的报告或简要的报道。目前,主要基金项目管理机关,特别是哲学社会科学基金管理机关,都特别注重成果要报的及时刊发。目前哲学社会科学基金课题都鼓励项目承担者编写成果要报,几乎所有的智库机构也积极编发成果要报,及时将社会科学重要研究成果汇报给省级以上领导,作为决策社会事务的重要参考。

1. 研究成果要报的特点

研究成果要报的特点突出表现在以下几个方面。

第一,简。要报需简短、明快,用最少的文字说清楚必须说明的问题。主题集中,抓住关键问题,一稿一事;材料典型,少而精;文字精练利索,无空、大、假话。

第二,快。成果要报作为研究课题反映最新研究成果、沟通交流的工具,写作、送达都讲究时效性,它必须及时把研究工作中发现的新情况、新问题、新动向第一时间报告给科研管理部门或传达给研究成果的相关使用部门,推动成果的高效转化。

第三,准。成果要报作为管理者决策的重要依据之一,内容必须准确真实。涉及问题的时间地点、前因后果、数据人物等都需准确无误,不允许弄虚作假,歪曲事实。

第四,新。简报的内容需反映新事物、新动向、新思想、新趋势,可以重谈以前的旧事旧人,但挖掘的新内涵需适应当下

211

知识关联

Ht 指数建立在 H 指数的基础之上,其原理是在被引论文的数量和被引频次的维度上,将研究者被引论文发表时间考虑在内,对研究者学术影响力进行评价。计算研究者 H 指数中所包含的每篇论文的距今年数,将距今年数加权平均得到年数均值,并统计出距今年数小于上述均值的论文数量,便可得到研究者的 Ht 指数。

主题。

2. 研究成果要报的规范性

成果要报属于专题科技简报，专题科技简报包含的范畴比较宽广，横跨自然科学、技术科学、哲学社会科学的全部领域，是为了反映最新科学技术研究成果，介绍推广新产品、新工艺、新技术等编写的简报。哲学社会科学成果要报一般是专门针对省级以上主要领导，报送领导审阅并批示以作为决策参考的专门性文献。

专题科技简报格式比较固定，一般由报头、正文、报尾三部分组成。报头和报尾是体现规范性的重要部分。特别注意格式的规范性，无论是编发日期、编发单位、加密程度、发送对象名称的书写等，都有严格的规范要求。

报头的规范性。简报报头一般格式是固定的，由简报名称、期数、编发单位、日期等组成，占首页三分之一的上方版面，用间隔红线与正文部分隔开。简报名称用大字套红印在报头中间，如科技简报、成果要报等。简报名称正下方是简报期数，表明"第×期"，有的连续出，还要注明总期数，总期数用括号括入。编发日期在报头右下方，编发单位名称在报头左下方。根据需要，还可以在报头左上方印上机密等级，如机密、绝密、内部刊物等。编号排在报头右侧的上方位置。

报尾的规范性。报尾在正文结尾之下，与正文结尾用一道横线隔开。在左侧上写发送对象，在发送对象名称之前，要分别冠以报送（对上级）、转送（对同级）、分发（对下级）字样。右侧写本期印发份数。

成果要报同样具有规范性，要求与其他科技简报的规范带有一致性。只是专门列有一个领导批示的栏目，请领导审阅后，做出批示，这也是成果要报试图形成的效果。

3. 成果要报写作技巧

作为课题的研究者，对成果要报投稿，是一种很重要的成果汇报方式。作为哲学社会科学项目的承担者，主要是负责正文部分的写作，其他规范则由编辑完成。

1）标题

成果要报正文的标题要求确切、简短、醒目，让人一看就知道所写的是什么内容。成果要报正文标题在报头横线之下居中书写，与新闻标题有些相似，可分为单标题和双标题两种基本类型。单标题可以将文章的核心内容或其主要意义概括为一个词组作为标题，如"旅游＋"精准扶贫模式及其优化方向。双标题有两种表现形式，第一种是正题后面加副标题，使用两个标题时，正标题是正题，用以概括事实的性质或者内容要点，副标题是虚题，用以交代单位及事件，对正标题起补充说明的作用。例如，发挥大学优势实现旅游精准扶贫——湖南师范大学探索邵阳绥宁县插柳村旅游扶贫模式。第二种是正题前面加引题。前一标题是引题，指出作用和意义，后一标题是正题，概括主要内容。例如，打造旅游精品，推进区域发展——中惠旅智慧景区管理股份有限公司平江县石牛寨景区开发纪实。

2）开头

成果要报的开头要用简短的文字，对研究内容先做概括的交代，要"开门见山"，简明扼要，一开始就切入核心问题，写明时间、人物、事件、结果等，给人一个明确的印象。开头的写法一般有以下两种：总括式，即在开头用概括的叙述介绍出成果要报的主要内容；另一种是总结式，即在开头先对要介绍的事物做出结论，指出其意义、作用或者价值，然后再作必要的解释或者说明,这种写法多用于经验简报。

3)主体

主体需要承接开头,将前面的内容具体化,用足够、典型的材料把导语的内容加以具体化。写好主体是编写简报的关键。有时主体部分所涉及的材料多,在写作时要注意合理地划分层次,一般来说,主体层次的划分常有以下几种。第一种是以时间先后为序,把材料按照事件由发生、发展到结局的过程,逐层予以安排。这种写法多用于典型事件及一次性全面报道某一会议的简报,其优点是时序清楚、一目了然。第二种是按事物之间的逻辑关系,从材料的主从、因果、递进等关系入手,安排层次,这种写法的优点是便于揭示、表现事物的内在本质,突出主要内容和思想意蕴。应注意的是,采用此法要对事物的本质和材料之间的关系有深入透彻的认识。特别是在材料较多的情况下,如何取舍、安排各层内容,更要注意在认真分析材料的逻辑关系的基础上进行。第三种是将全部材料按并列的关系,一一予以列举。一些侧重于情况反映或情况交流的简报,多采用这种写法。这种写法的优点是作者处理材料的灵活性较强,在安排层次时可以既不受时间先后的限制,也不受事物逻辑关系的约束。但是,在写作中亦应注意中心明确、层次清楚,各部分内容都为一个主题服务。

4)结尾

要根据成果要报内容表达的需要而决定要不要结尾。如果成果要报内容较多,篇幅较长,读者不易把握,就应在结尾对全文内容作一概括的小结,与开头形成呼应,以强调重点、突出主题并使结构更加紧凑,加深读者印象;如果成果要报短小,主体部位已把话讲完,就不必另写结尾。

三、调研报告

调研活动是有计划的、目的明确的研究行为,是对某一情况、某一事件、某一经验或问题,深入实地对其客观实际情况实施全面的调查了解,获得详尽的情况和资料,经过"去粗取精、去伪存真、由此及彼、由表及里"的分析研究,揭示本质,寻找规律,发现问题,总结经验,最后形成书面材料。调研报告的核心意义在于实事求是地反映、分析客观事实,具体表现为事实调查与问题研究。调查,应该深入实际,准确地反映客观事实,不凭主观想象,按事物的本来面目了解事物,掌握材料。研究,是在掌握客观事实的基础上,认真分析,透彻地揭示事物的本质。至于对策,调研报告中可以提出一些看法,不是主要的。因为,对策的制定是一个深入的、复杂的、综合的研究过程,调研报告提出的对策是否被采纳,是否上升到政策,应该经过政策预评估。

知识关联

调研报告,是在调研活动获得的信息和材料的基础上,通过汇总、分析、判断和推理得出结论后,以文字或兼用图表表达方式撰写的书面材料。

1. 调研报告的性质

从文体表现形式上来看,调研报告兼具记叙文、说明文和议论文的特点,在功能表现上属于应用文的范畴。应用文与其他文体的区别就在于应用文具有可操作的实用性,内容简练、真实可靠,有相对固定的格式,是政府机关、社会团体、企事

业单位和人们日常生活中常用的文体。调研报告在应用文范畴内与其他文体的主要差别在于，它必须以实地调查获得的材料成篇，承载着现实社会真实可靠的具体内容。

1）应用性

调研报告是针对社会生活中的某一情况、某一事件、某一问题，进行深入细致的调查研究，目的性很强。其目的在于为制定政策寻找依据，或是为领导决策提供参考，或是为总结经验教训，推动工作的顺利进行。总之，是为应用而调查研究，为应用而撰写报告。

2）针对性

调查之前有比较明确的意向，调查取证针对和围绕某一综合性或专题性问题展开。也就是说，往往是某一事件、某一成功经验、某一社会问题引起了一定程度的注意，为了进一步得到它的详情、真相，认清它的性质，才需要有人专门对它进行调查、研究，向有关机关提供报告。

3）真实性

调研报告讲求事实。它通过调查得来的事实材料说明问题，用事实材料阐明观点，揭示规律性的东西，引出符合客观实际的结论。调研报告的基础是客观事实，一切分析研究都必须建立在事实基础之上，确凿的事实是调研报告的价值所在。因此，尊重客观事实，用事实说话，是调研报告的最大特点。

4）逻辑性

调查研究的目的在于透过现象看本质。从核实无误的数据和事例中，探明事物发展变化的原因，预测事物发展变化的趋势，揭示本质性和规律性的东西，得出正确的结论。

5）指导性

调研报告定稿后，或发内部简报或在报刊上发表，目的是向群众宣传，使之提高认识；指导工作，推动工作向前发展。

2. 调研报告的类型

基于不同的角度可以将调研报告分为不同的类型，按范畴属性可以分为专题类与综合类、局部类与整体类、个案类与普查类。按作用属性可以分为揭露类、描述类、总结类与解释类。按功能属性可以分为述评类、引导类、建议类、经验类、借鉴类、探索类、预测类和透视类等。按社会部门属性可以划分为政府行政型、企业市场型、新闻采访型、文学纪实型、司法调查型及考古发掘型等。基于调研目的和内容展开，分为以下三类。

1）反映情况类

针对某一专门问题，或某个地区、某一方面、某一阶段上的热点问题，进行系统周密的调查，从而找出规律性的答案或存在的问题，为决策提供依据和参考。以旅游行业举例来说，包括某个旅游目的地旅游发展过程中遇到的突出问题或是典型现象等。

2）介绍经验类

针对某一新生事物或先进典型，采用"解剖麻雀"的方法，理论和实践相结合，总结出具有普遍指导意义和推广价值的典型经验，从而指导和推动某方面的工作，如《让旅游添彩精准扶贫样板的示范效应——花垣县十八洞村旅游扶贫调研》。

3）揭露问题类

针对某一方面的问题进行专项调查，澄清事实真相，判明问题的原因和性质，确定造成的危害,并提出解决问题的途径和建议。这种调查报告,可以为问题的最后处理提供依据,也为其他有关方面提供参考和借鉴,如《关于×地旅游乱象的调查报告》。

3. 调研报告的结构

调研报告的结构模式,可以总结为"五四框架",由"五大要件"和"四小要件"构成。"五大要件"包括标题、导语、正文、结尾和附录,"四小要件"包括正文部分的记叙、说明、分析和结论。任何调研报告的结构模式,都在这个框架内变化着。调研报告要做到观点鲜明,立论有据。论据和观点都要有严密的逻辑关系,条理清晰。论据不单是列举事例和故事,更主要是揭示论据和观点之间内生的必然联系。如果没有逻辑关系,无论多少事例也很难证明观点的正确性。结构上的创新只是形式问题,不能把主要精力放在追求报告的形式上,调研报告的结构可以不拘一格。

1)标题

调研报告的标题是文章的招牌,起到引读的作用。在拟定时应根据其内容展开,从而表明作者的观点、态度和立场。如果标题拟定得当,可以起到一目了然、画龙点睛的作用,从而产生强烈的感染力和吸引力。调研报告的标题,从功能和性质上看,大体有六种类型。一是陈述型。旨在告诉读者某种问题或某种现象是什么,正面阐述,语气较为舒缓,适合于建议型调研报告,如《关于某景区创建 AAAAA 旅游景区的调研报告》等属于陈述型标题。二是设问型。针对某种问题或现象,以疑问、反问或直问的口吻提出来,引发读者按照所提问题进行思考、探索。适合用于矛盾比较突出的或辨别大是大非的调研报告上,如《还能让天价海鲜现象再现吗?》三是祈使型标题。针对某种问题或现象表达出一种期望或期盼的意思,希望别人做什么或怎么做。适合于建议型、经验型或是借鉴型调研报告,如《利用山地生态优势,建设特色休闲旅游产品——湖南雪峰山地区旅游发展潜力调研》。四是结论型。是对某种经验教训、正确与错误做法的肯定与否定。适用于建议型、经验型、借鉴型或是引导型等调研报告,如《借助文化力量点燃旅游希望实现精准扶贫——娄底市新化县古桃花源乡村旅游扶贫调研》。五是判断型。对某种现象的发展趋势进行预测,比如《以旅游与农业融合方式抱团发展奔小康——某地乡村旅游发展调查》。判断型调研报告多用于探索型、预测型调研报告。六是主旨型。标题本身就是主题,如"某地旅游市场调查研究"。主旨型标题适用于引导型、经验型、建议型等调研报告。

2)导语

导语也叫导言,在全文中起到总领作用,一般要求突出重点、强调意义、提出问题、展示经验、针对主旨、开门见山、简明扼要。导语是对标题的补充,进一步拓展了标题的内涵,具有引导性。导语不一定分布在与正文分离的部分,正文开头一般也会包括导语内容的文字。调研报告中导语一般应交代以下内容:①调研活动的背景,包括课题来源,参与调研的单位或重要人物;②调研的目的和要求;③调研对象所在地区的具体情况;④调研过程中遇到的问题;⑤调研成果及基本观点和结论。不同类型的调研报告,导语的表达方式也不同。导语的写法一般有三种:一是背景型导语,对调研活动的动机、背景和环境,调研的时间、地点、对象、方式、经过等进行说明;二是扩展型导语,概括调研对象的基本情况或揭示文章主题,对标题的思路和内容进行扩展,便于读者了解全文的主要内容;三是结论型导语,将调研事项的结果放在开头来写,调动读者去思考其成因,对读者具有启发作用。导语,不论采用哪种

215

写法，都要开门见山，点明主题，为正文的展开做好铺垫。但在写作实践中，经常几种导语写法互相糅合，不要墨守成规，应该因文而异，根据具体内容，确定导语写法。

3) 正文

正文是调研报告的本体和核心，正文部分又分为记叙、说明、分析及结论"四小要件"。记叙部分要介绍调研对象的发生、发展和经过。说明要介绍调研对象的外在形态和内在本质特征。分析要指出事情发生的原因、矛盾的性质及特征等。结论是要明确坚持什么、摒弃什么、反对什么。正文结构大致有三种：一是横式结构，按照逻辑顺序来写，根据事物的内在联系提出问题或附上小标题，然后再按问题分条进行阐述，此种结构方式使得调研报告的结构层次十分清晰，观点鲜明且具有启发性；二是纵式结构，按照事物的发生及发展顺序来一层一层地分析问题，从而使得调研报告具有清晰的脉络和条理；三是纵横式结构，按照事物发展的逻辑顺序和时间顺序来写，把上述两者结构杂糅在一起，这种结构方式使得调研报告的内容更加清晰且能够突出各阶段的发展状况及问题。不论采取哪种结构进行撰写，调研报告"四小要件"均贯穿始终。

4) 结尾

结尾意味着调研报告主体部分的完成，应概括全文或总结经验、吸取教训，或者明确观点、做出结论、提出对策等。不论以何种方式结尾，均应干脆利落、简洁有力，对调研报告的核心内容精确概括且目的明确。根据调研报告的不同目的，结尾一般有五种类型：一是照应性结尾，对前文埋下的伏笔或提出问题进行回答和解释，呼应文首并与此保持一致，起到补充和点明主旨的作用；二是总结型结尾，是对调研报告全文内容的系统检查与评价分析；三是对策性结尾，即在调研报告的结尾要提出对策建议及具体的措施和方案；四是号召性结尾，期望通过调研报告呈现出来的内容使人能够转变观念和认识，采取行动；五是强调性结尾，是对调研报告中某些重要方面或内容的强调或是以警示的方式引起读者的重视。

5) 附录

附录可以被视作结尾的一个组成部分，也可以单独独立出来。正文部分有一些未说明的、未说到的或者不方便在正文中进行详述的部分可以在附录中进行解释和补充，例如各种注释、图表及背景和典故等需在附录中加以说明。

第三节　旅游问题的系统研究成果的表达

无论是作为大型的基金课题的立项还是博士学位攻读，都是围绕一种具有明确要求而完成的系统研究工作。作为一个将学术作为自己职业的学者，也许一生就围绕一个系统问题深入研究，往往是一生就完成一项系统研究，特别是成熟的自然科学，尤其是数学、物理学等，很多学者一生还未完全攻克一个难题，我国理论数学家陈景润对哥德巴赫猜想的研究，就只是取得了重大进展，并未完全攻克。

一、旅游问题的系统研究成果的主要类型

作为对一项要求明确的任务，特别是针对旅游管理类的学科具体情况，从基金课题和学

位论文的基本要求来看,最终的成果要求,主要是学位论文、学术专著和结题报告。成果表达方面的要求,也从一些共性问题展开讨论。

1. 学位论文的特点与种类

学位论文是指高等学校或研究机构的学生为获得所修学位,在导师指导下完成的科学研究或科学实验成果的书面报告。学位论文在格式等方面有严格要求,具体按照每个学校要求有所不同。

学位论文是凝结学生大量思维劳动而提出的学术性见解或结论,除具有一定的独创性特点外,还具有以下三个特点。

1) 学术性

学位论文是科研论文的一种形式,具有科研论文所共有的一般属性——学术性。学位论文必须以科学领域里的某一专业性问题或现象为研究对象。学位论文还需要注重写作用语的专业性,运用专业术语和专业性图标符号来表达学术论文内容,语言表达简明确切、规范庄重。

2) 科学性

学位论文理论性、系统性较强,内容专一,阐述详细,具有一定的科学性。学位论文的科学性包括研究内容的科学性和研究方法的科学性。研究内容的科学性要求学位论文概念严谨、前提可靠、材料翔实、数据精确。研究方法的科学性是指论证逻辑严密、变量设置合理、研究方法有效。

3) 规范性

学位论文的规范性包括研究程序规范、论文撰写规范和论文格式规范。首先,应该按照相关要求确定选题、制订研究计划、接受导师指导和参加答辩等应遵循的相关规范。其次,对论文的框架安排、组成内容、字数要求、语言表达等也应遵循相关规范。最后,参考文献、引用、注释、图标及摘要、关键词等也应按照相关规范。

根据学历情况,学位论文具有以下三个类型。

1) 学士学位论文

大学本科生完成了教学大纲规定的学习任务,申请学士学位要提交的论文。理工科专业的学生有的要求提交毕业设计,还有一部分应用型本科大学开始尝试将毕业论文扩展到调研报告。论文或设计应反映作者具有专门的知识和技能,具有从事科学技术研究或担负专门技术工作的初步的能力。学士学位论文一般不涉及太复杂的课题,论述的范围较窄,研究深度也比较浅层。对学术规范的要求严格,对学术创新要求较低,能综合所学知识,系统探索一个没有被人探讨过的问题就可以,选题不重复是基本要求。除少量优秀学士学位论文外,多数还达不到公开发表水平。

微课:
**学士学位论文的
基本要求**

2) 硕士学位论文

硕士研究生完成了规定课程和相关知识的学习要求,通过了硕士生中期考核,申请硕士学位要提交的论文。它是在导师指导下完成的,同时必须具有一定程度的创新性,强调作者的独立思考。硕士学位论文在研究深度上较学士论文更深,同时研究视角更广,一般涉及的问题也相对较复杂。通过答辩的硕士论文,应该达到公开发表的水平。

3）博士学位论文

博士研究生完成了规定课程和相关知识的学习要求,通过了博士生中期考核,在一些国家则是采用博士候选人资格的考核,申请博士学位要提交的论文。博士学位论文反映作者坚实、广博的基础理论知识和系统、深入的专业知识,所研究的往往不是一个问题,而是一系列相关联的问题。博士学位论文是对博士研究生独立从事科学技术研究工作的能力的检验,同时反映该科学技术领域最前沿的独创性成果。因此,博士论文被视为重要的科研文献。

知识活页 旅游管理专业本科毕业论文存在的主要问题及其产生原因

2. 学术专著的概念与特点

著作的定义是强调原创色彩,突出的是写作体例,强调作者创作的读物,与编述、抄纂相对应。包含作者将自己有创新性的研究成果用文字记录下来的图书,相当于 Writing,突出作者的创作,而 Works 则宽泛很多,相当于中文中的书本,强调的是书的形式。中国出版界对著作的原创内容有明确的比例要求,而且形成了硬性的规定。著作可以是文学作品,可以是科普读物,也可以是学术著作。

学术专著是对某一学科或领域或某一专题进行较为集中、系统、全面、深入论述的著作。一般是对特定问题有独到见解,且大多"自成体系"的单著或合著的学术著作。它包括单本专著、多卷集专著、专著丛书等。与学术论文相比,学术专著的篇幅较大,内容所涉及的问题一般也较专深和系统。英文 Monograph,意为专题论著,主要是指图书,当然也可指文章或论文,尤指学术性的论著。在一定的语境中,判断其是专题著作,还是专题论文是不困难的。作为学术专著,一直就有很高的地位。一般地讲,没有系统的学术思想,没有长时间的潜心研究,就不会出现学术著作的成果。

学术著作应该表现出一些特点:第一,学术性明显,应该有理论方法方面的明显的贡献,具有鲜明的学术思想;第二,系统性明显,学术专著阐述的问题带有明显的复杂性,需要系统研究才能解决;第三,创新性明显,学术专著所论述的问题,应该是学术界的前沿问题,应该是全新的探索成果;第四,规范性明显,写作格式应该十分规范,一点一滴来源清晰,明确区分作者自己的创见还是引用他人的成果。如果以严格的标准来衡量,当前出版的不少自称是学术专著的书籍,基本不符合基本要求。

3. 学术研究报告的概念与特点

学术研究报告与学术著作十分类似,学术研究报告要求系统表达研究内容。一般来讲,学术研究报告是针对一项基金课题而写作的,特别是哲学社会科学的高层次基金,一般要求全面总结学术研究成果,形成学术研究报告。当前的博士后研究工作,也同样要在规定时间内提交博士后出站报告,这也是学术研究报告的形式。

学术研究报告格式没有特别的规定,如果作为哲学社会科学基金课题的结题报告,一般要对应申报书中设计的研究内容,做出系统的研究,达到预期的研究目标。博士后出站学术报告,也是按照进站的申请和研究工作计划,提交相应的学术研究成果。学术研究报告完全遵循实事求是的原则,特别是针对课题申请时的研究内容设计和承诺的成果未能实现时,可以介绍原因,特别是客观上的原因,可以明确提出新要求,要求以新的条件来实现研究目标。如果是主观原因,也可以据实报告,特别是申请课题时认知不深刻所表现的问题认识偏差,可以申请纠正。

当前省级以上哲学社会科学基金研究报告的审查有十分明确的规定,第一是通过CNKI查重系统检索重复率,不允许将自己的学术论文整块放到学术研究报告中,更不允许大段直接转引相关学者的成果;第二是实行同行专家盲审制度,按照基金项目管理部门研制的标准,客观评判学术水平。这些举措都对学术研究报告的学术水准提升起了推动作用,也促进了基金资助项目的成果水平的提升,还确保评价的公平公正。

二、写作表述要求

事实上,学位论文、学术专著和学术研究报告的内容体系带有十分类似的色彩,其中以学位论文的要求最为明确。同时考虑到我们的主要对象是大学本科生,所以以学士学位论文的写作作为对象,重点介绍。学士学位论文的形式结构通常包括前置部分、主体部分和附录部分。

1. 前置部分

1)标题

学士学位论文的标题应该恰当、准确地反映研究者的研究内容、研究对象或主要研究方法。标题应该是动宾结构的短语,而不是观点明确的长句。需要注意的是,标题不仅是论文中心论点的高度概括总结,也是供其他读者检索阅读的重要工具,因此在确定学士学位论文的标题时应该遵循明确、简练、新颖等原则。依据不同的规定,题目可选择使用或不使用副标题,但总字数应该控制在25字以内,中英文题目应保持一致。标题与选题联系在一起,学士学位论文要求选题符合学科专业的培养方向,旅游管理类专业学士学位论文的选题,还要求旅游管理、酒店管理、会展经济与管理的学生分别在专业范围内选题。同时,与作者所学专业密切相关的选题,特别是专业范围内有一定实际工作经验的问题,利于高质量完成论文写作。此外,还要求内容新颖,不允许选择已经有人写作过的问题,确保一定的新意。题目要合适,过大的题目导致本科生在规定时间内完成不了,过小的题目满足不了考察要求,多年的情况表现最多的是题目过大,表现出空泛。题目难易程度要合适,太难的题目,学生难以驾驭,太容易的题目又不能达到教学目的。

2)摘要

摘要是论文内容的简要陈述,是一篇具有独立性和完整性的研究性短文。摘要作为论文内容的梗概,不需要进行解释说明,但必须简明确切地回答"为什么要研究""研究什么"

"怎么研究""得到什么结果"以及"结果说明了什么"等问题，期刊论文摘要和学士学位论文的摘要一般不超过300字，硕士学位论文和博士学位论文则依次加长，中英文摘要在内容上应该保持一致。需要指出的是，一些有影响力的学术期刊的英文摘要要求细写，例如《旅游学刊》要求写一个整版的英文摘要。

摘要的主要作用是便于读者检索阅读，帮助读者最快地了解文章的内容。因此，在撰写摘要时需要保证内容具体、表达简明以及结构严谨。在摘要中要尽量使用第三人称，避免出现"我"等主观表达方式，同时要避免出现本学科的常识性内容，也不要简单地重复解释标题，力求客观简洁。

3）关键词

关键词是供检索使用的主题词条，应采用能覆盖论文主要内容的规范化学科术语，包括学科专有名词、研究方法、研究类型和地名等，例如，"乡村旅游""结构方程模型""张家界"等。确定关键词时要遵循具体、准确的原则，可在标题、摘要的基础上提炼出来，也可从文章的主要观点、研究对象以及研究方法中筛选出来。学位论文的关键词一般可以列3—8个，学术期刊则只需3—5个关键词就可以了，按词条的外延层次和与文章的紧密程度排列，外延层次越大、与文章联系越紧密越排在前面。

2．主体部分

1）引言或绪论

引言或绪论，又称前言、导论，一般作为论文的第一章，说明为什么要进行此次研究，引导读者理解全文，起到开宗明义的作用。引言作为论文的导入部分篇幅不宜过长，可以采用开门见山的写作方式，引发读者的阅读兴趣。

引言的内容一般可以分为五个部分：①介绍开展研究的缘由，包含进行本研究的背景、现实意义或理论意义以及研究目的，学士学位论文要求研究问题符合本学科的理论发展，有一定的学术意义，或者对经济建设和社会发展实践中的某个现实问题进行研究，具有一定的实践价值；②进行文献综述，介绍与研究相关的理论基础以及相关领域内前人所做的工作和已经取得的成果、目前的研究热点和不足以及未来的发展方向，需要研究者独立查阅相关文献资料，归纳总结本论文所涉及的有关研究现状及成果，并恰当运用；③提出研究问题，提出尚未解决或急需解决的问题，表明本研究的新问题、新论点、新方法，揭示研究的创新之处；④简要说明研究内容、研究方法，简要介绍论文的主要内容，引导读者更好地理解全文的结构；⑤介绍组成部分，勾勒大体轮廓，介绍论文的框架结构，梳理论文的逻辑结构，方便读者有重点地阅读。

2）正文

正文是学位论文的主体部分，是集中表现研究成果的部分，占全文的主要篇幅。在这一部分，研究者需要对引言部分提出的问题进行详细的阐述，对研究方法和研究过程进行详细说明，对研究结果进行分析讨论。正文部分要求结构合理、层次清楚、论证严密、文字简练及图表清晰。不同学科的正文侧重点有所不同，管理学和人文社会科学的论文正文应包括研究设计、数据调查和分析以及研究结论与启示等部分内容。

学位论文的结构类型较多，可以考虑以下类型：①递进式结构，各个段落或章节层次之间的逻辑关系是层层递进的，通常由一段内容论证引入下一段内容，接着再推理出接下来的内容,段落之间层层递进,逐步揭示事物的本质;②并列式结构,将总论点分解成为几个不分主次、彼此独立的分论点,依此对各个分论点进行分析论证;③线性结构,按照时间顺序,按照研究工作进行和主要结论获得的先后次序排列表达,呈现出典型的线性结构;④混合结构,单纯地使用一种结构类型撰写学位论文可能出现论证不全面的弊端,综合运用递进式结构、并列式结构和线性结构能够丰富论文内容,增加学位论文的广度和深度。

3)结论

结论是学位论文最终的归纳总结,具有高度概括性。结论观点应该真实、准确和简明扼要,对帮助读者回顾全文以及加深印象方面有着重要作用。

结论主要包含三个方面的内容:①报告数据结果,对结果进行细致的讨论分析,在结论部分需要概括报告重要的研究结果,并对造成结果的原因进行分析,从而引出研究结论;②强调研究结论,突出重点和创新,本部分内容建立在分析研究结果的基础之上,将论文正文部分的主要观点和创新性观点用准确的言语表达出来,与前文在内容上保持一致;③反思不足,提出未来展望,学术研究不是一蹴而就、完美无缺的,需要反复地检验论证、弥补不足才能取得进步,在结论部分可以提出本次研究的不足和尚未解决的问题,并为未来的研究提出可能的解决途径和研究方向。

4)参考文献

参考文献是在研究和成果表述文献中参考或印证的文献资料,无论是以学术论文、学术专著、学术报告还是学位论文作为研究成果的表现形式,要求都是一样的,是学术规范的一个重要方面。需要结合国家标准《信息与文献—参考文献著录规则》(GB/T 7714—2015)和各校具体标准,按照标准格式著录在主体部分的末尾。参考文献需要标明序号、标题、作者、出版单位、出版日期或具体的期(卷)数。参考文献能够增强学术论文的全面性和客观性,但同时也需要注意对参考文献进行筛选,选用品质较好、权威性较高的参考文献。

引用文献不是原文照抄,而是细读文献内容,提炼观点,引用以铺陈研究基础或者支持研究设计,客观、准确理解文献是一种学术基本功,不要误读文献曲解原意,导致学术误判;切记避免转引二次文献,转引二次文献是不严谨的。参考文献引用反映作者的学术素质,引用文献时要严格对应引用要点,不能随意将相关的文献列于附录的参考文献中。不适合使用主要参考文献的做法是,仅仅选用一部分重要文献,而应该根据研究使用的情况,全部列出。还有这样一种情况,有作者为了显示自己写过一些文章,参考文献只是自己文章的收录,这样会适得其反,表明作者没有学术素质。

3. 附录部分

1)附录

附录指附在正文后面与正文有关的资料。附录不是论文的必要组成部分,但对了解正文内容具有重要的补充意义。将附录内容放置于正文之中可能破坏正文的逻辑或严谨、占据大量篇幅导致重点内容分散模糊。因此,我们通常将统计资料、调查问卷、专业术语解释和图表索引放在正文后的附录当中。

2)致谢

一般学士论文致谢词都在论文的结尾处,主要是表达对指导老师对论文的贡献、老师的教导和其他对该论文做出贡献的人的感谢。致谢词写作有严格规范,首先致谢态度要端正,

其次措辞要恰如其分。在致谢中可以直接写人名，也可写敬称，如某某教授、某某博士，致谢提供的信息对读者判断论文的写作过程和价值也有一定的参考作用。

3）原创性声明

除了一小部分大学的特别要求，一般学士论文并不要求有原创性声明，但是可以将其作为学士论文写作应遵循的基本准则，即学士论文必须是在导师指导下，独立进行的科学研究。硕士学位论文和博士学位论文则几乎都要求有原创性声明，原创性声明一般还应说明论文的独创性，即除文中标注引用的内容外，应不包含其他个人或集体公开发表的成果或作品。

4. 其他要求

学士学位论文在写作过程中还应注意布局谋篇的结构美和语言表达的科学性。布局谋篇的结构美即各部分文字分量尽量匀称，同时做到层次鲜明、结构匀称、和谐。层次鲜明是指章节的划分要明显，各章节的标题要简洁明快，要能够引起注意；结构匀称、和谐是指章节分量和文字要匀称，体现对称美。与一般文学创作不同，科研论文更加注重语言表达的科学性和逻辑的连贯性。对于学士学位论文，基本的语言表达要求是准确、严密和简洁，推荐采用叙述、说明和论证相结合的表达方法。在表达方式上，学位论文应以顺叙为主，不宜采用倒叙、插叙等手法。在语言使用上，应较多使用专业表达，避免使用网络语言。语言风格应简洁明了，长短比例适中，少用累赘的长句与跳跃的短句。

三、学术规范

作为一项专门研究的系统性成果，无论是以学术论文、学位论文、结题报告还是学术专著为形式，都应该是十分规范的学术成果。教育部 2002 年发布了《关于加强学术道德建设的若干意见》，2009 年下发了《关于严肃处理高等学校学术不端行为的通知》，2010 年编辑出版了《高等学校科学技术学术规范指南》，多次下发文件强调学术规范。同时，出版部门、学术期刊管理部门也出台了相应的规范，学术规范更严格。

1. 内容层面的规范

对于学位论文，已经出台了明确的内容规范。内容要求，第一是与学位教育的培养目标联系在一块，必须符合专业方向的范畴。第二是研究成果的原创要求，实行了终身追究学术不端行为的规定。第三，对学术成果的内容体系做出要求，包括交代学术缘起、问题意识、已有研究、个人独创和理论发展等，以确保在原有研究的基础上发现新问题，达到思想的深化和学理的创新。第四，使用规范的研究方法，主要规范研究的路径、边界与方法等，包括说明源流传承、范式依托、理论框架、分析模型、方法创新等。

2. 价值层面的规范

学术研究必须树立科学精神，体现学术研究的价值。

知识关联

学术规范，是指学术共同体内形成的进行学术活动的基本规范，或者根据学术发展规律制定的有关学术活动的基本准则，包括学术研究规范、学术评审规范、学术批评规范、学术管理规范。横向概括包括学术研究中的具体规则和高层次的规范。

尊重学术研究规律。学术研究是一个细致探索的过程，是创新性工作，需要大量的智力投入，也需要充分的时间和条件保障。对于创新性的智力活动，不能像一般性生产领域，追求高产稳产，学术的探究遵循认知规律，循序渐进。

培育学术研究人格。从事学术研究，应该具备从容、冷静、超越、求真、务实的研究心态，切忌浮躁、急功近利。从事学术研究，不只是为了个人获得地位、财富等利益，而应该是获得创新的愉悦。当前一些学术不端行为的出现，是把研究活动看成自己获得利益的途径，不顾人格丧失的风险，实施学术不端行为。客观上，也有一部分科技人员，学术水平低下，不知道什么是学术规范，以至于犯下错误还茫然不知。

知识关联

科学精神是人们在长期的科学实践活动中形成的共同信念、价值标准和行为规范的总称。

张扬学术研究价值。学术研究是为了认知客观世界，发现客观世界的发展规律，为人类文明积累知识财富。学术的价值是一种知识创新的追求，不是累积论文的数量，不是投机取巧式的变换概念。从严格意义上审视学术规范，科研工作者应该自觉杜绝模仿式研究工作的重复，但是有一些科研人员把模仿当成科研成果高产的捷径，还向同行炫耀。更有研究者，将已有研究成果中的概念略作变换，改装成新理论发布。这些都是没有真正认识到学术研究本身的价值，而是把学术研究当成了投机取巧的活动。

3. 技术操作层面的规范

学术规范从形式上，主要表现为技术操作层面的规范。学术成果中的引文、注释、参考文献、索引的规范，是技术规范最为重要的方面，同时也是研究人员尊重同行的研究成果，充分展示创新的重要方式。

技术操作层面的规范，应该同时充分实现形式上的学术规范和实质性的学术规范。形式上的学术规范要求学术成果形式上具备严格的合法性，认真考究是否有中英文标题、内容提要和关键词，是否有对应标注的参考文献；有没有重复发表、一稿多投，有没有抄袭、剽窃、作伪注和篡改数据等。实质性的学术规范则全面考察学术成果是否遵守形式上的学术规范，更关心是否具有学术上的原创性，是否对研究的问题具有实质性的推进意义。

第四节　旅游问题研究成果的去向

旅游研究的成果，需要及时转化为学科建设和旅游产业、旅游事业发展的理论和方法支持，及时转变成旅游发展的动力。一些学者指出，我国学术界不注意研究成果的转化，满足于获得国家级的基金课题，发表高水平的论文，不注意服务地方经济社会的发展，这是研究成果效益不佳的表现。

一、学术界分享

旅游学术成果，基本上以学术论文和学术专著来表达。学术成果主要是为学科建设添砖加瓦，为应用对策提供理论指导。学术成果的最佳归宿，就是被学术同行认可并应用，在

学术界传播。

1. 学术刊物投稿

从学理上细究，以旅游管理学科的学术范畴，难以全面容纳旅游问题，从学术发展角度考虑，支持旅游理论的充分研究比局限于旅游管理学科范畴更重要。所以，鼓励旅游相关学科领域的全面发展，利于壮大旅游学术共同体，丰富旅游理论成果。

作为旅游学人，应该努力从事学术研究，多出学术成果，积极向相关学术刊物投稿。投稿当然需要写出具有原创价值的好文章，但是也需要了解学术刊物的基本情况。我们在这里介绍一些与旅游学科相关的学术刊物的部分情况。

1）学术刊物的学科边界

每一个学术刊物都有自己的学科归属，并依据学科确定选择稿件的范围，旅游学术研究的跨学科色彩，使得不少成熟学科的学术刊物，都登载旅游方面的学术文章，但是，这些刊物都是需要考虑自己的学科属性的。例如《地理学报》《地理研究》《地理科学》就登载所有旅游地理方面的高水平学术文章；《人文地理》则特别关注旅游社会现象、旅游文化现象的空间规律揭示方面的学术文章；《经济地理》则登载揭示旅游经济现象的空间规律方面的学术文章，这样才符合经济地理科学的特点。当然，《旅游学刊》《旅游科学》《旅游导刊》《旅游论坛》《旅游研究》，则只要是旅游问题的研究成果，都可以投稿。

2）学术刊物的体裁风格

每一个学术刊物都有自己的学术风格，但是几乎所有高水平的学术刊物，都有致力于国际化的共同取向。当前，再也看不到高水平学术刊物上，发表不规范的学术文章。规范的实证研究文章基本是通行的文风，几乎所有的学术刊物都不会排斥实证研究类文章。但是，一些高水平学术刊物，例如《旅游学刊》是国际化水平较高的权威刊物，就十分渴望多种研究风格的成果，还专门设置旅游哲学问题专栏，积极推动思辨研究的复兴。《旅游科学》一直坚持实证研究的总体风格，致力于国际学术刊物接轨。

3）学术刊物的审稿制度

绝大多数旅游类学术期刊，都实行了与国际接轨的双盲审制度，可以确保公平、公正，但是审稿流程比较复杂，历经编辑部初审、同行专家盲审、作者修改复审、确定为拟用稿件、等待排期刊出，周期比较长。同时，庞大的审稿人队伍，完全根据研究专长来审稿，使得审稿越来越严格，以至一些高水平学术刊物的稿件录用率很低，《旅游学刊》《旅游科学》编辑部不得不呼吁审稿人能容得下稿件的瑕疵，否则都感觉可以通过的稿件不够刊用。

4）学术刊物的新秀培育

高水平的学术期刊，常常自觉肩负培养学术新秀的社会责任。一些著名学术期刊，设有专门的新秀专栏，也有学术期刊，不论新秀还是老手，一视同仁。还有学术刊物为了获得良好的引用水平，提高刊物的影响因子，偏重有影响力的著名专家和成熟学者，对新秀有一些压制，这是不好的倾向。

5）学术刊物的不良倾向

有一些学术刊物，特别是有了一些学术影响的学术刊物，出现了利用刊物来攫取利益的倾向，利用学术刊物可以向作者收取一定数额的版面费或者编辑费的政策，出台买版面的做法，甚至出现明收暗要的总计达每版万元的天价版面费的现象，滋生了编辑部的腐败现象。

当然在压倒性态势的反腐高压下,不良现象已经得到了明显的遏制。此外就是人情风难以根治,一些著名学术刊物也出现过为人情留出很少版面发表学术水平较低文章的现象,这种达不到学术水准的人情文章痕迹,学术界高水平学者都可以看出来。

2. 学术会议交流

学术会议是扩大旅游学术研究成果影响力的好平台,也是了解学术界最新研究动向的好平台。现在的学术会议,一般会安排三个环节:第一个环节是主题报告,安排有重要学术影响的学者做重点演讲;第二个环节是专题讨论,分专题领域安排有学术成果的学者发言交流,这个环节还普遍安排高水平学者点评,安排提问机会;第三个环节是大会总结汇报,让每个专题讨论的主持人,负责在大会汇报各专题讨论中的精彩观点。当然,最近几年还出现了专为青年博士举办的学术论坛,也有特邀有相关成果的学者参加的小型专题研讨会议。

当前,中国有大量的纯学术交流平台,特别是中国旅游研究院举办的中国旅游科学年会、《旅游学刊》每年举办的中国旅游研究年会等,这些每年举办的大型的学术交流活动,有的既有永久主旨还每年设定一个会议主题,有的则只有主题,《旅游学刊》中国旅游研究年会的永久主旨就是"前沿·理性·责任",同时每年设定一个会议主题,中国旅游科学年会是每年一题,活动的模式与学术会议的一般模式基本一致,《旅游学刊》则在年会的同时,还主办一个旅游理论与方法的培训班,免费为青年学者提供学术服务。还有大量的由地方政府举办的专题高峰论坛,这种论坛往往与一个学术组织或者一个高等院校联合举办,主题则常常与主办地方政府旅游业发展的主题联系在一块,涉及一个区域合作议题,常常轮流主办,例如西江旅游论坛,首届由中山大学主办、肇庆市人民政府协办、肇庆学院承办,第二届则确定在桂林市举办,由中山大学主办、桂林旅游学院承办、桂林市人民政府协办,第三届放到贵阳市举办,第四届放到昆明举办,围绕西江旅游发展问题开展主旨演讲、嘉宾论坛两种方式,主旨演讲更突出西江旅游合作问题,乃至更大范围内的问题,嘉宾论坛则围绕举办地的现实问题讨论。表 7-1 所示为中国举办的部分旅游学术会议情况。

表 7-1　中国举办的部分旅游学术会议情况

会议名称	主办单位	会议特点	参会人员
中国旅游科学年会	中国旅游研究院	一般每年 4 月定期在北京举办,探讨旅游发展的热点、难点以及大家共同关注和期待解决的问题	国内旅游知名学者、专家及企业家
中国旅游研究年会	北京联合大学《旅游学刊》编辑部	每年举办一次,创新传播旅游学学术思想。设英文论坛、对话论坛、颁奖仪式和国际旅游研究高级研修班	国内外著名旅游学者
旅游前沿国际学术研讨会	中国地理学会旅游地理专业委员会	每两年举办一次,研讨会包含中文会场和英文会场。会议议程包含主题发言、分组会议与会后考察等	国内外旅游界知名人士和学者

续表

会议名称	主办单位	会议特点	参会人员
中国旅游发展论坛	中国旅游协会和中国旅游研究院	每年12月定期举办，围绕旅游业发展、行业关注点展开深入研讨。活动有嘉宾演讲、圆桌论坛、圆桌讨论等	国内著名旅游企业家、各界人士和学者
旅游科学国际学术研讨会	中山大学旅游学院	每两年在广州举办一次，探讨旅游学术研究的新挑战和新机遇，进一步推动中国旅游研究走向世界，助力中国旅游学科的发展与成熟	亚洲、欧洲、大洋洲和北美各高校的旅游学者

值得一提的是，与旅游密切相关的国际会议也比较多，也是值得旅游学界的学者关注的，主要有 Annual ICHRIE Summer Conference（international council on hotel, restaurant and institutional education）、Annual Graduate Education and Graduate Student Research Conference in Hospitality and Tourism、World Leisure Congress 等。

3. 作为学术专著出版

事实上，作为高水平的学位论文和学术研究报告，都可以使用学术专著的方式，正式出版以促进学术发展，学术专著在学术界具有很高的地位，优秀的学术专著总是备受关注的。

当前学术著作出版出现了一定的问题，特别是一些名为学术专著但实际上名不副实的一些拼凑文字的书籍，以作者资助出版的形式出版了。本来，学者补贴出版著作，不一定意味着质量低下，但有些人为了评职称，勉强写出来的文字堆砌稿件。还有另外一种情况，一些单位的科研奖励、教师津贴，也刺激了新一轮的著作潮。有些大学的教师，觉得自己没有足够的水平发表高水平论文，只好用出版著作来标榜自己，作为对自己的安慰。

出版学术专著，主要是体现学者的人品和学品，自觉和自律，自尊和自强。不能把出版著作作为自己获得某些利益的资本，有系统研究的能力，才做出版学术专著的准备，有研究成果才能形成学术专著。当前，国家和一些地方政府，对高水平学术专著出版，已经有了一些鼓励和资助机制，国家哲学社会科学基金的结题成果，经过同行专家评定，确认为有出版价值的学术研究报告，才允许以基金项目出版。同时，国家设立了哲学社会科学优秀著作出版基金，也有不少省份设立了哲学社会科学优秀著作出版基金，也对学术专著出版实施资助。

二、服务政府决策

当前旅游管理研究成果中，最大量的还是应用研究成果，针对政府发展区域旅游的对策类文章数量最多，也是旅游研究开端时的主流文章，当然水平还在不断提升。

1. 支持区域旅游发展战略决策

后工业社会的经济发展状态中，不少地方政府开始把区域旅游发展作为抓手，很多就是以全域旅游理念，促进区域经济发展。这样的背景下，地方政府亟待解决的是区域发展战略的科学制定问题，旅游规划就成了需求量很大的智力产品。

需求拉动供给,无论是与旅游相关的科研院所,还是旅游管理类高等院校,还有大量出现的专业旅游规划公司,都把旅游规划编制作为重要应用研究成果形式。尽管在编制旅游规划的问题上,不少学者持有批评意见,但是,基于实践需要的各类旅游规划,在区域旅游发展中,起到了不可替代的作用。即便是当前特别强调多规合一,规划工作归口为国土空间规划的时代,旅游规划仍然以专题规划形式表现出不可替代的作用。

专业性的区域旅游发展战略的专门研究报告,也被各大旅游研究机构看重,不少理性的地方政府,在编制旅游规划前,也发布一些区域旅游发展战略研究类的招标课题,为规划编制打下基础。当然,学者面向区域旅游业发展所做的应用研究成果,主动提交给地方政府,对地方政府的区域旅游发展决策也十分有益。

2. 支持政府旅游业发展的具体政策

政府的一个重要职责就是科学制定产业政策,调节各产业之间的发展关系。旅游是一个牵涉面很宽广,涉及很多政府管理部门的行业,部门利益客观存在,每个部门会不自觉地维护自身权益,部门利益的交叉会导致部门利益矛盾。关注旅游业发展政策问题,形成应用研究成果,对地方政府科学促进旅游业发展,意义重大。

全域旅游发展理念的一个观点,就是致力于体制机制的创新,根据旅游业发展兼容性强的特点,通过产业跨界融合协同其他产业发展,协同好产业主体、部门主体等多个利益相关主体的关系,保障利益共容。全域旅游发展理念的进一步研究,特别是在体制机制创新方面的研究成果,对区域旅游业发展,乃至对区域经济社会全面发展意义重大。

3. 支持政府领导专业素质提升

旅游管理类的研究成果,应该为政府相关领导观念的先进化做出贡献。当然有部分领导具有很强的自信心,在决策时容易凭借经验和感觉,可能形成错误。主动把旅游管理领域的应用理论成果传达到领导层,武装旅游决策的头脑,可以形成决策支持的巨大力量,可以体现旅游应用理论研究的巨大价值。当然,旅游者特别是地方旅游学者,也应该积极主动发现区域旅游发展的现实问题,直接形成有针对性的对策性应用成果,直接作为可以采用的建议。从本质上讲,影响领导就是影响了关键少数,可以牵一发而动全局,获得理想效果。

三、服务旅游企业管理

面向旅游企业展开研究,才能充分体现旅游管理学者的学术水准和社会责任。当旅游企业管理学术成果形成后,应该快速面向旅游企业实施成果转化,这是研究项目实施的必要后续工作。

1. 支持旅游企业管理决策

旅游活动涉及面特别宽广,在当今经营环境更加复杂多变的形势下,任何旅游企业都在获得大量机会的同时面临着各种威胁。特别是高速发展的旅游业表现了其他产业所不曾出现的管理问题,需要大量的咨询服务。

现在旅游业发展问题特别突出的是这样一些方面,第一,地产业与旅游业复合兴起的旅游小镇建设,开发者几乎都是房地产企业主,开发形成重资产,导致运营压力很大。第二,工矿区尝试利用采矿遗址做工矿遗址公园,不少前期研究不够,投资过大,建设的项目吸引力有限,导致效益不理想,一些本想利用旅游来改变矿产枯竭带来的困境,进入旅游开发领域

后,问题更突出。第三,农业与旅游业结合发展,一部分乡贤没有掌握旅游规律,导致投资不当,开发不顺畅,问题凸显。当然,还有很多其他问题值得旅游学者关注。

积极面向旅游业发展客观现实选择研究课题,得出对企业决策可以形成理论和方法支持的成果,为旅游企业发展排忧解难,是当代旅游学者的一种责任。

2. 提升企业家决策水平

旅游行业的企业家,知识背景复杂,特别是在最近几年,伴随着供给侧结构性改革,在转方式、调结构的浪潮中,一些在矿产开采、房地产开发行业中有一定成就的企业家,纷纷用多年积累的资本,大举进入旅游行业。不少企业家对旅游行业的特点认知不足,凭感觉加上经验进入旅游业,导致决策失误,损失不小。

进入旅游行业的企业家有这样几种经典的错误观念。第一是充分相信自己的感觉。过去凭感觉决策获得了不菲的资产,现在可以凭感觉做好旅游开发。一位做花卉苗木的老板,认为自己过去看到房地产热凭感觉做花木成功了,在旅游热背景下做旅游项目也可以凭感觉成功。第二是充分相信自己的实力。已经积累了足够的经验和资本,可以应付旅游开发。一位过去做房地产的老板,觉得自己适合做旅游业中的重大资产项目,想大力投资建设大体量的高端酒店,做业主单位将物业交给国际品牌酒店集团管理,完全没有研究酒店业的生存现状,没有明白酒店选址的特殊意义,告知其中风险后,老板才意识到问题的严重性。第三是充分相信自己的理念。对于一些白手起家的成功企业家,到了一定年龄就比较固执地坚持自己的理念,把自己梦中的美好变成现实,是他们做旅游开发的主要原因。一位一直认为自己家乡的黄家湖就是"皇家湖"的老板,不顾各方反对坚持模仿故宫建筑来建设景区,多年积攒的资本投入后绩效糟糕。

显然,主动研究这些问题,为企业家进入旅游行业做好决策的前期服务,提供足够的应用理论方面的学术成果,主动承担一些理论和实践的普及类工作,让研究成果为旅游业健康发展做出贡献,意义重大。

3. 形成与旅游企业的良好关系

旅游企业与旅游学界一直存在各种矛盾,其中最突出的一点是旅游学界一部分学者水平达不到全面服务旅游企业的要求,尤其是高等院校的一部分旅游教师,不可否认,确实有一部分很难担当解决企业管理难题的重任,有的仅仅只是发表过一些从众的说教式对策类文章,不仅不能给企业指明正确发展道路,还误导了企业决策。一些二、三线城市周边县域的乡村旅游的发展,在转型升级的呼声中,高档豪华会所性质的山庄建设项目投入后,普遍亏损,远比不上老版的农家乐的效益。

旅游企业界与旅游学术界要形成真正的良性互动,十分需要旅游学界的积极作为,努力形成高水平的研究成果,准确解决企业疑难问题,形成良好学术声誉。

四、服务教育培训

旅游产业和旅游事业的快速发展,使得本身就不够完善的旅游管理学科体系更加跟不上时代的要求。需要加快研究进程多出学术成果,也十分需要及时将旅游研究的最新成果,引入教育体系中。

1. 丰富大学教学内容

旅游事业和企业发展特别快，但是，旅游学科的成熟度不是十分理想，需要加快学科建设。自从1980年，高等学校正式招收旅游专业本科生，旅游类专业教育以旅游经济学的学科归属，开始发展。以南开大学的旅游教育成果为核心，以成套教材形式，支持了全国旅游高等教育的快速发展。

到了1996年，又以申葆嘉为代表的南开学者，大力呼吁旅游管理学科建设，大力助推旅游理论研究。并且其在《旅游学刊》发表系列论文，介绍了西方旅游科学研究的进展，揭露了中国旅游管理类大学本科教育忽视理论教育的困局，并大声疾呼，忽视旅游理论研究与教育，是旅游界的逆流，将导致旅游大厦倾覆。当然，仅仅觉醒还不够，更需努力改变困局，各高等学校旅游管理类专业的老师们，也在不断努力。

旅游管理学科的发展，只有在旅游产业创新发展的拉动下，才能特色化发展，改革开放以后，中国旅游业的发展一直处在高速增长状态，这是全球仅有的现象。旅游产业发展获得了前所未有的空前发展良机，自然也是旅游管理学科发展的良好机会，也肯定会催生大量理论和方法成果，特别将涌现大量的应用研究成果。将为旅游管理学科建设提供源源不断的新知识，高等学校的旅游管理类专业及时吸收进入课堂教学，是迫切任务。旅游发展特别快，知识创新速度特别快，原有知识过时的速度也同样很快，需要我们在旅游管理、酒店管理、会展经济与管理三大学科专业领域内，不断取得理论与方法方面的研究成果，快速补充教学内容。

2. 支持企业培训

高等院校旅游管理类本科大学生的现有规格与旅游企业发展的要求不适应，特别是旅游企业界对旅游管理类大学生期望很高，但是工薪不高，导致大量大学生毕业后转入其他行业就业。而旅游企业又觉得人才奇缺，指望不了大学培养人才，感觉大学跟不上行业发展的要求。旅游企业管理人员经常是由其他行业转入，不少有着相关企业管理经验，这样的供求矛盾，使得高等院校处于一个十分尴尬的状态，一方面大学培养的专业人才不断改行，另一方面要不断为旅游企业培训各类从相关行业转入旅游行业来的新人才。

在旅游产业大发展的时期，旅游企业将遇到千载难逢的发展机会，也会遇到大量难以解决的发展难题，需要理论成果的支持和指导。在这种情况下，高度关注旅游企业的发展难题，形成大量应用理论成果，同时及时以咨询、培训的方式，转化为企业管理的理论支持，是旅游研究实际价值突出的表现。

本章小结

（1）研究成果的类型很多，按照旅游管理类大学生接触可能性最大的原则，以研究工作进程来分类，可以分为前期成果、中期成果和最终成果三类。这个分法，反映了研究全过程形成的成果。

（2）前期研究成果主要有课题申请书和开题报告书两种形式。开题报告是学位论文写作前期准备的重要成果，也是老师评判学生选题合适程度的重要依据。学士学位论文的开题报告必须有论文题目、选题的理论意义和实际意义、国内外研

究动态综述及其作者的见解、主要内容、研究方法、研究计划安排及其举措、主要参考文献。

（3）中期研究成果类型较多，主要是专题研究成果，有学术论文、成果要报、调研报告等。实证论文是旅游管理类专业的学士学位论文中使用最多的，一般由引言、文献回顾、理论模型和假设、研究设计与数据采集、数据分析、结论和讨论六个部分组成。

（4）最终成果都是系统研究成果，主要是学位论文、学术专著和结题研究报告。做研究必须遵循学术规范，尊重学术研究规律、培育学术研究人格、张扬学术研究价值。

（5）要高度重视旅游管理研究成果的转化利用，理论成果要及时发表和交流，促进旅游学术发展，同时要积极转化为教学培训内容，为各类人才培养服务；应用成果应该主动转化为政府发展旅游业的决策支持、旅游企业发展决策支持。

核心关键词

开题报告	thesis proposal
学位论文	academic dissertation
学术影响	academic influence

思考与练习

1. 试述学位论文开题报告的内容要点。
2. 试述调研报告的内容。
3. 试述建立学术规范的意义。
4. 结合实例，谈谈旅游管理类学士学位论文的选题。
5. 结合自身感受，谈谈学士学位论文写作对本科生综合能力培养的意义。

案例分析 学士学位论文《长株潭红色旅游资源空间联系特征》的开题报告（节选）

References ⊢————— 参考文献

[1] Berelson B. Content Analysis in Communications Research[M]. New York：Hafner，1952.

[2] Berg B L. Qualitative Research Methods for the Social Sciences[M]. Boston：Allyn & Bacon，1989.

[3] Castells M. The Informational City：Information Technology，Economic Restructuring，and the Urban-Regional Process[M]. Oxford：Basil Blackwell，1989.

[4] Castells M. The Rise of the Network Society，the Information Age：Economy，Society and Culture[M]. Oxford：Blackwell，1996.

[5] Glaser B G. Theoretical Sensitivity：Advances in the Methodology of Grounded Theory [M]. Mill Valley，CA：Sociology Press，1978.

[6] Glaser B G. The Grounded Theory Perspective Ⅱ：Description's Remodelling of Grounded Theory[M]. Mill Valley，CA：Sociology Press，2003.

[7] Glaser B G. Doing Quantitative Grounded Theory [M]. Mill Valley，CA：Sociology Press，2008.

[8] Karl Popper. Realism and the Aim of Science[M]. New Jersey：Rowman & Littlefield，1983.

[9] Kline R B. Principles and Practice of Structural Equation Modeling[M]. New York：Guilford Press，1998.

[10] Harvey D. Explanation in Geography[M]. London：Edward Arnold，1969.

[11] Johnston R J. Philosophy and Human Geography：An Introduction to Contemporary Approaches[M]. London：EdwardArnold，1983.

[12] Peet R. Modern Geographic Thought[M]. Oxford：Blackwell Publishers，1998.

[13] Strauss A. Qualitative Analysis For Social Scientists [M]. New York：Cambridge University Press，1987.

[14] Strauss A，Corbin J. Basics of Qualitative Research：Grounded Theory Procedures and Techniques[M]. California：Sage，1990.

[15] Tuan Y F. Space and Place：The Perspective of Experience [M]. Minneapolis：University of Minnesota Press，1977.

[16] Anderson R L，Lewis D，Parker M E. Another Look at the Efficiency of Corporte Travel Mangement Departments[J]. Journal of Travel Research，1999(3).

[17] Filep S. Consider Prescribing Tourism[J]. Journal of Travel Medicine,2014(3).

[18] Horng J S,Liu C H,Chou H Y,et al. Understanding the Impact of Culinary Brand Equity and Destination Familiarity on Travel Intentions[J]. Tourism Management,2012(4).

[19] Hung K,Petrick J F. Testing the Effects of Congruity,Travel Constraints,and Self-efficacy on Travel Intentions:An Alternative Decision-making Model[J]. Tourism Management,2012(4).

[20] Jameel K,Boopen S. Transport Infrastructure and Tourism Development[J]. Annals of Tourism Research,2007(4).

[21] Ko D,Stewart W P. A Structural Equation Model of Residents'Attitudes for Tourism Development[J]. Tourism Management,2002(3).

[22] Lee B K,Agarwal S,Kim H J. Influences of Travel Constraints on the People with Disabilities' Intention to Travel:An Application of Seligman's Helplessness Theory [J]. Tourism Management,2012(3).

[23] Nata Uriely. The Tourist Experience Conceptual Developments [J]. Annals of Tourism Research,2005(1).

[24] Reisinger Y,Turner L. Structural Equation Modeling with Lisrel:Application in Tourism[J]. Tourism Management,1999(1).

[25] 保继刚,楚义芳. 旅游地理学[M]. 北京:高等教育出版社,2010.

[26] 陈向明. 质的研究方法与社会科学研究[M]. 北京:教育科学出版社,2000.

[27] 杜子芳. 抽样技术及其应用[M]. 北京:清华大学出版社,2005.

[28] 冯士雍,施锡铨. 抽样调查——理论、方法与实践[M]. 上海:上海科学技术出版社,1996.

[29] 风笑天. 社会研究方法[M]. 4版. 北京:中国人民大学出版社,2013.

[30] 风笑天. 社会学研究方法[M]. 北京:商务印书馆,1995.

[31] 贾俊平. 统计学[M]. 北京:清华大学出版社,2006.

[32] 金勇进. 抽样:理论与应用[M]. 北京:高等教育出版社,2010.

[33] 黑格尔. 历史哲学[M]. 上海:三联书店,1957.

[34] 侯杰泰,温忠麟,成子娟. 结构方程模型及其应用[M]. 北京:教育科学出版社,2004.

[35] 黄芳铭. 结构方程模式理论与应用[M]. 北京:中国税务出版社,2005.

[36] 林毅夫. 论经济学方法:与林老师对话[M]. 北京:北京大学出版社,2005.

[37] 倪加勋. 抽样调查[M]. 桂林:广西师范大学出版社,2002.

[38] 孙国强. 管理研究方法[M]. 2版. 上海:格致出版社,2014.

[39] 童之侠. 学术研究与论文写作[M]. 北京:人民日报出版社,2016.

[40] 吴明隆. 结构方程模型——AMOS的操作与应用[M]. 重庆:重庆大学出版社,2009.

[41] 吴明隆. 问卷统计分析实务:SPSS操作与应用[M]. 重庆:重庆大学出版社,2010.

[42] 谢彦君. 旅游体验研究——一种现象学的视角[M]. 天津:南开大学出版社,2006.

[43] 许国祥. 统计预测与决策[M]. 上海:上海财经大学出版社,2012.

[44] 许春晓.旅游规划新论——市场导向旅游规划的理论、方法与实践[M].长沙:湖南师范大学出版社,2002.

[45] 许春晓.旅游学概论[M].长沙:湖南大学出版社.2007.

[46] 许春晓.湖南旅游产业转型与结构优化升级研究[M].长沙:湖南大学出版社,2009.

[47] 徐辉富.现象学研究方法和步骤[M].上海:学林出版社,2008

[48] 易丹辉.结构方程模型——方法与应用[M].北京:中国人民大学出版社,2008.

[49] 张庆熊.社会科学的哲学:实证主义、诠释学和维特根斯坦的转型[M].上海:复旦大学出版社,2010.

[50] 张文彤,董伟.SPSS统计分析高级教程[M].2版.北京:高等教育出版社,2013.

[51] 张文彤,邝春伟.SPSS统计分析基础教程[M].2版.北京:高等教育出版社,2011.

[52] 周翔.传播学内容分析研究与应用[M].重庆:重庆大学出版社,2014.

[53] 朱建平,孙小素.应用统计学[M].北京:清华大学出版社,2009.

[54] 保继刚.从理想主义、现实主义到理想主义理性回归:中国旅游地理学发展30年回顾[J].地理学报,2009(10).

[55] 保继刚.中国旅游地理学研究问题缺失的现状与反思[J].旅游学刊,2010(10).

[56] 保继刚,尹寿兵,梁增贤,等.中国旅游地理学研究进展与展望[J].地理科学进展,2011(12).

[57] 陈向明.社会科学中的定性研究方法[J].中国社会科学,1996(6).

[58] 卿前龙.旅游经济研究中数量模型的应用问题[J].旅游学刊,2010(12).

[59] 邱阳.当前人文社科类学术论文写作失范问题探析[J].长春工程学院学报(社会科学版),2013(4).

[60] 邱兆祥.经济学博士论文写作中的若干问题[J].中国流通经济,2006(9).

[61] 刘法建,张捷,陈冬冬.中国入境旅游流网络结构特征及动因研究[J].地理学报,2010(8).

[62] 罗秋菊,庞嘉文,靳文敏.基于投入产出模型的大型活动对举办地的经济影响:以广交会为例[J].地理学报,2011(4).

[63] 金波,蔡运龙.西方国家旅游地理学进展[J].人文地理,2002(3).

[64] 晋秀龙,陆林.旅游生态学研究方法评述[J].生态学报,2008(5).

[65] 毛基业,李晓燕.理论在案例研究中的作用——中国企业管理案例论坛(2009)综述与范文分析[J].管理世界,2010(2).

[66] 史春云,张捷,尤海梅.游客感知视角下的旅游地竞争力结构方程模型[J].地理研究,2008(3).

[67] 宋子千.旅游研究方法论的实证主义与现象学之争[J].旅游学刊,2013(4).

[68] 王桂萍,马金发,马彪.符合EI数据库的论文写作方法[J].沈阳理工大学学报,2007(2).

[69] 王宁.代表性还是典型性?——个案的属性与个案研究方法的逻辑基础[J].社会学研究,2002(5).

[70] 吴兆龙,丁晓.结构方程模型的理论、建立与应用[J].科技管理研究,2004(6).

[71] 许春晓,姜漫.城市居民出游的高铁选乘行为意向的形成机理——以长沙市为例[J].人文地理,2014(1).

[72] 许春晓,黎巧.长株潭红色旅游共生发展的空间特征[J].旅游科学,2015(2).

[73] 许春晓,佘白连.旅游目的地间共生的市场驱动机制研究[J].旅游学刊,2016(7).

[74] 许春晓,胡婷.文化旅游资源价值结构与分类赋权评估[J].旅游科学,2017(1).

[75] 许春晓,成锦.旅游目的地记忆图谱市场细分法构建[J].经济地理,2017(2).

[76] 许春晓,王甫园,王开泳,等.旅游地空间竞争规律探究——以湖南省为例[J].地理研究,2017(2).

[77] 谢彦君,谢中田.现象世界的旅游体验:旅游世界与生活世界[J].旅游学刊,2006(4).

[78] 田国强.现代经济学的基本分析框架与研究方法[J].经济研究,2005(2).

[79] 张宏梅.西方社会科学研究范式与中国旅游本土化研究[J].旅游科学,2011(5).

[80] 张宏梅,陆林.国内旅游研究方法的初步分析[J].旅游学刊,2010(10).

[81] 张燚,刘进平,张锐.基于扎根理论的城市形象定位与塑造研究:以重庆市为例[J].旅游学刊,2009(9).

[82] 张岳平.学报编排规范对论文写作的要求[J].郑州纺织工学院学报,1995(1).

[83] 周尚意,戴俊骋.文化地理学概念、理论的逻辑关系之分析——以"学科树"分析近年中国大陆文化地理学进展[J].地理学报,2014(10).

后记

研究方法的相关内容最先是在一门"旅游热点专题讨论"的选修课中尝试着渐渐加入，到了2007年，发展为带着学生确定一个旅游研究问题，完成一个完整的调查研究。渐渐发现，本科生毕业论文的水平因此明显提高，继续攻读研究生的毕业生觉得特别有必要学方法，进入企业工作的优秀毕业生觉得课程内容利于解决工作难题。于是，我信心更足了。2009年修订培养方案时，"旅游研究方法"正式进入了教学计划，但是，同行的质疑较多，特别是行业专家的质疑声较大。到了2012年，"旅游研究方法"发展成了一门旅游管理专业大类的限选课程，同行们的反对声音基本消失，建设性意见大增。

2016年8月，华中科技大学出版社的领导专程来到长沙，约我出版《旅游研究方法》，使我大受鼓舞。随即组织了写作班子，多次研讨，确定了大纲并分工合作。许春晓（湖南师范大学）负责全面统筹写作风格，撰写第1、2章，第3章由胡婷（中山大学）、许春晓、王洁（湖南第一师范学院）撰写，第4章由胡婷、王洁、周慧（长沙学院）撰写，第5章由胡婷、谭华云（广西师范大学）、易滢滢（湘潭大学）撰写，第6章由胡婷、范香花（四川大学）撰写，第7章由许春晓、胡婷、陈海波（湖南城市学院）、王春梅（湖南女子学院）撰写，湖南师范大学的成锦、万博微、杨桂银、钱梦婷、张坤、徐安骐、左湘、黄兰萍、周雪莲、闵艳10位研究生参加了资料收集、初稿写作。

2021年10月，华中科技大学出版社李家乐编辑联系我组织《旅游研究方法》改版，原写作团队继续负责内容修正。特别是何金花（湖南师范大学）改写了案例研究法，胡婷（中山大学）补充了网络数据爬虫技术，还有部分师生参加了二维码内容的资源库建设，在此表示感谢。

教材地位崇高，理当敬重。写教材是一件关系重大的事情，应该全力以赴。接受写作任务时，我诚惶诚恐，生怕有负众望。整个组织过程，从写作大纲、写作风格确定，到书稿形成；无论是统稿过程，还是修订过程；各位作者奇思妙想，见解纷呈，我尽力吸纳，博采众长。写得好的，肯定是作者们的功劳，如有疏漏，一定是我的过错。希望各位读者、教者，不吝赐教。

许春晓
2022年春于岳麓山下长塘山村

教学支持说明

  普通高等学校"十四五"规划旅游管理类精品教材系华中科技大学出版社"十四五"规划重点教材。

  为了改善教学效果，提高教材的使用效率，满足高校授课教师的教学需求，本套教材备有与纸质教材配套的教学课件(PPT 电子教案)和拓展资源(案例库、习题库视频等)。

  为保证本教学课件及相关教学资料仅为教材使用者所得，我们将向使用本套教材的高校授课教师免费赠送教学课件或者相关教学资料，烦请授课教师通过电话、邮件或加入旅游专家俱乐部 QQ 群等方式与我们联系，获取"教学课件资源申请表"文档并认真准确填写后发给我们，我们的联系方式如下：

地址：湖北省武汉市东湖新技术开发区华工科技园华工园六路

邮编：430223

电话：027-81321911

传真：027-81321917

E-mail：lyzjjlb@163.com

旅游专家俱乐部 QQ 群号：306110199

旅游专家俱乐部 QQ 群二维码：

群名称：旅游专家俱乐部
群　号：306110199

华中科技大学出版社
http://www.hustp.com

教学课件资源申请表

填表时间：_____年____月____日

1. 以下内容请教师按实际情况写，★为必填项。
2. 根据个人情况如实填写，相关内容可以酌情调整提交。

★姓名		★性别	□男 □女	出生年月		★职务	
						★职称	□教授 □副教授 □讲师 □助教
★学校				★院/系			
★教研室				★专业			
★办公电话			家庭电话			★移动电话	
★E-mail （请填写清晰）						★QQ号/微信号	
★联系地址						★邮编	

★现在主授课程情况	学生人数	教材所属出版社	教材满意度
课程一			□满意 □一般 □不满意
课程二			□满意 □一般 □不满意
课程三			□满意 □一般 □不满意
其 他			□满意 □一般 □不满意

教 材 出 版 信 息		
方向一		□准备写 □写作中 □已成稿 □已出版待修订 □有讲义
方向二		□准备写 □写作中 □已成稿 □已出版待修订 □有讲义
方向三		□准备写 □写作中 □已成稿 □已出版待修订 □有讲义

　　请教师认真填写表格下列内容，提供索取课件配套教材的相关信息，我社根据每位教师/学生填表信息的完整性、授课情况与索取课件的相关性，以及教材使用的情况赠送教材的配套课件及相关教学资源。

ISBN（书号）	书名	作者	索取课件简要说明	学生人数 （如选作教材）
			□教学 □参考	
			□教学 □参考	

★您对与课件配套的纸质教材的意见和建议，希望提供哪些配套教学资源：